DICCIONARIO BIBLICO ELEMENTAL

TOMAS DE LA FUENTE

PREFACIO

Después de algunos años trabajando en México y Honduras, he visto que el pueblo necesita tener libros bíblicos al alcance de todos. En mi opinión el de mayor necesidad era algún diccionario bíblico que usara lenguaje sencillo. Por fin lo he preparado, y espero que con este libro, el pueblo se sienta servido.

El autor no pretende tener grandes conocimientos como lexicógrafo, ni como autoridad en las antigüedades bíblicas. Por esto he usado libremente la información que encontré en *The Westminster Dictionary of the Bible*, *The International Standard Bible Encyclopedia*, el *Pequeño Larousse Ilustrado*, el mapa de las tierras bíblicas de la *National Geographic Society*, y algunos otros libros. La selección de las palabras incluidas en este libro, siguió principalmente el *Bible Dictionary for Young Readers*, de William N. McElrath.

En cada artículo he procurado incluir lo más importante. En algunos, he puesto al día la información. La característica principal de este libro debía ser el uso de lenguaje sencillo, que no necesitara otro diccionario para ser entendido. Espero sobre todo, que haya logrado este fin principal.

Contrario a la costumbre de los editores de diccionarios bíblicos, he incluido las palabras un poco difíciles usadas en la Versión Revisada de 1960. Estas se podrían encontrar fácilmente en algún diccionario de la lengua. Están incluidas aquí para evitar la necesidad de buscarlas en otro diccionario.

Sin duda alguna, esta primera edición tendrá sus defectos, quizá serios. Esperamos seguir trabajando en él, para que esos defectos y errores más importantes, sean corregidos en futuras ediciones.

Tomás de la Fuente
Tegucigalpa, DC
Honduras, Centro América.

Aarón -- Hermano mayor de Moisés (Ex. 4:14). Aarón habló por Moisés y el pueblo de Israel delante del faraón de Egipto. Después, él y sus hijos fueron nombrados por Dios como sacerdotes. Aarón murió antes de entrar en la tierra prometida.

ab -- Quinto mes del calendario hebreo. Corresponde a agosto. Vea *año*.

Abadón -- **1.** El lugar de los muertos, la fosa o el sepulcro (Sal. 88:11). **2.** El diablo. La palabra hebrea significa destructor o destrucción. En griego, es Apolión (Apoc. 9:11).

abatido -- Desanimado, afligido. De *abatir*, echar por tierra.

Abba -- Padre, o papá. Palabra aramea, usada generalmente por los niños o entre familia (Mar. 14:36; Rom. 8:15; Gál. 4:6).

Abdías -- **1.** Mayordomo o administrador del rey Acab (1 Reyes 18:3). **29** Profeta que vivió 587 años antes de Cristo. Se sabe poco de su vida. Fue el escritor del libro que lleva su nombre. **3.** Nombre de un libro del Antiguo Testamento. Es uno de los libros llamados los Profetas Menores. Es el más breve del Antiguo Testamento. En este libro, Abdías profetizó que los edomitas serían castigados por luchar contra Jerusalén, ayudando a los babilonios.

Abed-nego -- Uno de los tres jóvenes hebreos que fueron echados al horno de fuego en Babilonia (Dan. 3). Su nombre en hebreo era Azarías (1:7).

Abel -- Segundo hijo de Adán y Eva. Su hermano Caín lo mató por envidia (Gén. 4).

Abiatar -- Sacerdote que ayudó a David cuando huía del rey Saúl (1 Sam. 22:20-23).

abib -- El primer mes del calendario hebreo. También se llama Nisán (Neh. 2:1). Corresponde a abril. Vea *año*

Abigail -- Esposa de Nabal. Abigail pidió disculpas a David por la conducta grosera de su marido. Cuando Nabal murió, David la tomó por esposa (1 Sam. 25).

Abisag -- Una joven hermosa de Sunem. Fue llevada a David para calentarlo cuando estaba enfermo. David no la conoció sexualmente. Adonías quiso tomarla como esposa, pero Salomón lo mandó matar (1 Reyes 2:17-25).

Abisai -- Sobrino de David, y hermano de Joab y Asael. Uno de los guerreros más valientes de David (2 Sam. 2:18). Persiguió a Abner cuando éste mató a Asael (v. 23).

Abiú -- Uno de los hijos de Aarón (Ex. 24:1). Junto con su hermano Nadab, ofreció fuego extraño en el altar del Señor (Lev. 10:1). Los dos murieron delante del Señor, por esta desobediencia.

Abner -- Uno de los hombres valientes de Saúl, general del ejército (1 Sam. 14:50).

abogar -- Defender en juicio. Interceder. Hablar en favor de alguien.

abominable, abominación -- Algo odioso, repugnante.

aborrecer -- Odiar, detestar. Sentir aversión por algo.

aborrecer -- Odiar, detestar. Sentir aversión por algo.

abortivo -- Nacido antes de su tiempo.

Abraham -- Fundador de la nación hebrea. Su nombre era Abram "Padre muy respetado" al principio (Gén. 11:26). Pero Dios se lo cambió (Gén. 17:5). Abraham significa "Padre de una multitud." Vivió en Ur de los Caldeos (al sur de Irak moderno) cerca de 2000 años antes de Cristo. Siguiendo la dirección de Dios, salió de Ur para Harán, y estuvo allí hasta la muerte de su padre, Taré. Después, fue a Canaán. Dios hizo un pacto con él, prometióndole un hijo. A pesar de la gran edad de Abram y Sarai su esposa, nació Isaac. Por medio de este hijo prometido, Abraham llegó a ser el padre de una nación numerosa. También es el padre de todos los fieles (Gál. 3:7). Murió Abraham a la edad de 175 años (Gén. 25:7).

Abram -- El primer nombre de Abraham (Gén. 11:26). Abram significa "El padre es alto."

abrevar -- Dar de beber al ganado.

abrogar -- Cancelar. Hacer nulo, o sin efecto.

abrumar -- Sobrecargar de trabajo. Causar gran molestia.

Absalón -- Hijo hermoso de David. Quiso ser rey y se rebeló contra su padre. En una batalla su cabello se enredó en un árbol, y Joab lo mató (2 Sam. 18:9, 14, 15).

absolver -- Disculpar, perdonar.

abundancia -- Gran cantidad de algo.

Acab -- Un rey valiente sobre Israel, el reino del norte. El peor de todos los reyes de Israel (1 Reyes 16:33). Era el marido de Jezabel, reina aun más mala que Acab.

acacia -- Arbol de la familia de las mimosas. De su madera fue construida el arca del testimonio (Ex. 25:10).

Acán -- Hombre que hurtó dinero y ropa en el saqueo de la ciudad de Jericó (Jos. 7:1-8). Por su pecado, Israel fue derrotado cuando fue en contra del pueblo de Hai. Acán confesó su pecado pero fue muerto a pedradas (Jos. 7:25).

Acaya -- Región en el sur del Peloponeso. En los tiempos del Nuevo Testamento, era una provincia romana pero parte del mundo griego, así como hoy día (Hch. 18:27).

Acaz -- Un rey de Judá, del reino del sur (2 Reyes 16:1). El peor de los reyes de Judá.

acechar -- Observar. Espiar al enemigo. Puede confundirse este verbo con *asechar*, poner trampa.

aceite -- En la Biblia, el aceite era casi siempre de oliva. Se usaba como aceite de cocina, untura para el cabello, combustible para las lámparas, y medicina para las heridas. Ungían a los reyes y sacerdotes con él. A veces se mezclaba con los sacrificios.

acepción -- Preferencia por una persona (Deut. 10:17).

aclamar -- Honrar a una persona con gritos.

acontecer -- Suceder.

Acor -- Valle cerca de la ciudad de Jericó. Allí mataron a Acán por su pecado (Jos. 7:26). El nombre Acor quiere decir *turbación*. El valle recibió este nombre porque Acán *turbó* a la nación.

acreedor -- Persona a quien se debe dinero u otra cosa.

acrisolada -- De *acrisolar*, purificar metal en el crisol.

Acsa -- Una hija de Caleb, ofrecida para esposa como premio por la conquista del pueblo Quiriat-sefer (Jos. 15:16).

Adán -- El primer hombre (Gén. 3:20). La misma palabra significa hombre (Gén. 1:26).

Adar -- El doceavo mes del año hebreo. Corresponde a marzo. Vea *año*.

adiestrar -- Enseñar, instruir, preparar a una persona dándole nuevos conocimientos.

adivinación -- Esfuerzo para saber algo por medio de la hechicería. De *adivinar*, descubrir alguna cosa oculta o ignorada.

adivino -- Hechicero.

administrador -- Persona responsable de los bienes o el negocio de otro. Mayordomo.

Adonías -- Un hijo de David y Haguit (2 Sam. 3:4). Se rebeló contra David para hacerse rey (1 Reyes 1:5). Pero Salomón lo mandó matar cuando pidió a Abisag por mujer (1 Reyes 2:21-25).

Adoni-bezec -- Rey de Bezec, muerto por Judá y Simeón (Jue. 1:5-7).

adopción -- El acto de recibir a un hijo ajeno como miembro de la familia.

Adriático -- Mar situado entre Italia y Yugoeslavia. Es un brazo del mar Mediterráneo.

Adulam -- Cueva al sureste de Belén. Por temor al rey Saúl, David fue a esconderse allí (1 Sam. 22:1, 2).

adulterio -- Acto sexual que viola el matrimonio. Uno o los dos participantes pueden estar casados con otro. Vea *fornicación*.

advenimiento -- Venida o llegada, especialmente la venida de Cristo. Se usa en relación con su primera y su segunda venida.

advenedizo -- Extranjero o forastero.

adversario -- Enemigo.

adversidad -- Aflicción, tribulación.

afanarse -- Preocuparse con ansiedad.

Agabo -- Profeta del Nuevo Testamento. Profetizó una gran hambre mundial (Hch. 11:28). Advirtió a Pablo que no debiera ir a Jerusalén (21:10, 11).

Agag -- Rey de Amalec (1 Sam. 15:8). El rey Saúl le había perdonado la vida, pero Samuel lo cortó en pedazos (1 Sam. 15:33).

Agar -- Sierva egipcia de Sarai, esposa de Abram (Gén. 16:1). A súplicas de Sarai, Abram tuvo un hijo con ella, que se llamó Ismael (Gén. 16:15). En el Nuevo Testamento Pablo usó el caso de Agar para representar el antiguo pacto de Dios con Israel (Gál. 4:21-31).

agorero -- Adivino.

agravio -- Afrenta. Ofensa. Daño.

Agripa -- **1.** Herodes Agripa I, nieto de Herodes el Grande y Mariamna. Fue rey sobre Palestina entre los años 37 y 44 después de Cristo. Murió repentinamente (Hch. 12:23). **2.** Herodes Agripa II, el último de los Herodes. Gobernó entre los años 53 y 100 después de Cristo. Escuchó la defensa de Pablo (Hch. 25—26).

agua viva -- Agua corriente, como de un arroyo. Jesús usó las palabras "agua viva" para representar la vida nueva que él da a los que creen en él (Jn. 4:10, 11).

aguijón -- Palo con punta aguda para guiar a los animales. A veces tenía punta de metal.

aguzar -- Sacar punta. Afilar.

Ahías -- **1.** Sacerdote de Nob (1 Sam. 21:1). También se llamaba Ahimelec. Este entregó a David la espada de Goliat cuando huía del rey Saúl (21:9). **2.** Profeta que avisó a Jeroboam que Dios le daría diez de las doce tribus de Israel, para gobernar (1 Reyes 11:29-39).

Ahicam -- Hombre que habló en favor de Jeremías cuando éste profetizó delante del rey Joacim (Jer. 26:24).

Ahimelec -- Sacerdote de Nob (1 Reyes 11:29-30). Vea *Ahías*.

Ahola y Aholiba -- Nombres simbólicos para Samaria y Jerusalén. Ahola significa "(Samaria) es su tabernáculo." Aholiba significa "Mi tabernáculo está en (Jerusalén)" (Ezequiel 23:4).

Aholiab -- Ayudante de Bezaleel en los trabajos artísticos del templo (Ex. 31:6).

ahuyentar -- Hacer correr a otro. Huir.

airado -- Enojado. Agitado.

ajenjo -- Planta medicinal y olorosa. De sabor amargo. Amargura (Amós 5:7).

alabastro -- Especie de mármol precioso que se usa para vasos y otros objetos de valor. Se le puede dar mucho brillo con el pulimento, y refleja varios colores.

alarma -- Señal que se da a los soldados para prepararlos para la batalla. Inquietud.

alegar -- Afirmar algo en juicio. Declarar. En la Biblia esta palabra no tiene el sentido de discutir.

alegoría -- Figura de lenguaje. Relato o cuento imaginativo que representa otra cosa. Todos los detalles de la alegoría significan algo. Una metáfora extendida. Vea *metáfora*.

Alejandría -- Ciudad y puerto importante del norte de Egipto. Fundada por Alejandro el Grande. En los tiempos del Nuevo Testamento, era un gran centro de cultura griega (Hch. 18:24).

Alejandro -- **1.** -- Judío mencionado en Hch. 19:33. Hombre enemigo de Pablo y del evangelio (1 Tim. 1:20; 2 Tim. 4:14). **2.** Alejandro el Grande, rey de Macedonia (Grecia antigua). Era el hijo de Felipe de Macedonia. Comenzó a reinar en el año 336 antes de Cristo, a los veinte años de edad, y murió trece años después. En esos trece años conquistó a todo el mundo conocido. Derrotó a los persas en dos batallas. Luego tomó la ciudad de Damasco, Sidón y Tiro. Luego envió decir a Jadúa, el sumo sacerdote en Jerusalén, que le pagara tributo. Jadúa dijo que no, porque Judea estaba sujeta a Persia. Alejandro se enojó, y entró en Jerusalén a pelear. Pero Jadúa salió a encontrarlo. Alejandro cayó de rodillas delante de él para adorar. Dijo que había visto a Dios en una visión en Macedonia, vestido como el sacerdote Jadúa. Dijo que Dios le prometió la conquista de Persia. Dio muchos privilegios a los judíos y luego fue a Egipto. Después de vencer al rey de Egipto, fue a Persia y la conquistó. Murió en Babilonia en el año 323 antes de Cristo. Dice la historia que murió llorando porque ya no había más mundos que conquistar. Su reino fue dividido entre sus cuatro generales.

aleluya -- Palabra hebrea usada como alabanza a Dios. Significa "alabemos al Señor (Jehová)".

alentar -- Animar, estimular.

alfa -- Primera letra del alfabeto griego.

Aα Ωω

Alfa y Omega -- Primera y última letras del alfabeto griego. Jesús las usó para referirse a sí mismo (Apoc. 1:8). Significa "principio y fin".

alfolí -- Granero. Almacén. Bodega.

alforja -- Bolso para llevar comida y otras provisiones para el camino. Morral.

algarrobas -- Fruto de un árbol, que tiene la forma de frijol. Usadas comúnmente para engordar al ganado. Usadas también como comida por la gente pobre de Siria y Palestina (Luc. 15:16).

alguacil -- Encargado de la prisión. Persona que cumple órdenes del alcalde.

alma -- La vida invisible del hombre. Generalmente el alma es el hombre completo, tanto el cuerpo como la parte espiritual. Hay textos que hacen diferencia entre espíritu, alma y cuerpo (1 Tes. 5:23).

almud -- Una medida antigua de varios tamaños. Canasta, caja u olla para medir granos o líquidos. La capacidad del almud variaba entre 1.75 y 28 litros.

áloe -- Planta medicinal de sabor muy amargo, pero olorosa. De su jugo se hace un perfume.

altar -- Una piedra o montón de piedras donde se hacía el sacrificio

(Jos. 8:30, 31). En el templo, el altar era una plataforma de madera cubierta de bronce (Ex. 27:1, 2).

altercado -- Disputa o discusión.

altísimo -- Muy elevado. En Núm. 24:16, Altísimo es un nombre de Dios, que da a entender su grandeza.

altivez -- Orgullo, soberbia. *Altivo*, orgulloso.

Amalec, amalecitas -- Una tribu nómada de Arabia. Descendientes de Esaú. Por enemistad, cerraron el paso a los israelitas cuando iban a Canaán (Ex. 17:8-16).

Amán -- Primer ministro de Persia durante el reinado de Asuero (Jerjes). Trató de destruir al pueblo de Israel (Ester 3—7).

Amasías -- Rey de Judá, hijo del rey Joás (2 Reyes 14:1).

amedrentar -- Causar miedo. Atemorizar.

amén -- Palabra hebrea y griega que significa "Así sea" o "Es verdad". Se usa especialmente en las oraciones (1 Cor. 14:16).

amilenario, amilenarista -- Persona que no acepta la doctrina de un milenio (mil años) de paz sobre la tierra. Cree más bien que los mil años del Apoc. 20:2, 3 y 4, se refieren al reino eterno de Cristo en el cielo.

Amnón -- Hijo de David (2 Sam. 13:1). Este se enamoró de Tamar, hermana hermosa de Absalón. La violó, y fue muerto por Absalón, por venganza.

Amón, amonitas -- Tribu que ocupaba la tierra al norte de Jordania moderna. Descendientes de Lot por su hija menor (Gén. 19:38). La nación de los amonitas fue destruida por Babilonia cerca de 580 años antes de Cristo.

amonestación -- Advertencia, reprensión, reproche.

amorreos -- Tribu que vivía en varios lugares del oriente antiguo. Algunos de los reinos importantes del valle del Tigris y Eufrates, eran amorreos. Josué luchó contra cinco reyes amorreos y los destruyó. En esa ocasión ordenó al sol y a la luna detenerse en el cielo (Jos. 10:12-14).

Amós -- **1.** Profeta que vivió aproximadamente en los años 780 - 745 años antes de Cristo. Era agricultor y ganadero de Tocoa en Judá, el reino del sur. Por orden de Dios, predicó en Israel, el reino del norte. Su mensaje no fue recibido con gusto. **2.** Tercer libro de los Profetas Menores. El libro fue escrito antes que los demás libros proféticos. Su tema principal es el pecado de Israel y la necesidad de arrepentirse. Una parte del libro fue escrito en prosa, y otra parte en poesía.

amotinar -- Causar motín, escándalo. Hacer levantar al pueblo.

Amram -- Padre de Moisés, Aarón y María (1 Crón. 6:3).

Ana -- **1.** La madre de Samuel, una de dos esposas de Elcana. No tenía hijos, pero pidió a Dios que le diera uno. Cuando Samuel nació, lo dedicó al servicio de Dios (1 Sam. 1). **2.** Anciana viuda en Jerusalén que profetizaba. Cuando el niño Jesús fue presentado en el templo, Ana habló de él a todos los que esperaban su venida (Luc. 2:36-38).

Anac, anaceos -- Tribu de gigantes

de los tiempos más primitivos. Vivían en Canaán (Núm. 13:33). Vea también Gén. 6:4.

Ananías -- **1.** Creyente de Jerusalén que murió por su mentira (Hch. 5:1-5). **2.** Creyente de Damasco que ayudó a Saulo (Pablo) en su conversión (Hch. 9:10-18). **3.** Sumo sacerdote que juzgó a Pablo (Hch. 23:2).

Anás -- Uno de los jueces en el juicio contra Jesús. Suegro de Caifás, el sumo sacerdote (Jn. 18:13). Anás también era sumo sacerdote antes de Caifás, y los dos actuaban juntos en este oficio.

anatema -- Maldito, maldición. Algo que debe ser destruido. Es palabra griega, no traducida.

Anatot -- Ciudad al norte de Jerusalén, habitada por sacerdotes en tiempos bíblicos. Allí nació Jeremías (Jer. 1:1). Hoy día Anatot se llama Anata.

anciano -- Hombre de edad y respeto (Hch. 2:17) que gobernaba en Israel (Ex. 3:16) y en la iglesia (Hch. 14:23). En algunas iglesias se llaman presbíteros.

ancla -- Gancho de hierro que usan los barcos para asegurarse cuando no están en el muelle.

Andrés -- Pescador de Betsaida, hermano de Simón Pedro (Mat. 4:18). Fue discípulo de Juan el Bautizador, y después, de Jesús (Jn. 1:40). Uno de los doce apóstoles.

anegar -- Ahogar, hundir.

ángel -- **1.** Ser celestial, mensajero de Dios. **2.** Pastor de una iglesia (Apoc. 2:1, 8).

ángulo -- Esquina. En Mat. 21:42 significa piedra principal de la esquina. Uno de los puntos cardinales (Apoc. 7:1).

angustia -- Aflicción, sufrimiento.

anhelar -- Desear con fuerza, ardor.

anís -- Planta que se cultiva por su semilla. Se usa para dar sabor. Hoy día, se usa especialmente en los dulces o confites.

antediluviano -- Tiempo antes del diluvio (Gén. 7:7).

anticristo -- **1.** Gran enemigo de Cristo (1 Jn. 2:18). Vea también 2 Tes. 2:8-10. **2.** Cualquier persona que niegue que Jesús es el Cristo (1 Jn. 2:22).

Antiguo Testamento -- **1.** El antiguo pacto que Dios hizo con el pueblo de Israel en la ley de Moisés (Ex. 19:5-8; 2 Cor. 3:14-16). Se distingue del nuevo pacto o testamento que Dios hace con el que cree en Jesucristo. El antiguo pacto tenía defectos (Heb. 8:7), y ya no está en vigor (Heb. 8:13). **2.** La Biblia que usaban en el tiempo de Jesús. Son las Escrituras que usa el pueblo judío hoy día. Es la primera parte de nuestra Biblia y contiene treinta y nueve libros.

Antioquía -- **1.** Ciudad capital de Siria antigua. Allí fue fundada la primera iglesia cristiana entre los gentiles (Hch. 11:19). En esa ciudad los creyentes recibieron el nombre de cristianos por primera vez (Hch. 11:26). Desde allí Saulo y Bernabé comenzaron su primer viaje misionero (Hch. 13:1-

14). **2.** Ciudad de Pisidia, de Asia Menor (Turquía moderna). Una de las ciudades visitadas por Saulo y Bernabé (Hch. 13:14).

Antipas -- **1.** Herodes Antipas, tetrarca, gobernador de Galilea y Perea, desde cuatro años antes de Cristo hasta treinta y nueve años después de Cristo. Fue el Herodes que ordenó la muerte de Juan el Bautizador (Mat. 14:1-10). **2.** Un mártir cristiano mencionado en Apoc. 2:13.

Antípatris -- Pueblo al noroeste de Jerusalén, camino a Cesarea. Allí los soldados llevaron a Pablo de noche (Hch. 23:31).

Antonia -- Una torre centinela, junto al templo en Jerusalén, donde los soldados romanos vigilaban las actividades del pueblo. Allí llevaron a Pablo como preso, después del alboroto mencionado en Hch. 21:34. Desde las gradas Pablo habló a la multitud (vv. 35-40). La torre no se menciona en la Biblia con el nombre de Antonia.

anular -- Hacer nulo, sin valor. Cancelar, quitar.

anzuelo -- Pequeño gancho de metal que se usa para pescar.

Año -- El año de los hebreos se calculaba según el sol. Pero los doce meses de su calendario eran meses lunares. Cada luna nueva era el principio de un nuevo mes. Estos doce meses lunares sumaban sólo 354 días y fracción. Así es que el año lunar era más corto que el solar, por casi nueve días. Para no equivocar mucho el tiempo de sembrar, cada tres o cuatro años agregaban otro mes. El nuevo año de los hebreos comienza en otoño y se llama *Rosh Hashanáh*. No usan el calendario cristiano, que pone las fechas en relación con el nacimiento de Jesús. Los hebreos cuentan las fechas desde el día de la creación del mundo, según sus cálculos. Por ejemplo, el año 1972 del calendario cristiano, es para los judíos el año 5732. Los meses del año hebreo son éstos:

1. Abib o Nisán, aproximadamente nuestro abril.
2. Zif o Iyar, mayo.
3. Siván, junio.
4. Tammuz, julio.
5. Ab, agosto.
6. Elul, septiembre.
7. Etanim o Tisri, octubre.
8. Bul o Marhervan, noviembre.
9. Quislev, diciembre.
10. Tebet, enero.
11. Sebat, febrero.
12. Adar, marzo.
13. Veadar, mes adicional agregado cada cuatro años.

Aod -- Juez o libertador de Israel, que libró a su pueblo, matando a Eglón, rey filisteo (Jue. 3:15-22).

apacentar -- Dar pasto al ganado. Cuidar. Enseñar.

apacible -- Agradable, tranquilo.

apaciguar -- Poner en paz, calmar, tranquilizar.

aparejo -- Las velas, cuerdas, poleas de un barco (Hch. 27:19). La montura de un caballo.

apedrear -- Tirar piedras a una persona, o matarla a pedradas. Los hebreos usaban este método para juzgar a un criminal.

apelar -- Pedir a una autoridad más alta, que cambie un juicio o sentencia (Hch. 25:11). El apóstol Pablo apeló a César pidiendo su libertad.

apercibir -- Dar aviso, preparar.

Apio -- El Foro de Apio (Hch. 28:15). Un pueblo de Italia, como veinticinco kilómetros al sur de Roma. Algunos hermanos fueron a recibir a Pablo allí en su viaje a Roma.

aplacar -- Calmar, tranquilizar.

apocalipsis -- Palabra griega que significa revelación. *El Apocalipsis de San Juan.* es el último libro del Nuevo Testamento. Vea *Juan, el Apocalipsis de.*

apologética -- Todos los argumentos que se usan para defender la fe cristiana contra sus enemigos. Es parte de la teología. Viene de la palabra griega *apología*, defensa. En Hch. 26:2, Pablo dijo, "Me tengo por dichoso . . . de que haya de *defenderme*."

Apolos -- Judío nacido en Alejandría, que predicaba el bautismo de Juan. En Efeso lo encontraron Priscila y Aquila, y le enseñaron el evangelio (Hch. 18:24). Llegó a ser buen obrero del Señor (1 Cor. 3:4-6).

aposento -- Pieza o cuarto de una casa. Habitación. *Aposento alto.* Con frecuencia las casas grandes tenían en alto una habitación grande (Hch. 20:8). El aposento alto mencionado en Luc. 22:12 fue donde Jesús comió la última cena. En Hch. 1:13 hay otra mención de un aposento alto, que acaso fue el mismo, donde vivían los apóstoles.

apostasía -- Acto de apartarse de la fe cristiana.

apóstol -- Persona enviada como mensajero de Jesucristo. Los doce apóstoles eran también testigos del ministerio de Jesucristo, desde su principio hasta su resurrección (Hch. 1:21, 22). El apóstol Pablo, muchas veces llamado "el Apóstol", fue enviado por Cristo, después de la resurrección (Hch. 22:21; Gál. 1:15-20).

apremiar -- Dar prisa, apresurar. Oprimir, presionar.

apto -- Capaz, hábil.

Aquila -- Creyente judío, hacedor de tiendas, que ayudó a Pablo en Corinto y Efeso. Con Priscila su esposa, ayudó a Apolos a entender el evangelio (Hch. 18:1-3, 24-26).

Aquis -- Rey de Gat, con quien David vivió cuando huyó del rey Saúl (1 Sam. 27:1-3).

Arabá -- Valle extenso de Palestina. Corre de norte a sur, e incluye el mar de Galilea, el río Jordán, el mar Muerto, y la punta norteña del mar Rojo (Jos. 18:18). La mayor parte del Arabá está bajo el nivel del mar.

Arabia -- La gran península al sureste de Palestina, entre el mar Rojo y el Golfo de Persia. Hoy día se llama Arabia Saudita. En la Biblia, Arabia incluía Jordania e Irak.

Arad -- Pueblo del Neguev, cuarenta y tres kilómetros al sur de Hebrón. El rey de Arad peleó contra Israel cuando iban hacia Canaán (Núm. 21:1).

arameo -- Idioma principal del pueblo del Antiguo Testamento, semejante al hebreo. El mismo idioma conocido como el siriaco. Usado entre los sirios, persas, babilonios y hebreos desde Abraham hasta Jesús. Algunas palabras del arameo se encuentran en el Evangelio de Marcos, sin traducir (5:41; 7:34; 14:36; 15:34). El nombre arameo parece ser de Aram (Harán), el padre de Lot y hermano de Abram (Gén. 11:26).

Ararat -- Serranía de Asia Menor o Turquía moderna, donde reposó el arca de Noé (Gén. 8:4).

Arauna -- Un jebuseo de Jerusalén que vendió su terreno al rey David. Allí hizo un altar para el Señor (2 Sam. 24:18-25). Arauna se llama Ornán en 2 Crón. 3:1.

arca -- Caja de madera. La tapa está asegurada con bisagras, candados o cerraduras. En la Biblia la palabra se usa de varias maneras: **1.** *El arca de Noé;* gran barco para salvar a su familia y los animales en el diluvio (Gén. 6:14). **2.** *Una arquilla* de juncos, en la que la madre del niño Moisés lo dejó (Ex. 2:3). **3.** El *arca del testimonio,* mueble sagrado hecho por Moisés (Ex. 25:10-22). Arriba tenía dos querubines, uno frente al otro, con las alas extendidas. Adentro se guardaban las dos tablas de piedra con los Diez Mandamientos, la vara de Aarón que floreció, y una urna con maná (Heb. 9:4, 5). El arca tenía anillos en sus costados, y varas metidas en ellos. Con estas varas los sacerdotes llevaban el arca. Este mueble representaba la presencia de Dios entre el pueblo de Israel. Se guardaba dentro del tabernáculo o templo, en el Lugar Santísimo (Heb. 9:3). La llamaban también, el Arca de Dios, y el Arca del Señor. **4.** *El arca de Joás* (rey de Judá), hecha por Joiada el sacerdote para recibir las ofrendas del pueblo. Con ellas se pagaban las reparaciones del templo (2 Reyes 12:9; 2 Crón. 24:8).

arcángel -- El ángel principal (1 Tes. 4:16).

arco -- **1.** Arco de la promesa de Dios (Gén. 9:13). Arco iris. **2.** Arma de madera o bronce, para tirar flechas (Gén. 21:20).

ardid -- Maña, trampa.

Areópago -- Un monte pequeño en Atenas dedicado al culto del dios de guerra, Ares. Allí se reunía la suprema corte de la ciudad, también llamada el *Areópago.* Dionisio el areopagita (Hch. 17:34) era uno de los jueces del Areópago. En este monte, quizá delante de la suprema corte, Pablo predicó con poco éxito (Hch. 17:19, 32-34).

Ariel -- **1.** Nombre con significado dudoso. Si es palabra hebrea, quiere decir "montaña de Dios, o de los dioses". **2.** Nombre especial que el profeta Isaías dio a Jerusalén (Is. 29:1). Las antiguas autoridades judías, explicaban esta palabra en Ezequiel (43:15, 16) como *altar.* **3.** Uno de los jefes de los judíos que acompañaban a Esdras en una reunión junto al río Ahava (Esdras 8:16).

Arimatea -- Pueblo de la provincia de Judea, al noroeste de Jerusalén. José de Arimatea fue quien pidió permiso a Pilato para bajar el cuerpo de Jesús y enterrarlo (Luc.

23:50-52).

Aristarco -- Uno de los compañeros de Pablo (Hch. 19:29; Col. 4:10).

armadura -- Vestido de metal usado en guerra para proteger contra las armas del enemigo (1 Reyes 22:34). En Ef. 6:11-18, sirve de comparación con las armas espirituales.

Armagedón -- Nombre de un campo de batalla cerca de las montañas de Meguido (Jue. 5:19; 2 Reyes 9:27). La palabra Armagedón es la forma griega de las palabras hebreas, Har (Montaña) y Meguido, significa Montaña de Meguido. El campo de batalla es el valle de Jezreel o Esdraelón, al lado noroeste de estas montañas, cerca del monte Carmelo. En Apoc. 16:16, está la profecía de la última batalla de todos los reyes del mundo (v. 14). Esta batalla se llama "la batalla de aquel gran día del Dios Todopoderoso".

Arnón -- El río o arroyo Arnón, que formaba el límite entre las tierras de los amorreos y los moabitas. Desemboca al mar Muerto, al lado oriental, media distancia entre norte y sur de este mar (Núm. 21:13).

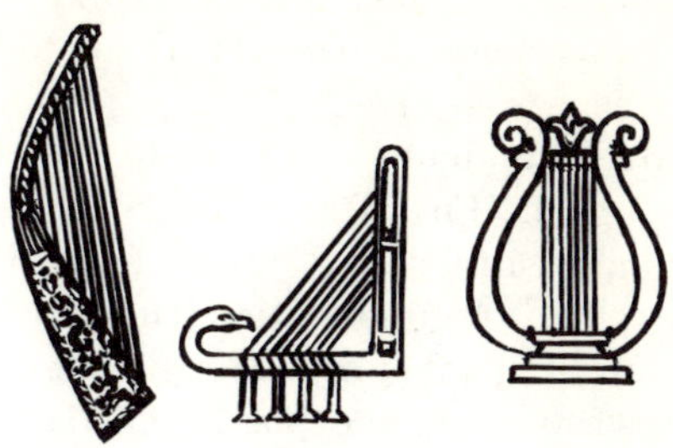

arpa -- Instrumento musical de cuerdas. De tamaño pequeño, manuable, inventada por Jubal (Gén. 4:21), y usada por David. Podría tener entre tres y veinte cuerdas. Esta arpa no es el instrumento grande que se conoce hoy con este nombre. Era una especie de lira o salterio.

Arquelao -- Un hijo de Herodes el Grande. Reinó sobre Judea del año 4 antes de Cristo, hasta 6 después de Cristo. Entonces fue quitado por César Augusto, por su mala conducta. Por temor a él, José no quiso ir a Judea, y fue con su pequeña familia a vivir en Nazaret de Galilea. Nazaret estaba bajo el gobierno de Herodes Antipas (Mat. 2:22, 23).

arquilla -- Pequeña arca, canasta de juncos. La madre del niño Moisés lo escondió en una arquilla y lo dejó en el río Nilo (Ex. 2:3).

arras -- **1.** Una pequeña parte del dinero que se adelanta para garantizar una venta o contrato. **2.** Las monedas que el novio entrega a la novia, para asegurarle de sus intenciones honorables. **3.** La obra del Espíritu Santo en la vida del cristiano, como garantía de otra obra mayor, cuando seamos redimidos finalmente (2 Cor. 1:22; 5:5).

arrasar -- Destruir. Limpiar la superficie, raspándola. Dejar todo a un solo nivel.

arrebatamiento -- El rapto de la iglesia. En 1 Tes. 4:17 dice: "seremos arrebatados juntamente con ellos". Algunos entienden que este arrebatamiento será en secreto, visto solamente por los cristianos, aunque en ninguna parte se afirma así con claridad. Otros entienden que el arrebatamiento sucederá en conexión con la resurrección. (Vea v. 16.)

arrepentirse -- Cambiar de pensamiento o de intención. Especialmente, con respecto al pecado. Abandonar el pecado y volver hacia Dios.

arrogancia -- Soberbia, orgullo, altivez.

Artemis de Efeso -- Artemisa. Los romanos la llamaban Diana, pero no tenía relación con la diosa de la mitología griega. En Hch. 19:23-41, se relata el alboroto que se hizo sobre la predicación de Pablo. El pueblo gritaba "¡Grande es Diana de los efesios!" (v. 34). El pueblo creía que su imagen había caído del cielo (v. 35).

artífice -- Obrero, artesano.

artimaña -- Trampa, astucia.

Asa -- Rey de Judá, hijo del rey Abiam. Uno de los mejores reyes del reino del sur (1 Reyes 15:9-11).

Asael -- Uno de los hombres valientes de David y hermano de Joab. Fue muerto por Abner cuando corrió detrás de él (2 Sam. 2:17-23).

Asaf -- Cantante principal nombrado por David para cantar en el templo (1 Crón. 16:1-7). Fue el autor de los Salmos 50, y 73-83. Su nombre aparece en los títulos de estos salmos.

asalariado -- Empleado. En Jn. 10:12, el asalariado es el que cuida las ovejas sólo por el sueldo que recibe. No ama a las ovejas (v. 13).

Ascalón -- Ciudad de los filisteos, al oeste de Jerusalén, en la costa del mar Mediterráneo.

asechanza -- Emboscada, trampa. Engaño para hacer daño a otra persona. Esta palabra se confunde con *acechanza*, de vigilar, esperar.

asedio -- Ataque, sitio en contra de uno.

Aser --**1.** Octavo hijo de Jacob, su madre fue Zilpa, sierva de Lea (Gén. 30:12, 13). **2.** Tribu de Israel, los descendientes de Aser. Ocupaban la región al noroeste de Canaán.

Asera -- Diosa pagana de la fertilidad. El palo que la representaba. Los cananeos colocaban un palo en los lugares de su culto, junto al altar de Baal. Adoraban a los dos juntos.

Asia -- En la Biblia, casi siempre significa una provincia romana, parte de Asia Menor. No se refiere al continente de Asia, ni a toda la península que es Turquía moderna. Era la región occidental de esa península (Hch. 19:10).

asir -- Coger, agarrar, echar mano.

Asiria, asirios -- Uno de los reinos importantes del mundo antiguo. Ahora forma parte del norte de Irak. Los asirios conquistaron muchas naciones en su tiempo. En el año 721 antes de Cristo, conquistaron al reino del norte, Israel. Asiria fue conquistada por los babilonios en el año 612 antes de Cristo, cuando cayó Nínive, la capital.

asno, asna -- Burro.

asolamiento -- Destrucción. *De asolar*, destruir.

áspid -- Serpiente o cualquiera culebra muy venenosa.

Astoret, Astarot -- La diosa Astarté, o Astarte de los cananeos, Istar de los babilonios, y Afrodita de los griegos, y posiblemente Venus de los romanos.

astrólogo -- Estudiante de las estrellas y los planetas. Tenían la creencia de poder conocer el futuro por este medio. Los magos de Persia eran astrólogos.

Asuero -- Rey de Persia entre los años 486 y 465 antes de Cristo. Hijo de Darío el medo (Dan. 6:1, 6-9). Conocido en la historia con su nombre griego, Jerjes. Escogió a la joven Ester para ser reina en lugar de Vasti (Ester 1:11-21; 2:16-18).

atalaya -- Torre para vigilar los campos o la ciudad. El guardia que vigila desde la torre. Pastor o guía espiritual del pueblo de Israel.

Atalía -- Reina malvada que ocupó el trono de Judá, reina del sur, después de matar a sus propios nietos. Reinó por seis años, luego fue asesinada (2 Reyes 11).

ataviar -- Componer, asear, adornar, arreglar. *Atavío*, vestido, adorno personal.

Atenas -- Ciudad capital de Grecia, muy importante desde tiempos antiguos. Centro cultural y filosófico. Según la tradición, fue fundada como 1581 años antes de Cristo. Allí predicó Pablo (Hch. 17:16-34).

atribuir -- Imputar. Decir que una persona tiene cierta característica. Ejemplo: atribuimos a Dios el amor, la gracia, el poder, el conocimiento y otras cosas.

atribular -- Afligir, causar sufrimiento. Padecer tribulación.

atrio -- Patio interior de algún edificio (Mar. 15:16). Especialmente del templo (Ex. 27:9).

Augusto -- Augusto César (Luc. 2:1). Emperador romano que gobernó desde el año 31 antes de Cristo hasta 14 después de Cristo. Su nombre era Octavio, pero tomó el título de honor, *Augusto*. Este título significa venerable o majestuoso. Más tarde, otros césares usaron el mismo título (Hch. 25:25).

autor -- El que origina alguna cosa. Ejemplo: El autor de un libro, el escritor. Autor de la vida, Dios (Hch. 3:15).

aventador -- Una pala usada para aventar el grano. Se echaba el grano al aire, para que el viento se llevara la cascarita seca y la paja (Mat. 3:12).

avestruz -- Gran ave corredora. No vuela, pero corre a gran velocidad. Vive principalmente en Africa.

ayo -- Persona encargada de cuidar y educar a un niño. Noemí, aya de Obed, fue su nana o niñera (Rut 4:16). En el Imperio Romano, el ayo era un esclavo griego de confianza. En Gál. 3:24, la ley de Moisés es llamada nuestro ayo, para llevarnos a Cristo.

ayunar, ayuno -- Pasar cierto tiempo sin alimento, y quizá sin agua. El *ayuno* era de dos tipos: Voluntario e involuntario.

1. Había ayuno involuntario cuando no había qué comer. Así fue en los casos de Moisés (Ex. 34:28), Elías (1 Reyes 19:8), y quizá de Jesús (Mat. 4:2). 2. Parece no haber mandamientos que obliguen el ayuno en el Antiguo Testamento. Sin embargo, los hebreos de la historia posterior, ayunaban voluntariamente para afligir el alma (Esdras 8:21; Neh. 9:1). También para hacer oir sus oraciones (Is. 58:3, 4). La costumbre fijó días de ayuno (Zac. 8:19; Mat. 6:16). En el Nuevo Testamento no hay ningún mandamiento sobre el ayuno. Sin embargo, los primeros cristianos lo practicaban (Hch. 13:3; 14:23). Los que así ayunaban eran cristianos judíos, según parece.

Azazel -- Palabra hebrea que significa *removimiento* (Lev. 16:8). El nombre dado a uno de los machos de cabra que sacrificaban.

B

Baal, baales -- Dios de fertilidad, adorado entre los pueblos de Canaán. La palabra *baal* quería decir señor, dueño, o marido. Con el tiempo, la palabra *baal* se cambió en nombre propio. El culto de Baal existía muy antiguamente (Núm. 22:41). Este culto fue un gran peligro para los hebreos. Muchos de ellos adoraban a Baal en el tiempo del profeta Elías (1 Reyes 16:21-31; 18:17-40). Este profeta venció a los profetas de Baal y Asera en una prueba en el monte Carmelo. Muchos lugares tenían Baal o baal como parte de su nombre, para honrar a ese dios. Ejemplos: Baala, Baal-gad, Baal-hamón. Gedeón llevó el nombre Jerobaal como reto a ese dios. Significa "Contienda Baal contra Gedeón" (Jue. 6:32).

Baal-peor -- Un dios moabita (Núm. 25:1-9), adorado sobre el monte Peor.

Baal-zebub -- Dios de Ecrón, una de cinco ciudades importantes de los filisteos. Este dios tiene el nombre Beelzebú en el Nuevo Testamento (Mat. 10:25). Pero en este tiempo se usaba como nombre del diablo (Luc. 11:15), "príncipe de los demonios".

Babel -- Nombre de una gran torre en la tierra de Sinar (Babilonia antigua, Irak moderno, Gén. 11:1-9). La palabra *babel* significa *división* o confusión. Allí Dios confundió el lenguaje de los que edificaban la torre. Como resultado, se separaron los pueblos. Babel era también el nombre de una de las ciudades fundadas por Nimrod (Gén. 10:10). Babel llegó a ser la ciudad capital del reino de Babel, o Babilonia.

Babilonia -- 1. La ciudad más famosa del antiguo mundo, en el río Eufrates de Irak moderno. Era la capital del imperio del mismo nombre. Fue fundada por Nimrod (Gén. 10:10). Alcanzó gran importancia con el gobierno de Hamurabí entre 1730 y 1685 años antes de Cristo. Hamurabí formuló un código de leyes muy importante. Sin duda que Moisés conoció este código antes de recibir de Dios los Diez Mandamientos. La ciudad creció mucho en el tiempo de Nabucodonosor el Segundo (el Grande). El fue su rey más importante, y gobernó entre los años 605 y 562 antes de Cristo. En su tiempo la ciudad tenía un muro enorme. Su altura era impresionante y en su anchura cabía un carro de cuatro caballos. Nabucodonosor adornó la ciudad con los famosos jardines colgantes, una de las siete maravillas del antiguo mundo. La ciudad era un cuadro grande, y su área total era de varios kilómetros cuadrados. En el muro había portones de bronce. El río Eufrates pasaba al lado de la ciudad. Parte del muro parecía subir del mismo río. En el año 539 antes de Cristo, Darío de Media conquistó la ciudad. Para lograrlo, desvió el río y entró por el cauce. (Vea Daniel 5:30, 31). En el año 312 antes de Cristo, Seleuco Nicator conquistó la ciudad otra vez y la destruyó. Ocupó material de las ruinas para construir la ciudad de Seleucia a la ribera del río Tigris. **2.** La ciudad de Babilonia de Apoc. 14:8; 16:19; es en realidad la ciudad de Roma. La antigua ciudad de Babilonia ya no tenía importancia cuando el apóstol Juan vio esta visión. Sin embargo, había una gran colonia de judíos en Babilonia después del año 70 después de Cristo. (Vea 1 Ped. 5:13.)

Balaam -- Profeta falso empleado por Balac, el rey de Moab, para maldecir a los israelitas. Pero contra su voluntad, los bendijo (Núm. 22—24).

Balac -- Rey de Moab que empleó a Balaam para maldecir a los israelitas (Núm. 22:2-7). Vea *Balaam.*

bálsamo -- Una resina medicinal de ciertos árboles. *Bálsamo de Galaad* (Jer. 8:22), ungüento desconocido. Es posible que este bálsamo no fuera más que algún bálsamo común, que existía en todo lugar.

baluarte -- Parte de una muralla de defensa.

Barac -- Uno de los jueces o libertadores de Israel. Débora lo animó a guiar al pueblo a la victoria sobre los cananeos (Jue. 4:5).

bárbaro -- Extranjero. Los antiguos griegos afirmaban que los extranjeros decían solamente *ba, ba, ba,* cuando hablaban en idioma desconocido. De ese sonido viene la palabra bárbaro. Compare Col. 3:11 con 1 Cor. 14:11.

Bar-jesús -- Mago, falso profeta que resistía las palabras de Saulo, (Pablo) en la isla de Chipre. Por castigo, quedó ciego por la palabra de Saulo (Hch. 13:6-12).

Barrabás -- Ladrón (Jn. 18:40), y asesino (Mar. 15:7), que estaba preso cuando Jesús fue juzgado (Mat. 27:16). Pilato lo soltó a petición del pueblo (Mat. 27:26) en lugar de Jesús.

Bartimeo -- Mendigo ciego de Jericó, sanado por Jesús (Mar. 10:46-52). Su nombre significa "hijo de Timeo" (v. 46).

Bartolomé -- Uno de los doce

apóstoles, íntimo compañero de Felipe. Parece ser otro nombre de Natanael. Este podría ser su nombre verdadero, ya que Bartolomé significa "hijo de Tolmai".

Baruc -- Secretario leal de Jeremías. Escribió lo que Jeremías le indicó, y lo leyó en el templo y en el palacio del rey (Jer. 36). Baruc recibió un mensaje especial por medio de Jeremías, prometiéndole seguridad en todo peligro (Jer. 45).

Barzilai -- Hombre anciano de Galaad, amigo de David. Era rico. Dio alimento a David y sus hombres cuando estaban al oriente del río Jordán (2 Sam. 19:31-38).

Basán -- Ancha sabana o llanura al oriente del río Jordán. Este lugar era famoso por sus encinas (Is. 2:13) y su ganado (Amós 4:1).

bastardo -- Hijo que nace fuera del matrimonio. Hijo natural.

bautismo -- Palabra griega que significa inmersión, zambullido (Rom. 6:3-5), baño, lavamiento (Mar. 7:4, 8). A veces *bautizar* significa *teñir.* El bautismo es un rito o acto religioso dado en el principio de la vida cristiana. Se usa de varios modos en diferentes iglesias cristianas. En el principio, el bautismo era por sumersión en agua. Así se usa ahora en varias iglesias, principalmente las iglesias bautistas. Otras, como la Católica Romana, luterana, episcopal, presbiteriana, etcétera, rocían o derraman agua sobre la cabeza. Pero lo más importante es el significado del bautismo, más que la forma. La Iglesia Católica Romana enseña que la persona que nace de nuevo por medio del bautismo. Esta doctrina se llama "la regeneración bautismal". Con este motivo bautizan a los niños recién nacidos. Creen que así se le quita el pecado con que nacen. Las iglesias luteranas, episcopales y las iglesias de Cristo, comparten esta enseñanza en parte. Las iglesias de tipo bautista afirman que el bautismo es sólo un símbolo. Es decir, que el bautismo representa la muerte y resurrección del creyente juntamente con Cristo. Se practica como testimonio de lo que Dios ha hecho ya en el corazón del creyente. Para las iglesias bautistas, el bautismo del niño recién nacido no tiene significado ni valor. Los judíos usaron el bautismo antes de Juan el Bautizador para las mujeres y algunos gentiles que fueron convertidos a la religión judía. Juan usó el bautismo como seña del arrepentimiento del pecado (Mat. 3:1-8), y en espera del reino de Dios (v. 2). Jesús fue bautizado por Juan aunque no había pecado. Tanto Juan como Jesús sabían que él no era pecador. Sin embargo, Jesús lo aceptó para cumplir la voluntad de Dios (Mat. 3:15). Sirvió así como ejemplo para los demás, que sí eran pecadores. El "bautismo por los muertos" (1 Cor. 15:29) se refiere a una costumbre desconocida. No sabemos que la iglesia lo haya practicado en algún tiempo. Se cree que algunas personas se bautizaban por los que habían muerto sin ser bautizados. Pensaban que sería en beneficio de ellos. El apóstol Pablo lo menciona sólo como otro argumento a favor de la resurrección. No enseña que los cristianos deben ser bautizados por los muertos hoy día. Solamente los mormones practican este "bautismo por los muertos".

Beelzebú -- *Baal-zebub.* Nombre del dios de la ciudad de Ecrón (2 Reyes 1:2). Usado en Luc. 11:15 como "príncipe de los demonios", o sea el diablo.

Beer -- Palabra hebrea que significa pozo. Lugar donde los israelitas se detuvieron, en el lindero con Moab (Núm. 21:16). Es posible que sea el mismo lugar llamado Beerot (Jos. 9:17).

Beerseba -- Ciudad importante desde tiempos antiguos. Allí Abraham excavó un pozo. Los pastores de Abraham y del rey Abimelec pelearon por el agua. Los dos hicieron un pacto y Abraham le dio siete corderos para confirmarlo. El nombre Beerseba significa "pozo de los siete". Hoy día Beer-Shevá es importante como centro industrial.

behemot -- El hipopótamo (Job 40:15-24). Animal grande que vivía en el río Nilo. Comía plantas verdes. Los antiguos cazaban el hipopótamo por su piel, dientes y carne. Ahora se encuentra solamente en la parte norte del Nilo.

Belén -- Pueblo a diez kilómetros de Jerusalén, hacia el sur. Allí nació David el rey. Por esto se llamaba "la ciudad de David" (Luc. 2:11). Más tarde nació Jesús allí (Luc. 2:11 y 15). Beth-lehem (Belén) quiere decir "casa de pan". Hoy día se llama Bayt Lahm.

Belial -- Nombre que significa *sin valor*, o maldad. En 2 Cor. 6:15 Belial se usa como nombre del diablo, "el Malo".

Belsasar -- Hijo de Nabónides, el último rey de Babilonia, que reinó en ausencia de su padre (Dan. 5:1).

Beltsasar -- El nombre que fue puesto a Daniel en Babilonia (Dan. 1:7).

Ben-adad -- Rey de Siria en el tiempo de Asa, rey de Judá (1 Reyes 15:18). Asá pagó a Ben-adad para que peleara contra Baasa, rey de Israel.

bendecir -- Hablar bien de otra persona. Alabar. Colmar de bienes. Pedir a Dios sus favores para otra persona.

bendición -- Favor dado por Dios. Petición que se hace a Dios, deseando sus favores para otra persona.

benevolencia -- Bondad, generosidad, caridad.

benigno -- Bueno, amable, generoso. Suave, sin ofensa.

Benjamín -- El menor de los doce hijos de Jacob, segundo hijo de Raquel, hermano de José. La *tribu de Benjamín* fue casi destruida en el tiempo de los jueces (Jue. 20). Por este motivo era la tribu más pequeña. Saúl, el primer rey de Israel, era de esta tribu (1 Sam. 9:1, 2). El apóstol Pablo fue el más importante de los hijos de Benjamín (Fil. 3:5).

Berea -- Ciudad de Macedonia, donde el apóstol Pablo predicó el evangelio (Hch. 17:10). Su nombre actual es Virria. Los bereanos eran de espíritu noble (v. 11), porque estudiaron las Escrituras para comprobar las enseñanzas de Pablo.

Berenice -- La hija mayor de Herodes Agripa el Primero. Fue casada primero con su tío, Herodes rey de Calcís. Pero él murió después de corto tiempo. Se casó entonces con Polemo, rey de Cilicia. Luego se cansó de él, y lo abandonó, y se casó con su hermano, Herodes Agripa el Segundo. Berenice estaba con él cuando oyó la defensa de Pablo (Hch. 25:22—26:32).

Bernabé -- Uno de los creyentes de los tiempos apostólicos, muy generoso con sus bienes (Hch. 4:36, 37). Su verdadero nombre era José. Pero los apóstoles le dieron el nombre Bernabé, porque según ellos era "hijo de consolación". Más tarde, Bernabé tuvo confianza en Saulo de Tarso, y lo presentó a los demás apóstoles que le tenían miedo. Saulo y Bernabé trabajaron juntos en el primer viaje misionero. Luego por un fuerte desacuerdo se separaron. Bernabé y su sobrino, Juan Marcos, fueron a la isla de Chipre para continuar la obra misionera.

beso -- El beso era un saludo común desde los tiempos antiguos, especialmente entre personas del mismo sexo. Pero también se besaban entre familia. Besaban la mejilla, la mano, y a veces los pies de reyes y personas de gran estimación. En el tiempo del Nuevo Testamento, los cristianos se besaban como señal de amor (1 Tes. 5:26. El ósculo es el beso). El beso que Judas dio al Señor (Mat. 26:48, 49) demuestra su hipocresía y bajeza.

Betábara -- Lugar al oriente del río Jordán, donde Juan bautizaba (Jn. 1:28). Uno de los muchos vados del Jordán. Uno de ellos hoy día se llama Abara, que puede ser el mismo que Betábara. Está a unos dieciocho kilómetros al sur del mar de Galilea. Sin embargo, el nombre Betábara no es seguro en este texto. Los textos más antiguos dicen Betania.

Betania -- Aldea situada a dos kilómetros, al este de Jerusalén, sobre el camino a Jericó. El pueblo donde vivían Lázaro y sus dos hermanas (Jn. 11:1). Hoy día esta aldea lleva el nombre de Lázaro (El Azariyeh, el pueblo de Lázaro.)

Bet-el -- Nombre que significa en hebreo, Casa de Dios. Famosa ciudad de Israel, centro de culto a Dios. Está a unos catorce kilómetros al norte de Jerusalén. Bet-el recibió su nombre de Jacob, que vio una visión de Dios allí (Gén. 28:11-19). Allí estuvo el arca del testimonio por un tiempo (Jue. 20:27). Más tarde, cuando la nación fue dividida en los reinos de Judá e Israel, Bet-el se encontraba en el lindero sur de Israel. El rey Jeroboam de Israel puso uno de los becerros allí, y estableció a Bet-el como centro de aquel culto falso.

Betesda -- Un estanque o fuente de Jerusalén, donde Jesús sanó a un paralítico (Jn. 5:2-9). Una tradición afirma que las aguas de este estanque tenían poder para curar enfermedades. Según esta tradición, un ángel bajaba para sanar al primer enfermo que entrara en el estanque, después del movimiento del agua (Jn. 5:3, 4). El v. 4 no era parte del texto original del Evangelio, pero sí, explica las palabras del v. 3: "que esperaban el movimiento del agua". En el año 1888 descubrieron un viejo estanque cerca de la puerta de las ovejas (Jn. 5:2), que parece ser el estanque de Betesda. El estanque tiene una pintura apenas visible de un ángel junto al agua. Esto ayuda a saber cuál de varios estanques era el de Betesda.

Betfagé -- Una aldea cerca de Betania, en el camino entre Jericó y Jerusalén, probablemente entre Betania y Jerusalén (Mar. 11:1). Allí Jesús envió a dos de sus discípulos para traer el asna y su pollino, a los que montó (Mat. 21:1-7).

Betsabé -- Esposa de Urías el heteo, y después de David. El cometió adulterio con ella. Para ocultar el hecho de su adulterio, mandó matar a Urías en guerra. Luego tomó a Betsabé por esposa. El niño que nació de esta unión, murió (2 Sam. 11:2—12:25). Después, Betsabé dio a luz a Jedidías, o Salomón.

Betsaida -- Pueblo al extremo norte del mar de Galilea, cerca de la boca del río Jordán. Felipe, Andrés y Pedro eran de este pueblo (Jn. 1:44).

Bet-san, Bet-seán -- Ciudad a unos veinticinco kilómetros al sur del mar de Galilea. Se menciona varias veces en conexión con las guerras de Israel (Jos. 17:16; Jue. 1:27; 1 Sam. 31:12). Bet-san era la única ciudad de la región de Decápolis (Diez ciudades) que quedaba al occidente del río Jordán. El nombre moderno de esta ciudad es Beit Shean.

Bet-semes -- Pueblo a unos treinta y ocho kilómetros al occidente de Jerusalén en el camino de Ascalón y Asdod. En un principio era de la tribu de Judá (Jos. 15:10). Cuando los filisteos capturaron el arca del testimonio, la devolvieron más tarde a Bet-semes (1 Sam. 6:9-20). Los hombres de Bet-semes, que eran principalmente sacerdotes y levitas (Jos. 21:16), miraron dentro del arca. Esto era contra la ley de Dios, y el Señor mató a cincuenta mil setenta hombres del pueblo como castigo (1 Sam. 6:12-21).

Betuel -- El padre de Labán y Rebeca (Gén. 24:24, 29).

Beula -- Palabra hebrea que significa desposada, o casada (Is. 62:4).

Bezaleel -- Obrero artístico que trabajó en la construcción del tabernáculo (Ex. 31:2). Hizo también el arca del testimonio y todos sus muebles (Ex. 35:30—38:22).

Biblia -- El libro sagrado de los cristianos. Se compone de los treinta y nueve libros del Antiguo Testamento, y los veintisiete libros del Nuevo Testamento. Los católicos romanos incluyen los libros Apócrifos en el Antiguo Testamento. Los judíos reconocen solamente los treinta y nueve libros del Antiguo Testamento, pero ninguno de los libros del Nuevo. La palabra *biblia* es griega, que quiere decir *libritos*. La palabra *biblión* (libro), viene de la ciudad fenicia Byblos, de donde enviaban el papiro a otras ciudades. El papiro era el antiguo papel hecho en Egipto. La palabra *Biblia* se usó más tarde refiriéndose a la colección de libros que es nuestra Biblia.

bienaventuranza -- Las bienaventuranzas son las bendiciones o felicidades de que Jesús habló en el Sermón del monte (Mat. 5:3-12). La palabra bienaventurado quiere decir bendito, afortunado o feliz.

Bildad -- Uno de los tres amigos de Job (Job 2:11), que fueron a visitarlo cuando estaba afligido. Era *suhita*, es decir de la tribu de Súa. Súa era uno de los hijos de Abraham, por su segunda esposa (Gén. 25:2).

Bilha -- La criada de Raquel (Gén. 29:29). Cuando Raquel no tuvo hijos, dio a Bilha a Jacob para que ella le diera hijos (Gén. 30:1-8).

Bitinia -- Tierra al noroeste de Asia Menor, entre el mar Negro y Galacia. Pablo y Silas querían llevar el evangelio a Bitinia, "pero el Espíritu no se lo permitió" (Hch. 16:7). Más tarde, sin embargo, el evangelio llegó allá, porque el apóstol Pablo escribió a los cristianos en ese lugar (1 Ped. 1:1).

blanca -- Una moneda de cobre de poco valor. Ocho blancas valían un centavo de dólar.

blasfemia -- Una maldición. Palabras en contra de Dios. *Blasfemar* a Dios merecía la pena de muerte (Lev. 24:11-16). El hombre que blasfemaba, era un *blasfemo*.

Boanerges -- Nombre que Jesús puso a los dos hijos de Zebedeo (Mar. 3:17), Juan y Jacobo. El nombre quería decir, "hijos del trueno". Es decir, que eran violentos, o precipitados.

bocina -- Trompeta hecha de cuerno de carnero, o de plata. La tocaban para dar varias señales al ejército (Jue. 3:27; Job 39:24; 2 Sam. 2:28). El guarda de la ciudad la tocaba para dar la señal de alarma al pueblo (Jer. 6:1). La tocaban para anunciar el gobierno de un nuevo rey (2 Sam. 15:10). La usaban también para anunciar el año de jubileo (Lev. 25:9, 10), y el comienzo de otras fiestas nacionales. Había dos trompetas de plata para el uso del tabernáculo (Núm. 10:2). En la dedicación del templo (2 Crón. 5:12) tocaron ciento veinte trompetas. Las trompetas de plata servían para la música religiosa, aunque quizá no en el templo. La bocina de cuerno no servía para la música.

boda -- Casamiento, matrimonio, especialmente la fiesta que lo acompaña. En el tiempo del Nuevo Testamento, la fiesta de boda se hacía en la casa del novio, o de sus padres (Mat. 22:1-10; Juan 2:1, 9, 10). Si la casa del novio estaba a gran distancia, se hacía la fiesta en la casa de la novia. En este caso, los gastos eran del novio o de sus padres (Gén. 29:27; Jue. 14:10). Vea *casamiento*.

bogar -- Remar.

bonanza -- Tiempo tranquilo en e

mar.

Booz -- Hombre rico y fiel de Belén, de la tribu de Judá (Rut 2:1; 4:13). Permitió a Rut recoger grano tras los segadores en su campo, y después, aceptó casarse con ella (3:13; 4:10). Fue el padre de Obed, el abuelo de Isaí, y el bisabuelo del rey David (4:17-22).

boyero -- Pastor y guía de bueyes (Amós 7:14, 15). Decía Amós que era boyero y que recogía higos silvestres, despreciándose a sí mismo. En realidad, Amós era ganadero y agricultor rico. Vea *Amós*.

bronce -- En la Biblia, el bronce era metal compuesto de cobre y estaño. Hoy día el bronce se hace de cobre y zinc.

Buenos Puertos -- Nombre de un puerto en la costa sur de la isla de Creta. Allí se detuvo el barco en que viajaba Pablo (Hch. 27:8).

Bul -- El octavo mes del calendario hebreo. Corresponde a noviembre. Vea *año*.

C

Cades, Cades-barnea -- Oasis o manantial y pueblo en la frontera sur de Judea. Allí hicieron su campamento los israelitas cuando iban hacia Canaán, en el segundo año después de salir de Egipto. Desde allí enviaron a los doce espías para conocer la tierra de Canaán (Núm. 13).

Caifás -- El sumo sacerdote en el juicio de Jesús (Mat. 26:3), junto con su suegro, Anás (Jn. 18:13).

Caín -- Hijo de Adán y Eva (Gén. 4:1). Hizo una ofrenda al Señor, que fue rechazada. Se enojó con su hermano Abel y lo mató por celos (v. 8). Salió de la tierra de sus padres y habitó en Nod. Allí edificó una ciudad y la llamó Enoc, por el nombre de su primer hijo.

calamidad -- Desgracia.

calcañar -- El talón.

Caldea -- Antiguamente, era la región al sur de Babilonia, junto al golfo de Persia. Más tarde, toda Babilonia se llamaba Caldea.

caldeo, caldeos -- Los habitantes de la tierra de Caldea.

Caleb -- Uno de los doce espías que fueron a conocer la tierra de Canaán (Núm. 13:6). El y Josué fueron los únicos que no tuvieron miedo de los cananeos (Núm. 14:6-9). Más tarde pidió y recibió la ciudad de Hebrón por herencia (Jos. 14:6-15). De esta ciudad echó fuera a los tres gigantes, hijos de Anac (Jos. 15:14).

calendario -- Vea *año*.

cáliz -- Copa, vaso. En la Biblia, esta palabra se usa para hablar de amarguras; el cáliz de su ira (Is. 51:17), de soledad (Ez. 23:33), del vino del ardor de su ira (Apoc. 16:19).

calzado -- Zapatos. Generalmente el calzado de los antiguos eran sandalias (Mar. 1:7; 6:9).

Cam -- El segundo hijo de Noé (Gén. 5:32; 9:18; 10:1). Cam se comportó malamente cuando su padre estaba borracho (9:21, 22). Noé maldijo al hijo de Cam, como desprecio. Probablemente por esta razón Cam es llamado "el hijo menor" (Gén. 9:24).

camarero mayor -- Siervo importante en la corte (Hch. 12:20).

cambista -- Hombre que cambiaba cualquier moneda por la de Israel. Los judíos que llegaban a Jerusalén de otras naciones para adorar a Dios, traían moneda extraña. Era necesario pagar impuestos, comprar animales para el sacrificio, y hacer ofrendas. Para evitar la confusión por el valor de esas monedas, los cambistas hacían negocio cambiando ese dinero. Estos hombres se instalaban hasta dentro del templo y hacían mucho ruido. Muchos de ellos no eran personas honradas. Jesús los echó del templo en dos ocasiones (Jn. 2:14-16; Mat. 21:12).

camello -- Animal de carga o de montar. En los desiertos de Africa y la península de Arabia, usaban camellos en lugar de caballos. Los camellos tienen fama de no sentir la falta de agua por mucho tiempo. Son de dos tipos: El camello de dos gibas o lomos, que se usa especialmente para la carga. El camello de una sola giba se llama dromedario. Este animal es muy veloz, y sirve especialmente para montar. Puede caminar hasta 200 kilómetros en un día.

camino de un día de reposo -- La distancia que se permitía viajar en el día de reposo (Hch. 1:12). Esta distancia era de unos 1080 metros. Pero se podía caminar más, interpretando la ley liberalmente. El reglamento se basaba en Ex. 16:29, que no permitía que el pueblo saliera del campamento los días de reposo. Núm. 35:5 fijaba los límites del campamento en 2000 codos más allá de la ciudad.

Caná -- Pueblo de Galilea que estaba a unos trece kilómetros al norte de Nazaret. Allí Jesús asistió a unas bodas e hizo su primer milagro, cambiando el agua en vino (Jn. 2:1-11).

Canaán -- **1.** El hijo de Cam y nieto de Noé (Gén. 9:22-27). **2.** La tierra de los hijos de Canaán. La tierra de los fenicios, la Tierra Prometida, Israel. Toda la tierra entre el mar Mediterráneo y el río Jordán. Esta tierra fue conquistada por los israelitas bajo la dirección de Josué (Núm. 13:2; Jos. 1:1-6; 21:43-45).

cananeo, cananeos -- Los habitantes de Canaán, paganos. Eran principalmente comerciantes (Is. 23:8). Dios ordenó que fueran destruidos (Deut. 20:17) por sus prácticas abominables (v. 18). Sin embargo, esta orden no siempre fue cumplida (Jue. 1:24-36). Los cananeos adoraban a muchos dioses falsos, siendo Baal el principal de ellos.

cananista -- Simón el cananista, uno de los doce apóstoles (Mat. 10:4 V.P.). Era miembro del partido nacionalista judío de los zelotes (Luc. 6:15; Hch. 1:13). La palabra cananista es del idioma arameo y significa una persona celosa. Simón el cananista llevaba este nombre para distinguirlo de Simón Pedro.

canciller -- oficial importante en la corte real de Persia. Guardaba el sello real.

Candace -- Reina de Etiopía en el tiempo de la iglesia primitiva (Hch. 8:27).

candelero -- Una lámpara de aceite. El candelero del tabernáculo era de oro. Tenía siete tubos para e aceite, seis de cada lado y uno en medio. En la punta de cada tubo había una lamparilla (Ex. 25:31-40).

canon -- La lista de los libros sagrados de la Biblia. La palabra *canon* quiere decir regla o ley. El canon consiste de los treinta y nueve libros del Antiguo Testamento, y los veintisiete del Nuevo. Esta lista nunca se hizo formalmente. Era la colección de libros sagrados, reconocidos por costumbre. Varios escritores de la iglesia primitiva nos dejaron listas de estos libros, y no son todas iguales. En el año 90 después de Cristo, el sínodo de Jamnia fijó la lista *para los judíos*. Esta lista es la misma que usan las iglesias evangélicas en todo el mundo. El canon era fijo ya para el año 419 después de Cristo. Pero en el Concilio de Trento (1545-1563) la Iglesia Católica Romana agregó los libros apócrifos. Muchos años antes de esa fecha, la Biblia ya había sido traducida al inglés, francés y alemán.

canonización -- Del verbo *canonizar*. El acto de declarar que algún cristiano (católico romano) se cuenta entre los santos.

Cantar de los Cantares -- Libro del Antiguo Testamento, escrito por Salomón. Está escrito en poesía hebrea. El título quiere decir: "el mejor de los cantos". Es difícil de entender por varias razones. La conversación entre Salomón y la sulamita no está marcada con claridad. No se sabe siempre quién habla. El poeta menciona muchas plantas, lugares y costumbres poco conocidas. Muchos se ofenden por las referencias al amor humano. Aunque el poema sea del amor humano, sin duda tiene significado espiritual. Los creyentes lo han entendido casi siempre como el amor entre Dios y su pueblo, o sea entre Cristo y su iglesia.

cántaro -- Vasija o jarro grande para agua o vino. Una medida para líquidos, de unos cuarenta litros (Jn. 2:6).

cántico gradual -- Título sobre los Salmos 120 al 134. Es probable que los judíos visitantes cantaran estos salmos mientras subían por las gradas del templo.

cantor -- El rey David era "el dulce cantor de Israel" (2 Sam. 23:1), por los salmos que cantaba a Dios. El organizó la música del templo (1 Crónicas 25). Entre los músicos había *cantores* para guiar al pueblo en sus cantos a Dios (v. 7).

caña -- El tallo cilíndrico y hueco de diversas plantas, como del maíz o del azúcar. *La caña de medir*, tenía seis codos de largo, o sea tres metros (Ez. 40:3; Apoc. 21:15).

Capernaum -- Ciudad de la costa noroeste del mar de Galilea. El nombre es del idioma hebreo y quiere decir "La aldea de Nahum." Jesús fue a vivir allí al principio de su ministerio. Durante tres años, esta ciudad fue su centro de trabajo. La gente de Capernaum no se arrepintió, y Jesús dijo que la ciudad sería destruida (Luc. 10:15). Hoy día quedan sólo las ruinas de ella.

capítulo -- Los libros de la Biblia están divididos en capítulos. Están marcados con números grandes. Por ejemplo, el Evangelio según

Mateo tiene veintiocho capítulos, Marcos tiene dieciséis, Lucas tiene veinticuatro.

cardo -- Nombre que se da a varias plantas espinosas (2 Reyes 14:9; Is. 5:6).

Carmel -- Pueblo de Judá. Sus ruinas están al sureste de Hebrón a unos once kilómetros (Jos. 15:55). Cerca de este pueblo Nabal tenía su terreno y ganado (1 Sam. 25:2).

Carmelo -- Monte o sierra de Palestina central. Comienza cerca de la ciudad moderna de Jaifa y se extiende hacia el sureste por unos veinticuatro kilómetros. Su punto más alto está al extremo sureste, donde tiene 523 metros de altura. En su extremo noroeste tiene 170 metros de altura. Al noreste de la sierra está el valle de Esdraelón. En esta sierra Elías puso a prueba a los profetas de Baal y Asera, y los venció (1 Reyes 18:20-40).

carnal -- Lo material o mundano, contrario a lo espiritual (2 Cor. 10:4). Lo que está controlado por los deseos físicos o por motivos que no son de Dios (1 Cor. 3:3).

carne -- Esta palabra tiene varias acepciones en la Biblia: (1) Carne de animales, aves o pescado (Núm. 11:4). (2) El cuerpo humano (1 Cor. 15:39). (3) La fuerza humana (2 Crón. 32:8). (4) La vida humana (Is. 40:6). (5) El hombre (Mat. 16:17). (6) Los pensamientos humanos (Jn. 8:15). (7) Los deseos humanos (Rom. 8:6). (8) Las relaciones humanas (Rom. 8:12). (9) La humanidad (Ef. 6:12).

Carpo -- Un cristiano de la ciudad de Troas (2 Tim. 4:13). Pablo dejó su capote o abrigo en su casa, y pidió a Timoteo que se lo llevara.

carrizal -- Lugar donde crece el carrizo. En Ex. 2:3, se refiere a las plantas que crecen en el río Nilo.

carro -- En la Biblia el carro era especialmente para uso en guerra. Era liviano, abierto, tenía dos ruedas, y era tirado por caballos (Ex. 14:25). Lo usaban también personas de importancia (2 Reyes 5:9). A veces se usaba para transporte (1 Sam. 6:7). En visiones, un carro bajó del cielo para llevar a Elías (2 Reyes 2:12).

Cartas de Pablo -- Las Epístolas de Pablo. El apóstol Pablo escribió por lo menos trece cartas, y quizá catorce. Son las siguientes: Romanos, 1 y 2 Corintios, Gálatas, Efesios, Filipenses, Colosenses, 1 y 2 Tesalonicenses, 1 y 2 Timoteo, Tito y Filemón. Aunque no se sabe quién escribió la Carta a los Hebreos, se cuenta frecuentemente entre las Cartas de Pablo. Cada uno de estos nombres es la iglesia o persona que recibió la carta. Los números 1 y 2, se refieren a la primera y segunda cartas enviadas por Pablo.

Cartas Generales -- Las Epístolas Generales. Se llaman así porque fueron enviadas a grupos de personas que no eran de una sola iglesia. Más bien, fueron enviadas a la iglesia en general. Estas cartas son: 1 y 2 Pedro, 1, 2, y 3 Juan, y Judas. Los que no cuentan Hebreos entre las cartas de Pablo la incluyen en este grupo.

casamiento -- Matrimonio o boda- La ceremonia o acto formal de unir a un hombre y una mujer como esposos. Justamente, debe ser un acto público. Puede ser civil, religioso, o las dos cosas, pero vale lo mismo en todo caso. El casamiento tiene el propósito de unir a los dos para formar una familia nueva. El acto público da a conocer el hecho, y compromete a la pareja delante del pueblo. Desde ese momento ninguno de los dos puede tomar otro compañero. El público debe reconocer y respetar a la pareja. Las leyes humanas protegen su unión, los derechos de los dos y de los hijos. El propósito de Dios es que los esposos sigan juntos mientras vivan. Sin embargo, las personas de corazón duro, pueden divorciarse (Mat. 19:8). En el principio, Dios hizo a la mujer de la carne y hueso del hombre. Ella *ya era de su cuerpo* (Gén. 2:21-23) y no necesitaron casarse. Sin embargo, se puede decir que sí hubo casamiento, porque Dios mismo entregó la mujer a Adán como esposa (v. 22). En los tiempos más antiguos, parece que no había ninguna ceremonia. El hombre simplemente tomaba a la mujer para vivir con ella (Gén. 24:4; 28:6-9). Pero los hombres abusaban de esa situación (Gén. 6:1-3), y Dios castigó al mundo en el diluvio (Gén. 6:5-7, 11-14; Mat. 24:37-39). Las primeras bodas se mencionan en el caso de Jacob (Gén. 29:31-30). Hizo Labán una fiesta que duró siete días. La fiesta sirvió como anuncio para el público. Así comenzó una costumbre que duró más de mil años. Los hebreos pensaban de la boda como asunto familiar y no religioso. No había sacerdote presente para casarlos. Sin embargo, los dos hacían un juramento (Ez. 16:8; Mal. 2:14). También firmaban un contrato que hablaba de los bienes de cada uno.

Entre los primeros cristianos se casaban como los hebreos. Más tarde los pastores pensaban de sí mismos como de sacerdotes. Creían tener la autoridad de Dios para casar. Entonces decían que el casamiento era un *sacramento* concedido por la iglesia. En la Edad Media los gobiernos civiles peleaban con la iglesia por el derecho de casar a la gente. Resultaron dos clases de casamiento, el civil y el religioso. En los países libres, el casamiento es un acto civil. Pero puede ser religioso también, si así quiere la pareja. Entre muchos evangélicos el casamiento es un acuerdo civil, pero hecho dentro del templo. Así pone énfasis sobre las obligaciones delante de Dios. También se hace dentro del templo para pedir la bendición de Dios sobre la pareja.

caudillo -- Jefe, capitán, líder.

cauterizado -- Del verbo *cauterizar*, quemar una herida para estancar la sangre, o para evitar la infección. En 1 Tim. 4:2, la *conciencia cauterizada* significa la que ya no siente nada.

cautivar -- Llevar preso, encarcelar. Hechizar.

cautiverio, cautividad -- Esclavitud, servidumbre, encarcelamiento, destierro. El período cuando los hebreos estaban presos en Asiria y Babilonia. El pueblo del reino del norte (Isarel) fue llevado a Asiria por varios reyes, entre los años 746 y 727 antes de Cristo. Salmanasar (el Quinto) rey de Asiria entre 727 y 722, puso sitio a la ciudad de Samaria. En el año 721 antes de Cristo, Sargón (el Segundo) la tomó. Un gran número de israelitas fueron llevados a Asiria en *cautiverio*. En el año 605 antes de Cristo, el rey Nabucodonosor de Babilonia, entró a Jerusalén y se llevó los utensilios de oro del templo (2 Crón. 36:5-7). Llevó también a algunos de la familia del rey como presos. En el año 597 llevó preso al rey de Judá y a otras diez mil personas (2 Reyes 24:11-17). Luego en 587 antes de Cristo, su ejército quemó el templo, destruyó la ciudad y se llevó al rey con el resto de la gente (2 Reyes 25:2-21). Cinco años más tarde Nabucodonosor llevó el último grupo de presos a Babilonia (Jer. 52:30). Estos presos eran 4600. Según la profecía de Jeremías (25:11, 12), los judíos tendrían que estar en Babilonia como presos por setenta años. Este período se venció como en el año 538 antes de Cristo. Entonces el rey Ciro de Persia permitió que volvieran a Palestina para edificar de nuevo el templo (Esdras 1:1-4). Solamente 43,000 aceptaron esta oportunidad. Pero otras personas fueron años más tarde. Los demás se quedaron en Babilonia, donde habían nacido.

cavar -- Minar, excavar, hacer hoyo.

cavilar -- Pensar equivocadamente, dudar. Enredarse en los pensamientos (Mar. 2:8; Luc. 5:22).

cayado -- El palo largo que usaban los pastores antiguos. Tenía un gancho en una punta, para sacar las ovejas de lugares a donde se caían (Gén. 32:10; Sal. 23:4). En la Iglesia Católica Romana, el obispo lleva un cayado, como signo de su autoridad.

cedro -- El árbol más famoso de los bosques de Líbano. Es alto y hermoso. De esta madera fina sacaban tablas, vigas y postes. La usaban para tallar ídolos, y para hacer los mástiles de los barcos. Se usaba en tiempos bíblicos para la construcción de palacios y templos. Hiram, el rey de Tiro, envió mucha madera de cedro del Líbano para el templo (1 Reyes 5:5-10). Los bosques del Líbano no existen ya. Hay solamente unos cuantos árboles allí.

Cedrón -- Arroyo al oriente de Jerusalén, entre la ciudad y el monte de los Olivos (Jn. 18:1). Estaba seco excepto en tiempos de lluvia.

Cefas -- El nombre que Jesús dio a Simón (Jn. 1:42). En el idioma arameo, Cefas significa *piedra*, así como Pedro significa *piedra* en griego. Es posible que Jesús dio a entender cómo sería el carácter de Pedro después del gran cambio en su vida (Luc. 22:32). Pero el nombre tiene referencia especial a las palabras de Pedro (Mat. 16:16-19). El nombre en el griego es *petros*, una piedrita, (no Petra, una roca). Pedro es solamente *una parte* del fundamento de la iglesia. Y lo es junto con los demás apóstoles y profetas (Ef. 2:20, 21). Jesucristo es la *piedra* principal. Sin duda Pedro recibió este nombre porque fue el primero en confesar que Jesús es el Cristo. Los demás estaban de acuerdo con él (Mat. 16:13-20; 18:18-20; Jn. 15:27).

celo, celos -- Cuidado, entusiasmo, ánimo. Envidia. *Celos*, la inquietud que siente uno, pensando que una persona amada, es amada por o ama a otro. En Ex. 20:5, el Señor dice que es celoso en este sentido. El no permite que su pueblo ame a dioses falsos.

Cena del Señor -- La última cena del Señor, celebrada la noche antes de la crucifixión. La cena que el Señor ordenó se celebrara en su memoria. Jesús y los doce apóstoles se reunieron en una habitación en alto (Luc. 22:11, 12) para celebrar la Pascua. Al terminar esta comida, Jesús tomó pan y vino y lo repartió entre ellos (vv. 19, 20). Dijo que el pan era "su cuerpo" (v. 19) y el vino era "el nuevo pacto en su sangre" (v. 20). Sus discípulos deberían hacer esto en su memoria (1 Cor. 11:25).

Según entendemos, Judas Iscariote estaba presente con los Doce (Mat. 26:20-29; Luc. 22:19-23). Pero algunos entienden que ya había salido (Jn. 13:27-30). El Señor ordenó que sus discípulos lo recordaban haciendo una Cena como ésta (1 Cor. 11:24, 25). No dijo con qué frecuencia debían hacerla. En la iglesia primitiva parece que la hacían cada domingo (Hch. 2:42 y 46; 20:7). Algunos grupos evangélicos así la hacen. Otros la hacen una vez al mes. Otros, tres o cuatro veces, o sólo una vez al año. La misa de la Iglesia Católica Romana se hace para celebrar la Santa Cena. Pero la hacen como sacrificio por los pecados. Dicen que Cristo es sacrificado de nuevo en cada misa. Enseñan que el pan y el vino se cambian en cuerpo y sangre de Cristo. Por esto la llaman la "Eucaristía" (acción de gracias). Hacen señas de respeto frente al altar porque creen que Cristo mismo está presente en el cáliz. (Vea *transubstanciación*.) Otras iglesias, como la episcopal y la luterana, tienen enseñanzas parecidas, pero no iguales. La enseñanza más natural es que el pan y el vino son símbolos sagrados. Es decir, éstos *representan* el cuerpo y sangre de Cristo. Pero no lo son en realidad (Jn. 6:50-53) (1 Cor. 11:24, 25). Algunas iglesias evangélicas entienden que también el cuerpo y sangre de Cristo están presentes *espiritualmente* en el pan y el vino.

cenáculo -- La sala donde el Señor celebró la última cena.

Cencrea -- Puerto de Corinto al sur de la ciudad, unos once kilómetros. Pablo viajó hasta Cencrea desde Atenas (Hch. 18:18). Había una iglesia allí (Rom. 16:1).

censo -- Padrón o lista de personas en el país. Entre los romanos se hacía cada cinco años. Hubo un censo importante en los días de César Augusto (Luc. 2:1-3).

centinela -- Guarda, atalaya.

centurión -- Oficial romano que tenía el mando de cien hombres.

ceñirse -- Apretar la cintura. Vestirse.

cepo -- Armazón de madera con agujeros para los tobillos o manos. Los presos peligrosos se guardaban en el cepo.

cerviz -- La parte posterior del cuello. *Cerviz erguida* significa rebeldía, obstinación.

César -- El emperador o rey romano, de la familia romana Julia. Hubo doce Césares en la historia. El primero fue Julio César, emperador de Roma entre 101 y 44 antes de Cristo. Augusto César, o César Augusto, gobernó desde 44 antes de Cristo, hasta 14 después de Cristo (Luc. 2:1).

Cesarea -- Gran puerto de Palestina en los tiempos del Nuevo Testamento. Estaba a unos treinta y cinco kilómetros al sur del monte Carmelo. Fue construida por Herodes el Grande entre 23 y 13 años antes de Cristo. Herodes era helenista, es decir, amador de la cultura griega. Por esto edificó allí un templo pagano, teatro y anfiteatro. Le dio el nombre de Cesarea en honor de César Augusto, que era su superior. Llegó a ser la capital romana de la región. Allí Pedro predicó en la casa de Cornelio (Hch. 10:1, 24). Allí Pablo estuvo preso por dos años (Hch. 23:33; 24:27).

Cesarea de Filipos -- Ciudad al pie del monte Hermón, donde comienza el río Jordán. Herodes el Grande edificó un templo allí en honor al dios Pan. El lugar era muy hermoso. Más tarde, el tetrarca Felipe edificó allí una ciudad y la llamó Cesarea en honor a César Tiberio. Pero para distinguir esta ciudad de la otra Cesarea, la gente le agregaba el nombre de Felipe llamándola Cesarea de Filipo. Allí Jesús preguntó a sus discípulos quién era (Mat. 16:13) y Pedro dio su famosa respuesta (v. 16).

cetro -- Bastón o vara del rey, que es el símbolo de su poder.

Cetura -- La segunda esposa de Abraham (Gén. 25:1-4). Abraham vivió con ella unos veintisiete años (Gén. 23:1; 25:7). Ella le dio seis hijos (Gén. 25:2).

cielo -- **1.** El espacio arriba de la tierra (la expansión, Gén. 1:6-8). El lugar del sol, la luna y las estrellas (Gén. 22:17). **2.** La morada de Dios y de los ángeles (Mat. 6:9). En la Biblia el lugar del cielo no está aclarado. La palabra *cielo* en griego es plural, *cielos*. Significa "lugares celestiales". **3.** La palabra *cielo* se usa en lugar de *Dios* (Mat. 10:7; Luc. 15:18).

Ciencia cristiana -- Movimiento religioso fundado por la señora Mary Baker Eddy en 1866. Este movimiento usa el libro escrito por la señora Baker de Eddy junto con la Biblia. Se llama - *Ciencia y Salud*. Este pretende encontrar en la Biblia la enseñanza de la curación de toda clase de enfermedad por medios espirituales. Esta religión niega la realidad del pecado y de la maldad. Afirma que éstos vienen por error de pensamiento. Enseñan que Jesús es el "Guía", "El que nos enseña el camino", y no el Salvador. Para ellos, Jesús no es más que un hombre. La "madre iglesia" se encuentra en Boston, Masachusetts, Estados Unidos. Esta iglesia publica un diario "The Christian Science Monitor", de excelente calidad literaria.

ciervo -- Tipo de venado pequeño (Sal. 42:1). Esta palabra puede confundirse con *siervo*, servidor.

cigueña -- Ave grande, que a veces llega a dos metros de altura. Se parece a la garza (Jer. 8:7).

Cilicia -- Región montañosa, junto a la costa sur de Asia Menor, o Turquía moderna. Pablo era de Tarso, una ciudad principal de Cilicia (Hch. 22:3). Pasó por allí predicando el evangelio en su segundo viaje misionero (Hch. 15:40, 41).

cilicio -- Tela tosca y oscura, hecha de pelo de cabra o de camello. La usaban en tiempos bíblicos junto al cuerpo como señal de penitencia (1 Reyes 20:32; Ester 4:1).

címbalos -- Platillos, instrumento musical. Discos de metal que se golpean. El sonido es fuerte y sin tono exacto (Sal. 150:5; 1 Cor. 13:1).

Cineret -- **1.** El mar de Cineret es el mar de Galilea (Josué 12:3; 13:27). Una vez en el Nuevo Testamento se llama el "lago de Genesaret" (Luc. 5:1). **2.** La tierra de Genesaret (Mat. 14:34) es una llanura al noroeste del mar de Galilea, cerca de la ciudad de Magdala.

circuncidar, circuncisión -- Acto religioso de los judíos. A los ocho días de nacido el niño, el padre le cortaba el prepucio (la piel sobrante en el miembro del varón). Este acto era señal del pacto entre Dios y su pueblo. Abraham fue el primero en practicarlo entre los hebreos (Gén. 21:4). Era obligación para todo varón (Gén. 17:10). Entre los judíos modernos, esta práctica continúa. Entre los cristianos, no es obligatoria (Hch. 15; Gál. 2:3-9). Más bien, el apóstol Pablo no lo recomienda (1 Cor. 7:18-20). La circuncisión del cristiano debe ser del corazón (Rom. 2:29). Muchos médicos modernos circuncidan a los niños como ayuda contra las enfermedades sexuales. En este caso, no tiene propósito ni valor religioso.

Cirene -- Ciudad griega important del Africa del norte. Hoy día es l ciudad de Trípoli, de Libi moderna. En el tercer siglo ante de Cristo, tenía una gran població de judíos. Simón de Cirene (Mat 27:32) parece ser de esa colonia d judíos. Algunos cristianos de l edad apostólica, eran de Ciren (Hch. 6:9; 11:20).

Cirenio -- Gobernador de Siri entre los años 6 y 4 antes de Cristo

Ciro -- Rey de Persia en el siglo siet antes de Cristo. El ejército de Cir capturó la ciudad de Babilonia e el año 539 antes de Cristo. Darí de Media (Dan. 5:31) fue hech rey de Babilonia, y duró un añ Después, Ciro fue rey de todo e imperio de Persia. En el año 53 antes de Cristo Ciro hizo una le que permitía a los judíos volver Jerusalén para edificar el templ (Esdras 1:1-4). Sólo unos 43,00 judíos aprovecharon la oportun dad de volver.

Cis -- Padre del rey Saúl (1 Samu 9:1).

Cisón -- Arroyo en el valle d Jezreel, al norte del monte Ca melo. Desemboca en el mar Med terráneo (Jue. 4:13).

ciudad -- Entre los hebreo cualquier grupo de casas se ll maba ciudad. Especialmente, tenía un muro alrededor (Gé 4:17). Las ciudades que no tenía muro, no eran de mucha impo tancia (Deut. 3:5). Comunmen las ciudades tenían aldeas alred dor, fuera de sus muros (Est 9:19). Las ciudades eran edificad sobre algún monte si era posible Reyes 16:24). Los muros eran c seis a nueve metros de grueso, y había torres de defensa (Neh. 3:1, 11, 25). La puerta de la ciudad era muy grande, con una habitación encima (2 Sam. 18:33). En la puerta hacían negocios, y trataban asuntos públicos (Gén. 23:10; Rut 4:1-11).

ciudad de David -- **1.** En el Antiguo Testamento, la fortaleza de Sion en Jerusalén (2 Sam. 5:7). David la tomó y le dio el nuevo nombre "Ciudad de David" (v. 9). Pero la ciudad seguía con el antiguo nombre de Jerusalén. **2.** En el Nuevo Testamento, Belén, donde David nació (Luc. 2:11; 1 Sam. 16:1 y 11).

ciudad de refugio -- Ciudad que protegía a los que mataban por accidente. Había seis ciudades de refugio, una a cada lado del río Jordán (Deut. 19:1-10). El que matara a propósito, no tenía protección en las ciudades de refugio (vv. 11-13).

ciudadanía, ciudadano -- El ciudadano es el que nace en algún país o ciudad, y que tiene derecho de vivir allí. La *ciudadanía* es su condición de ciudadano. Como cristianos, nuestra *ciudadanía* está en los cielos (Fil. 3:20).

cizaña -- Hierba inútil, venenosa. Trigo falso (Mat. 13:25).

claudicar -- Cojear, estar dudoso.

Claudio -- Claudio el Primero, emperador romano entre los años 41 y 54 después de Cristo (Hch. 11:28). Echó fuera de Roma a todos los judíos (Hch. 18:2).

clemencia -- Bondad, generosidad, perdón.

Cleofas -- Uno de los dos discípulos de Jesús que hablaron con él en el camino a Emaús (Luc. 24:18). Un historiador dice que un hermano de José, esposo de María, tenía este nombre. La tradición dice que Cleofas era Alfeo, padre de uno de los dos Jacobos (Mat. 10:3). Nada se sabe con seguridad.

coces -- De la palabra *coz*, una patada fuerte de las bestias.

códice -- Libro u obra antigua, escrita a mano. Las antiguas copias de los libros del Nuevo Testamento. Existen tres *códices* antiguos del Nuevo Testamento, casi completos. No están en forma de rollo. Las páginas están unidas por una costura, como en los libros modernos.

codiciar -- Desear mucho lo que tiene otra persona.

codo -- Una medida antigua, de unos 45 centímetros. Era la distancia entre el codo y la punta de los dedos extendidos. El *codo real* tenía 52.5 centímetros.

codorniz -- Ave que se come, parecida a la perdiz. Las codornices mencionadas en Núm. 11:31, 32, no eran de las de América, sino de Europa. De color café, y unos 19 centímetros de largo. Vuelan rápidamente con el viento. Pero si el viento cambia de dirección, se cansan las codornices. Luego caen a la tierra, agotadas sus fuerzas. En esta condición los israelitas las recogieron.

cohecho -- Dinero pagado con el fin de torcer la justicia. Soborno, corrupción.

coheredero -- Uno que recibe una herencia junto con otra persona. Somos *coherederos* con Cristo (Rom. 8:17), con los judíos creyentes (Ef. 3:6), y con nuestras esposas (1 Pedro 3:7).

Colosas -- Ciudad de Asia Menor (Turquía moderna), donde había una iglesia. Es probable que Epafras la fundara (Col. 1:2, 6, 7). La antigua ciudad estaba en el río Meandro, a unos 175 kilómetros del mar Egeo. Los habitantes de Colosas eran *colosenses*. Hoy día, el lugar se llama Honaz. Quedan solamente ruinas de Colosas.

Colosenses -- Nombre de la Carta escrita por Pablo a los cristianos de Colosas (Col. 1:1, 2). Probablemente fue escrita mientras Pablo estaba preso en Roma (Hch. 28:16). Esta carta es parecida a la carta a los Efesios. Habla especialmente en contra de la filosofía falsa y las vanas tradiciones de los hombres (2:8). Enseña que Cristo es superior a toda criatura (1:15-23) y suficiente como Salvador (2:8-19).

colportor -- Vendedor ambulante de Biblias y porciones de las Escrituras.

comentario -- Observaciones sobre el texto de algún libro. Lo que dice o escribe un maestro acerca del texto bíblico. Libro que explica una parte de la Biblia. Calvino escribió *comentarios* sobre muchos libros de la Biblia.

cómplice -- El que toma parte en un acto malo. "El *cómplice* del ladrón aborrece su propia alma" (Prov. 29:24).

común -- Usual, general. Inmundo, sucio (Hch. 10:14).

comunión -- Compañerismo, compañía. Pablo llama la cena del Señor con este nombre (1 Cor. 10:16). Vea *cena del Señor*.

concebir -- Dar comienzo a una nueva vida humana. De este verbo es la palabra *concepción*, el principio de la vida humana, dentro de su madre.

concentración -- Una gran reunión, como para evangelismo o conferencia bíblica.

concepto -- Idea, actitud (Rom. 12:3).

concilio -- El cuerpo de gobernantes de Israel. El Sanedrín (Mat. 26:59).

concordancia bíblica -- Directorio de citas bíblicas. Libro de consulta. Lista de las palabras bíblicas en orden alfabético, con la cita o referencia de cada una. Se usa para saber dónde se encuentra algún texto. Se usa también para estudiar palabras y asuntos bíblicos.

concubina -- Esposa de segunda clase. Compañera que no tenía todos los derechos de la esposa legal (Gén. 21:10). Comúnmente las concubinas eran de las esclavas tomadas en guerra. La ley de Moisés no aprobaba esta costumbre, pero protegía a las concubinas (Ex. 21:7-11; Deut. 21:10-14). Abraham tomó a Agar por concubina (Gén. 16:1-3). Gedeón tuvo su concubina (Jue. 8:31). Saúl (2 Sam. 3:7), David (2 Sam. 16:21), y Salomón (Can. 6:8). El número de las concubinas de Salomón llegó a trescientas (1 Reyes 11:3).

concupiscencia -- Deseo fuerte de cosas materiales, o de los placeres de la carne (Rom. 6:12).

concurso -- Asamblea o reunión, manifestación popular (Hch. 19:40).

condolerse -- Expresar dolor o simpatía por la pena de otra persona (Job 2:11).

confesar -- Admitir o reconocer la verdad. Confesar los pecados es decir la verdad acerca de ellos. La palabra *confesar* significa *estar de acuerdo* (con Dios). La confesión cristiana es una afirmación de fe en Cristo (1 Tim. 6:13).

congoja -- Pena, dolor, desmayo.

congregación -- Asamblea de personas, especialmente con propósitos religiosos (Lev. 8:3; Hch. 7:38; 1 Cor. 14:34).

conjurar -- Suplicar (Can. 2:7).

conmiseración -- Lástima, compasión, piedad (1 Cor. 15:19).

conquista -- El triunfo militar sobre otro pueblo o nación. La victoria de Israel sobre los habitantes de Canaán, bajo la dirección de Josué.

consagrar -- Destinar algo para algún fin. Separar a alguna persona para el servicio de Dios.

consejero -- Persona que da consejos. Uno de los nombres dados al Salvador por el profeta Isaías (9:6).

Consolador -- Uno de los nombres del Espíritu Santo (Jn. 14:16). La obra de consolación o consuelo es una de varias obras del Espíritu. El *Consolador* es sólo uno de varios significados de la palabra griega, *parakletos*. Quiere decir además, Compañero, Abogado, y Ayudador.

conspiración -- Complot, planes para rebelarse, o cometer alguna maldad (2 Sam. 15:12).

constriñe -- Del verbo *constreñir*, obligar (2 Cor. 5:14).

consumar -- Acabar, llevar a cabo, cumplir.

consumir -- Destruir. Acabar con algo (Ex. 3:2). Apoderarse (Jn. 2:17). Se puede confundir con *consumar*, llevar a cabo.

contaminar -- Corromper, profanar, ensuciar. Pervertir.

contención -- Contienda, pleito, discusión. Se puede *contender* o luchar por algo, sin tener carácter contencioso.

continencia -- Dominio de sí mismo. El don de vivir solo, sin casarse (1 Cor. 7:9).

contorno -- Lindero, límite, fronteras (Mat. 8:34).

contrito -- Triste y arrepentido con motivo del pecado.

contumaz -- Obstinado, porfiado, rebelde. Duro de cabeza (2 Ped. 2:10).

convención -- Asamblea o concentración. Del verbo *convenir*, reunir.

conversación -- Conducta (1 Cor. 15:33). Hoy día la palabra significa plática o charla entre personas.

convertir -- Cambiar, traer al arrepentimiento. El cambio de conducta que resulta del nuevo nacimiento, es la *conversión*.

convocación -- Reunión, asamblea.

conyugal -- Se dice de los *cónyuges*, personas casadas. Matrimonial (1 Cor. 7:3).

copa -- Cáliz, vaso. Además, se dice *copa* en lugar de lo que la copa tiene adentro. **2.** El vino de la cena del Señor (1 Cor. 11:25). **3.** Se habla de la copa de ira, o del juicio de Dios (Jer. 25:15, 16; Apoc. 16:1). **4.** El follaje del árbol (2 Sam. 5:24).

copartícipe -- El que participa de algo con otra persona (Ef. 3:6).

copero -- Siervo que llevaba las bebidas al rey (Gén. 40:9). El jefe del grupo de siervos que le llevaba la copa. Este jefe de los coperos era oficial de importancia en la corte (Gén. 41:9; Neh. 1:11).

coraza -- Parte de la armadura antigua del soldado. El protector de metal que cubría el pecho y la espalda (1 Sam. 17:38).

Corazín -- Pueblo antiguo del norte del mar de Galilea. Estaba a unos tres kilómetros de Capernaum. Uno de los pueblos condenados por Jesús (Mat. 11:21). Corazín no existe hoy, aunque hay ruinas de este pueblo. Entre ellas hay una sinagoga.

corbán -- Palabra hebrea que significa ofrenda o sacrificio (Lev. 1:2; 2:1; 3:1). Palabra aramea que significa *tesorería* (Mat. 27:6). El dinero o servicio que se ofrece a Dios (Mar. 7:11). En este lugar se habla de la mala costumbre de algunos judíos. Cuando no querían dar ayuda a sus padres, dedicaban su dinero a Dios con engaño y falsedad, porque no pensaban dárselo.

cordura -- Prudencia, sabiduría, buen juicio.

Coré -- **1.** El israelita que encabezó una rebelión en contra de Moisés (Núm. 16:1-3). Coré y sus seguidores murieron como resultado de su rebelión (vv. 20-35). **2.** Músico, padre de algunos que cantaban en el templo (Vea los títulos de Salmos 42, 44-49). **3.** Había también otros con el mismo nombre (Gén. 36:5; 1 Crón. 2:43).

corintios -- **1.** Habitantes de la ciudad de Corinto. Los cristianos de esa ciudad. **2.** Cartas a los Corintios, escritas por el apóstol Pablo. Eran dos, la Primera y la Segunda. En 1 Cor. 5:9, hay referencia a otra Carta a los Corintios, escrita antes de la que llamamos la Primera. Pero esa carta ya no existe. No fue conservada para nuestra Biblia. La Primera Carta fue escrita para explicar por qué Pablo no había visitado la iglesia de Corinto (Caps. 1—7), para estimular sus ofrendas para los hermanos pobres de Judea (8—9), y para defender su obra apostólica (10—13).

Corinto -- Una gran ciudad griega en la provincia romana de Acaya. Está situada en la costa occidental del angosto istmo que conecta el Peloponeso con el resto de Grecia. Desde el siglo ocho antes de Cristo, esta ciudad era importante para el comercio. La mercancía que pasaba entre el mar Egeo y el golfo de Corinto, tenía que pasar sobre la tierra por esta ciudad. Corinto llegó a ser centro de comercio, de cultura y de vicio. Desde tiempos antiguos, "corintianizar" quería decir corromperse moralmente. El apóstol Pablo quedó allí por un año y medio, predicando (Hch. 18:1-11). La iglesia de Corinto resultó de su trabajo.

Cornelio -- Centurión romano de Cesarea que adoraba al Dios verdadero (Hch. 10:21). Por una visión que él vio, mandó traer a Pedro de Jope. Pedro predicó el evangelio en su casa y todos los presentes fueron convertidos (vv. 34-48). Este evento demostró a los judíos que los gentiles eran aceptables para Dios, tanto como ellos (vv. 45-47).

corruptible -- Lo que se puede podrir o perecer.

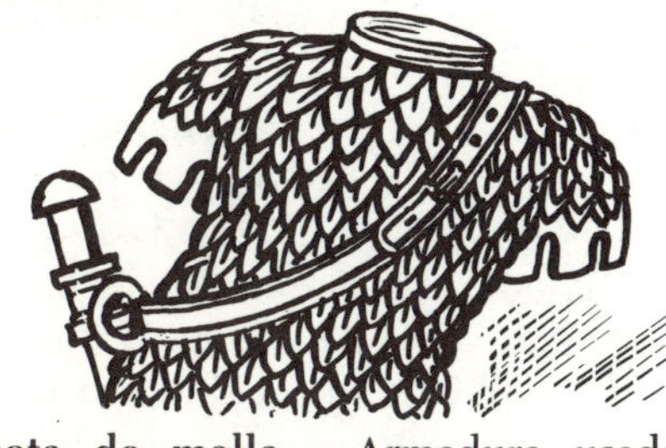

cota de malla -- Armadura usada por los soldados antiguos (1 Sam. 17:5). La malla es un tejido de anillos de metal.

coyunda -- Soga o correa para uncir los bueyes al yugo o al arado. Lazo o unión.

coyuntura -- La unión entre dos huesos, como de la rodilla o del codo.

credo -- Declaración formal de las creencias religiosas, especialmente de la fe cristiana. El Credo de los Apóstoles es una declaración antigua, pero no preparada por los apóstoles. Representa las doctrinas principales de los apóstoles, según sus autores. Posiblemente data del siglo dos después de Cristo. Se repite en muchas iglesias hoy día. Otros credos importantes son el Credo de Atanasio, y el Credo de Nicea.

Creta -- Isla griega en el mar Mediterráneo.

Crispo -- Presidente de la sinagoga de Corinto (Hch. 18:8). Fue convertido a Cristo.

cristiano -- Nombre de los creyentes en Cristo. Se les llamó así por primera vez en Antioquía (Hch. 11:26). Se cree que en un principio se decía con burla y desprecio. Probablemente quería decir "pequeño Cristo", o "cristito". Pero los creyentes primitivos lo aceptaban con orgullo (Stg. 2:7; Hch. 26:28; 1 Ped. 4:16).

Cristo -- Jesús de Nazaret. Jesucristo, es decir, Jesús el Cristo. El título del Rey que Dios había prometido (1 Sam. 2:10; Luc. 2:26; Jn. 4:29). En el Antiguo Testamento, fue conocido como el Mesías (Jn. 1:41), que significa *Ungido* (por Dios). En griego, la palabra *Ungido* es Cristos o Cristo. Vea *Jesús.*

Crónicas -- Dos libros del Antiguo Testamento, Primero y Segundo. Son libros de la historia de Israel. Contiene la genealogía desde Adán hasta el rey David, o sea, los nombres de las familias principales. Sigue la historia más detallada desde David hasta el fin del cautiverio.

crucifixión -- Castigo de muerte para los criminales, usado por los romanos. Clavaban al criminal sobre una cruz de madera, fijando sus manos, y a veces sus pies, con clavos. También amarraban el cuerpo a la madera para que el peso no rompiera la carne y el cuerpo cayera a tierra. Era la forma de matar más lenta, dolorosa y vergonzosa posible. Los romanos nunca crucificaban a ningún ciudadano romano, sino solamente a los criminales de otras naciones. Usaban tres tipos de cruz: en forma de una X, en forma de una T, y en forma de la cruz como se conoce generalmente. No se sabe con seguridad cuál de estas cruces fue usada en la crucifixión de Jesús. Muchas veces el criminal no moría de sus heridas, sino de hambre. Algunos quedaban sobre la cruz por varios días antes de morir. Si era necesario que el criminal muriera pronto, le quebraban los huesos. Vea el caso de los dos criminales crucificados con Jesús (Jn. 19:31, 32). El castigo de muerte por crucifixión fue quitado por el emperador Constantino en el siglo IV después de Cristo. Constantino profesaba ser cristiano.

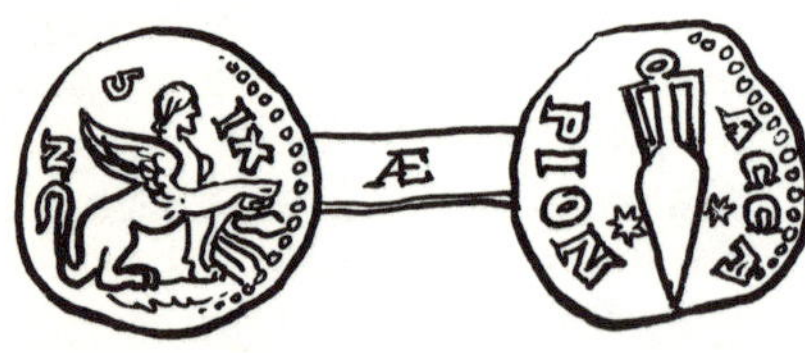

cuarto -- Moneda romana de cobre o bronce, la décima parte de un denario romano. El cuarto valía como un centavo de dólar (Mat. 10:29; Luc. 12:6).

cuerno -- En la Biblia, el cuerno muchas veces representa el poder, así como el cuerno del animal es su arma principal (Dan. 7:7; Miq. 4:13). Los hebreos usaban los cuernos de animal para llevar aceite (1 Sam. 16:1). También hacían bocinas de ellos (Jos. 6:4).

Culto Unidad -- Movimiento religioso norteamericano, del siglo veinte. Pone énfasis en la salud y la prosperidad.

Chipre -- Isla al extremo oriente del mar Mediterráneo(Hch11:20;13:4)

D

dádiva -- Del verbo *dar*. Regalo, obsequio, ofrenda (Prov. 21:14; Stg. 1:17).

Dagón -- Dios de los filisteos (Jue. 16:23).

Dalila -- Mujer filistea que Sansón enamoró (Jue. 16:4).

Dámaris -- Mujer de Atenas que creyó cuando Pablo predicó en el Areópago (Hch. 17:22; y 34).

Damasco -- Ciudad capital de Siria. Una de las ciudades más antiguas del mundo (Gén. 14:15). Situada a unos cien kilómetros al noreste del mar de Galilea. Centro de comercio muy importante desde tiempos antiguos. El apóstol Pablo fue convertido cerca de esta ciudad (Hch. 9:3). Allí predicó el evangelio por primera vez (v. 20).

Dan -- **1.** Quinto hijo de Jacob y Bilha, la sierva de Raquel (Gén. 30:5, 6). Fundador de una de las tribus de Israel. **2.** Una de las tribus más pequeñas de Israel. Los hijos de Dan trataron de vivir en un lugar al noroeste de Jerusalén, pero tuvieron poco éxito (Jue. 1:34, 35). Luego fueron más al norte y fundaron la ciudad de Dan. 3. Ciudad situada cerca de donde nace el río Jordán. Esta ciudad marcaba la frontera norte del territorio israelita. Así es, hasta el día de hoy. Vea la expresión "Dan a Beerseba" Jueces 20:1, etcétera.

Daniel -- **1.** Joven hebreo de la casa real, que fue llevado a Babilonia como preso (Dan. 1). Durante su larga vida nunca abandonó la vida recta de la fe en el Dios verdadero. Llegó a tener puestos muy altos en el gobierno. **2.** Título de un libro del Antiguo Testamento, escrito por Daniel. La primera parte (Caps. 1-6) es historia. La segunda parte (Caps. 7-12) es profecía. Estas profecías están relacionadas con el libro del Apocalipsis.

Darío -- **1.** Darío el Primero, gran rey de Persia mencionado en los libros de Esdras, Nehemías y Haggeo. Reinó entre los años 521 y 486 antes de Cristo. **2.** Darío de Media se menciona en Dan. 5:31. No se conocen datos históricos.

David -- El octavo hijo de Isaí de Belén (1 Sam. 16:10, 11). Samuel lo ungió para ser el segundo rey de Israel (v. 13). Era pastor de las ovejas de su padre (v. 11) y músico (vv. 17, 23). En su juventud mató al gigante Goliat (17:1-52). El rey Saúl tenía celos y David tuvo que escapar para salvar su vida. Después de la muerte de Saúl, David fue coronado rey en Hebrón. Conquistó la ciudad de Jerusalén y la hizo capital del reino. Fue el autor de muchos salmos, y organizó la música del templo. Es llamado "el dulce cantor de Israel" (2 Sam. 23:1). Gobernó por cuarenta años, entre los años 1000 y 960 antes de Cristo. Todos los reyes de Judá eran de su familia, así como Jesucristo, el prometido Rey (2 Sam. 7:12-16; Mat. 1:1).

Débora -- **1.** La nodriza y ama de Raquel, que le acompañó cuando salió de Mesopotamia (Gén. 24:10, 59). Murió en Betel a la edad de unos 155 años (35:8). **2.** Mujer valiente que actuó como libertadora y profetisa de Israel (Jue. 4:4). Acompañó e inspiró a Barac para vencer al ejército de Jabín, rey de Canaán (Caps. 4—5).

decálogo -- Los Diez Mandamientos. Es palabra griega que significa "diez palabras".

Decápolis -- Región de Galilea y Siria, formada por diez ciudades griegas. Esta región comenzaba en la llanura de Esdraelón y llegaba hasta Damasco. Jesús predicaba mucho en esta región. La palabra *Decápolis* quiere decir "diez ciudades".

decreto -- Orden oficial.

Dedicación, Fiesta de la -- Día festivo de los judíos, que recordaba la dedicación del templo en el tiempo de Judas Macabeo (año 164 antes de Cristo). El año anterior, el rey Antíoco había sacrificado un puerco en el altar del templo, para quitar valor a la religión de los judíos. Pero los judíos se enojaron. Fue necesario dedicarlo de nuevo después de este acto profano. Hoy día, esta fiesta se llama Hanukkah, y se celebra en el invierno, cerca del tiempo de la Navidad. Se refiere a esta fiesta en Jn. 10:22.

defraudar -- Robar, engañar.

degollar -- Cortar la garganta o el

cuello.

deidad -- Divinidad, Dios o dios.

Demas -- Compañero de Pablo (Col. 4:14) que le abandonó por amor al mundo presente (2 Tim. 4:10).

Demetrio -- **1.** Platero de Efeso, que hacía modelos del templo de Diana. Causó un alboroto en el pueblo por la enseñanza de Pablo (Hch. 19:23-41). **2.** Creyente aprobado tanto por el pueblo como por el apóstol Juan (3 Juan 12).

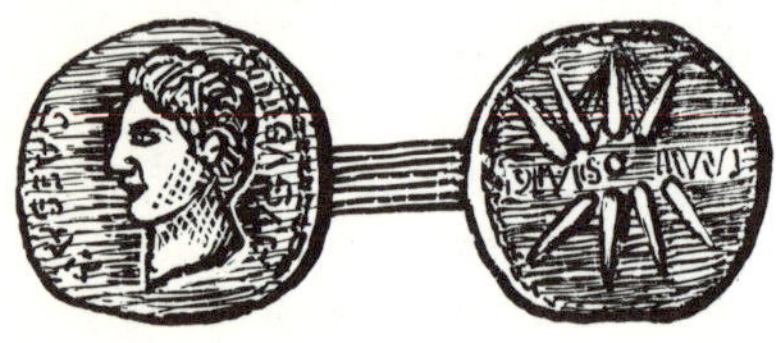

denario -- Moneda romana de plata, que valía unos dieciséis centavos de dólar.

denominación -- Nombre de cualquier iglesia o movimiento cristiano. Por ejemplo, se habla de la denominación presbiteriana, metodista, bautista, y otras. Sin embargo, algunos afirman que no es correcto hablar de su movimiento como "denominación".

denuedo -- Valor, ánimo.

denuesto -- Ofensa grave, insulto.

depravado -- Perverso. Incapaz de hacer el bien.

Derbe -- Ciudad de Asia Menor, en el centro de la parte sur de Turquía moderna. Pablo predicó allí en dos ocasiones (Hch. 14:20, 21; 16:1, 4). En esta ciudad Pablo encontró a Timoteo, y lo tomó por compañero (16:3).

descendencia -- Los hijos, nietos, bisnietos, toda la prole de uno, sus *descendientes*.

desdeñar -- Tratar a alguna persona con desprecio.

desfallecer -- Desmayarse, perder el conocimiento por un breve tiempo. Desanimarse.

desfiladero -- Paso angosto entre la montaña. Camino donde la gente tiene que andar en desfile.

desgajar -- Cortar o arrancar las ramas de un árbol.

desierto -- Lugar solitario, sin cultivar, y quizá con poca vegetación.

designio -- Propósito, plan, objeto.

deslizar -- Resbalar, patinar.

desolación -- Soledad, destrucción.

despabiladeras -- Tijeras que se usan para cortar el pábilo de la vela, o la mecha de la lámpara.

desparramar -- Desperdiciar, botar, tirar, esparcir algo por el suelo.

despojar -- Quitar a uno lo que tiene. Privar, robar. Un ejército *despoja* a un pueblo vencido, y se lleva los *despojos* (Ex. 15:9).

desposar -- Casar, comprometer en matrimonio, o autorizarlo.

destino -- Fin planeado desde antes, por Dios u otra fuerza superior.

destituido -- Privado de algo. "Todos . . . están *destituidos* de la gloria de Dios" (Rom. 3:23), es decir: *no tienen* la gloria de Dios.

Deuteronomio -- El quinto libro del Antiguo Testamento, el último de los cinco libros de Moisés. La palabra *Deuteronomio* es palabra griega que significa "la segunda ley". Pero esta palabra se refiere a que Moisés *repitió* la ley delante del pueblo hebreo, un poco antes de su muerte. De manera que *Deuteronomio* quiere decir: "la ley dada por segunda vez". En este libro, muchas palabras de la ley son diferentes. Moisés no la repetía palabra por palabra, sino según el sentido de la ley. El quería que la gente la entendiera y por eso usó palabras diferentes. Algunas personas afirman que Moisés no pudo haber escrito este libro, porque en él, habla de su propia muerte (Cap. 34). Sin duda que otra persona, quizá Josué, escribió esta última parte. No hay razón suficiente para dudar que lo demás fue escrito por Moisés.

día -- **1.** Los hebreos consideraban que el día comenzaba con la puesta del sol (Gén. 1:5, 8, 13, y otros). Las veinticuatro horas que seguían, hacían el día completo. Pero también contaban como día completo, cualquiera parte de un día. Por ejemplo, la expresión "tres días" en Mat. 27:40, quería decir dos días completos y parte del tercer día. Compare 27:45, 62, y 28:1. **2.** Entre los romanos el día comenzaba y terminaba a medianoche, como entre nosotros, hoy día. **3.** El día era también las horas de luz, entre la salida y la puesta del sol. **4.** La palabra *día* a veces se refiere a cualquier tiempo, sin importar su duración. En Zac. 12:3 dice: "en aquel día". Sal. 20:1 dice: "en el día de conflicto". En 1 Cor. 5:5 dice: "en el día del Señor Jesucristo". A veces *día* quiere decir *cuando,* como en Gén. 2:4: "el *día* que Jehová Dios hizo la tierra y los cielos". Es claro que no los hizo en un solo día. **5.** Los días de la creación (Gén. 1) pueden ser días de veinticuatro horas, o pueden ser períodos muy largos. Vea 2 Ped. 3:8: "para con el Señor un día es como mil años".

día del Señor -- **1.** El primer día de la semana, el domingo. El día en que se levantó de entre los muertos (Apoc. 1:10). **2.** En el Antiguo Testamento "el día del Señor" es el tiempo cuando Dios juzgará la maldad de los hombres (Amós 5:18-20). En el Nuevo Testamento, es el día de Cristo, el día de su venida en gloria (Fil. 1:6, 10). Es también "el día de la ira y de la revelación del justo juicio de Dios" (Rom. 2:5). En 1 Cor. 3:13 es sencillamente "el día", y en 2 Cor. 1:14 es "el día del Señor Jesús".

diablo -- **1.** Demonio cualquiera. La palabra *diablo* significa uno que miente y maldice. Cuando se habla de *los demonios*, es claro que no se refiere solamente a Satanás. (Vea Mar. 1:34; 5:8-13; Luc. 4:33.) Jesús llamó a Judas "diablo" (Jn. 6:70) porque se dejaba llevar por él. **2.** Espíritu personal de maldad que se opone a los propósitos de Dios. Satanás, Beelzebú, Lucifer, Abadón y Apolión son nombres de este espíritu de maldad.

diácono -- Siervo de la iglesia (1 Tim. 3:8). Es probable que los siete varones elegidos por la iglesia (Hch. 6:1-6) fueron los primeros diáconos. Febe es llamada *diaconisa* en Rom. 16:1. Posiblemente se refiere a las diaconisas en 1 Tim. 3:11. La referencia a "Las mujeres asimismo" está en medio de las instrucciones para los diáconos (vv. 8-13).

Diana de los efesios -- La diosa adorada por el pueblo de Efeso

(Hch. 19:23-28, 34). Su nombre correcto era Artemis. Vea *Artemis de Efeso*.

Dídimo -- Tomás, uno de los doce apóstoles, que tenía por segundo nombre, Dídimo (Jn. 11:16). Dídimo significa "gemelo".

diestra -- La mano derecha, o el lado derecho del hombre. Sentarse "a la diestra" era honor especial, dado por el anfitrión de una cena o fiesta. Dios concede este gran honor a su Hijo (Luc. 20:42; Sal. 110:1). La *diestra* de Dios representa también su gran poder (Ex. 15:6).

Diez Mandamientos -- La ley moral de Dios, dada por Moisés al pueblo de Israel (Ex. 20:1-17). Se llama también el Decálogo. Esta palabra significa "diez palabras". Los Diez Mandamientos están repetidos en Deut. 5:6-21. Dios fue el Autor de ellos (Ex. 31:18; 32:16). Fueron escritos por Dios en dos tablas de piedra. Moisés se enojó cuando vio la idolatría de Israel, y las rompió (32:19). La segunda vez, Moisés mismo preparó las tablas y escribió la misma ley sobre ellas (34:1; 27, 28). Las "dos tablas de la ley" significan también las dos partes de ella. La primera tabla contiene el deber del hombre hacia Dios. La segunda tabla contiene su deber hacia otros hombres. Algunas personas dividen la ley así: La primera tabla, los primeros tres mandamientos. La segunda, los últimos siete. Otros consideran que debe ser dividida así: La primera tabla, los mandamientos uno al cuarto. La segunda tabla, los mandamientos cinco al diez. La Iglesia Católica Romana omite el segundo mandamiento de su catecismo. Consideran que el segundo va incluido en el primero. Luego divide el décimo en dos partes: "No codiciarás la casa de tu prójimo."

diezmar -- Dar como ofrenda la décima parte de la ganancia del trabajo. Esa décima parte se llama *diezmo*. La costumbre de diezmar se practicaba antes de la ley de Moisés. Quizá Abraham fue el primero en hacerlo (Gén. 14:20). Jacob prometió hacer lo mismo (28:22). La ley de Moisés ordenaba el diezmo de varias cosas (Lev. 27:30-32). Malaquías el profeta decía que la persona que no daba su diezmo, robaba a Dios (Mal. 3:8-12). Dios prometía una bendición por darlo. La práctica de diezmar no está ordenada en el Nuevo Testamento. Sin embargo, la ofrenda del diezmo es aprobada en otra forma. Se recomiendan las ofrendas regulares y según Dios prosperó a cada uno (1 Cor. 16:2). El que da el diezmo reconoce que Dios es el Dueño de todo lo que tiene. El diezmo lo representa todo. Toda ofrenda cristiana se da a Dios, no porque sea ley, sino por la gracia de Dios en su corazón (2 Cor. 8:1, 5).

diligencia -- Afán, ahínco. Cuidado en cumplir alguna cosa. El hombre *diligente*, cumple su trabajo.

diluvio -- Gran cantidad de lluvia, inundación. El diluvio de la Biblia (Gén. 7—8) cubrió toda la tierra (Gén. 7:17-24).

Dina -- Hija de Jacob y de Lea (Gén. 30:21).

dintel -- La parte de arriba de la puerta y de las ventanas. Con frecuencia el dintel se confunde con el umbral, que está al pie de la puerta.

Dionisio -- Uno de los hombres de Atenas que creyó cuando Pablo predicó en el Areópago (Hch. 17:34). Se llamaba "el areopagita" porque era miembro de la suprema corte que se reunía en el Areópago. Vea *Areópago*.

Dios -- El ser Supremo, el Creador de todo lo que hay en el mundo. El Padre de nuestro Señor Jesucristo (1 Ped. 1:3). El Dios verdadero es espíritu en su existencia. No es hombre ni ángel ni otro ser creado. Existía antes de todas las cosas, y para siempre. Su poder, inteligencia, y sabiduría no tienen límite. Es y será el Juez de todos los hombres. Juzgará a todo pecador según su propia ley perfecta. Ama a todos los hombres sin límites, y ha preparado una salvación eterna para ellos, por medio de la muerte de su Hijo, Jesucristo, en la cruz. Sabe todas las cosas antes que sucedan, y las gobierna según su propia voluntad. Existe en tres personas: Padre, Hijo y Espíritu Santo. No son tres Dioses, sino uno solo (Mat. 28:19). Este conjunto se llama la "Deidad" (Col. 2:9). Hoy día lo llamamos la Trinidad. La palabra *dios* significa algo que tiene poder, y que es adorado por alguna persona. Se escribe con "d" minúscula cuando se refiere a cualquier dios que no sea el Dios verdadero. Se usa para hablar de los ídolos (Ex. 20:3), y también de los hijos de Dios (Sal. 82:6; Jn. 10:34, 35).

Diótrefes -- Hombre de la iglesia en la casa de Gayo (3 Jn. 9). Hablaba en contra de los apóstoles (v. 10) y expulsaba a los que estaban de parte de ellos. Diótrefes quería ser primero entre todos, y el apóstol Juan prometió llamarle a cuentas.

discernir -- Distinguir (Lev. 10:10). Reconocer (1 Cor. 11:29).

disciplina -- Castigo, corrección (Prov. 15:32). Instrucción (Ef. 6:4). El *discípulo* o estudiante recibe *disciplina* de su maestro.

discípulo -- Estudiante, alumno. El seguidor o adepto de algún maestro. Los *discípulos* de Jesús eran sus seguidores. El "discípulo amado" (Jn. 13:23; 21:7, 20) era Juan, sin duda. Siendo él el autor del libro, no se nombraba, quizá por humildad.

discurrir -- Correr (Sal. 77:17). En sentido figurado significa reflexionar (Is. 44:19).

discurso -- Plática dada en público. Sermón.

disensión -- Discordia, contienda, pleito.

diseño -- Plan, dibujo, trazo.

disimular -- Fingir, ocultar algo, ser falso, o hipócrita.

disipar -- Hacer desaparecer (Prov. 21:20). Malgastar.

disminuir -- Reducir, acortar, achicar.

disolución -- Vicio, relajamiento de la vida moral.

dispensación -- El control o dirección de los asuntos. (Ef. 1:10; 3:9). Del verbo *dispensar,* administrar o distribuir. En la historia bíblica, hubo varias *dispensaciones,* es decir, períodos en que Dios trató a los hombres de diferentes maneras. La dispensación antigua, era el antiguo pacto; la nueva, es el nuevo pacto. Algunos encuentran hasta siete dispensaciones en la historia bíblica.

dispensacionalismo -- La doctrina moderna que enseña la presencia de varias dispensaciones en la historia bíblica. Especialmente, las enseñanzas de C. I. Scofield en la Biblia editada por él. Pone mucho énfasis en la diferencia entre los judíos, los gentiles y la iglesia de Dios (1 Cor. 10:32), y en el plan de Dios para cada grupo. Enseña que habrá *dos venidas más* de Cristo: una para recoger a su iglesia, y otra para establecer su reino en la tierra y juzgar al mundo.

dispersión -- Esparcimiento. Especialmente la distribución de los judíos en muchos países del mundo. Esta dispersión comenzó durante el cautiverio en Asiria y Babilonia. Los judíos en su mayoría nunca volvieron a Palestina cuando se les permitió volver. Resultó la *dispersión* de Israel. Los apóstoles Pedro y Santiago escribieron cartas a los judíos de la dispersión (Stg. 1:1; 1 Ped. 1:1).

divorcio -- Separación legal entre marido y mujer. La ley de Moisés permitía el divorcio (Deut. 24:1). Jesús dijo que nadie se debía divorciar de su mujer sino por fornicación (Mat. 5:32). Aun así, el divorcio no es lo mejor. El perdón es preferible (Os. 3:1-3; Jn. 8:4-11). Se permite sólo por la dureza del corazón del hombre (Mat. 19:8). Según la ley, el divorcio deja en libertad a la persona inocente para casarse de nuevo. Lo mismo pasa si el marido o la mujer que no es creyente, abandona al creyente. "No está . . . sujeto a servidumbre en semejante caso" (1 Cor. 7:15). Los cristianos que están casados, no deben separarse. Y si llegan a separarse, no deben casarse con otras personas (vv. 10-14).

divulgar -- Romper el silencio acerca de un secreto. Anunciar públicamente, revelar.

doblez -- Falsedad, hipocresía.

doctor -- Maestro de la ley judía (Luc. 2:46). No debe confundirse con el uso moderno. Hoy día, el doctor es el médico, aunque hay otras clases de doctores.

doctrina -- Enseñanza. Las enseñanzas especiales o diferentes que tiene una iglesia o denominación, son sus doctrinas.

Doeg -- Uno de los pastores del rey Saúl, edomita de nacimiento. Vio a David con el sacerdote Abiatar y avisó al rey (1 Sam. 21:7; 22:22).

dogma -- Doctrina oficial de alguna iglesia o denominación. Una persona *dogmática,* está aferrada a su creencia. Es insistente, testaruda.

dominio -- Poder, control (Deut. 15:6). Gobierno, autoridad (Dan. 7:14; 1 Cor. 15:24).

don -- Obsequio, presente, regalo (Jos. 15:19). Ofrenda a Dios (Sal. 68:29). Una capacidad dada por

Dios (Rom. 1:11). El don de Dios (Jn. 4:10) es Jesucristo, o el Espíritu Santo.

doncella -- Una joven (Gén. 24:16). Muchacha no casada (Sal. 68:25).

dones espirituales -- Capacidades nuevas o especiales, que vienen de Dios (Rom. 1:11). Pueden existir por la obra del Espíritu Santo (Rom. 12:6; 1 Cor. 12:4). Pueden ser lo mismo que los talentos que cada persona trae de nacimiento (Mat. 25:14-30). Dios puede usar las capacidades naturales del hombre por el Espíritu. En tal caso, su capacidad ya viene a ser un don espiritual (Ex. 31:2, 3). Hay varias listas de dones espirituales: Rom. 12:6-8; 1 Cor. 12:8-10; Ef. 4:11. Los *dones* son diferentes, según la operación del Espíritu (1 Cor. 12:4-6). Pero *el don* del Espíritu, es el mismo (v. 4).

Dorcas -- Mujer creyente de Jope, llamada Tabita en arameo. Este nombre en griego era Dorcas, que quiere decir, gacela. Ella ayudaba a los pobres. Se enfermó y murió, pero Pedro oró por ella, y volvió a la vida (Hch. 9:36-41).

Dotán -- Pueblo a unos quince kilómetros al oriente de la ciudad de Samaria. Allí José fue dejado en un pozo (Gén. 37:17, 24). Allí también, el profeta Eliseo oró a Dios, y él hirió con ceguera al ejército de los sirios (2 Reyes 6:13, 18). Las ruinas de Dotán se llaman Tell Dotha.

doxología -- Alabanza, adoración de Dios. No es palabra bíblica. Es griega, y significa "palabra de gloria". Un antiguo himno lleva el nombre de "La Doxología".

dracma -- Moneda de muy poco valor en el tiempo de Cristo. Cinco dracmas valían como un centavo de dólar. En Mat. 17:24, las dos dracmas eran el impuesto que pagaban los judíos por la mantención del templo.

dragón -- En Sal. 91:13, la palabra "dragón" debe ser una traducción equivocada, porque el dragón no existe. Ignoramos el animal mencionado. Puede ser la culebra (Ex. 7:9), el monstruo del mar (Gén. 1:21), el cocodrilo (Ez. 29:3) o el chacal (Lam. 4:3). En Apoc. 12:9, la palabra "dragón" se refiere a Satanás.

Drusila -- La esposa judía de Félix, gobernador de Judea (Hch. 24:24).

dualismo -- Una filosofía religiosa que enseña dos principios importantes, como el bien y el mal, o el alma y el cuerpo.

durmió con sus padres -- Expresión que significa morir y reunirse en la fosa con sus antepasados (1 Reyes 2:10).

E

Ebal -- Monte rocoso y árido en Samaria, frente al monte Gerizim (Deut. 27:12, 13).

Ebed-melec -- Oficial etíope de la corte del rey Sedequías en Jerusalén. Salvó la vida a Jeremías (Jer. 38:7-13).

Eclesiastés -- Libro del Antiguo Testamento, escrito en forma poética. El libro no lleva el nombre del escritor, y no sabemos quién lo escribió. Sin embargo, escribió como si fuera el rey Salomón (Ecl. 1:1, 12, 16; 2:9). Es probable que fue escrito mucho más tarde. El Espíritu del libro es pesimista, aunque el escritor no perdió su fe. Recomienda que el joven goce de la vida, pero no olvidando a Dios (11:9, 10). Debe temer a Dios y cumplir sus mandamientos (12:13, 14).

eclesiología -- El estudio o la doctrina acerca de la iglesia. Es de la palabra griega *ekklesía*, que significa *iglesia*.

Edén - El huerto donde Dios colocó a Adán y Eva (Gén. 2:8). El lugar exacto no se conoce. Pero la región está explicada en 2:8-14. Los ríos Pisón y Gihón, Hidekel y Eufrates, están en Mesopotamia. Los primeros dos no se conocen. Hidekel es el río Tigris, y el Eufrates todavía tiene el mismo nombre de siempre. Naturalmente, el huerto que Dios plantó, no existe hoy día.

edicto -- Orden oficial, ordenanza, ley.

Edom -- **1.** Nombre o apodo dado a Esaú, hijo de Isaac. El nombre, que quiere decir *Rojo*, recuerda la venta de sus derechos de primer hijo. Los vendió por un guiso rojo, un plato de lentejas (Gén. 25:29-34). **2.** La tierra que ocupaban los hijos de Edom, antes llamada Seir (Gén. 32:3). Se encuentra al sur del mar Muerto. Más tarde el nombre de esta tierra fue Idumea (Mar. 3:8). Los habitantes de Edom eran *edomitas* (Núm. 20:18), y más tarde eran *idumeos*. Aunque eran parientes de los judíos, también eran sus enemigos.

efa -- Una medida en seco, que era igual a veintisiete litros. El efa grande y pequeño, eran medidas falsas para engañar al vendedor o comprador (Deut. 25:14).

efata -- Palabra aramea que significa *ábrate* (Mar. 7:34).

Efesios -- **1.** Los habitantes de Efeso, y en la Biblia especialmente los cristianos. **2.** Carta que escribió a los cristianos de Efeso, y quizá a otras iglesias de la misma región. Pablo la escribió cuando estaba en la cárcel (3:1) probablemente en Roma, en el año 62 después de Cristo. El tema principal de esta Carta es la iglesia de Cristo como cuerpo espiritual, aquí en el mundo. Tiene mucho en común con la Carta a los Colosenses.

Efeso -- Gran puerto antiguo de Asia Menor, o sea de Turquía moderna. Sus ruinas están cerca de la boca del río Cayster a unos tres kilómetros del mar Egeo. Allí Pablo predicó (Hch. 18:19) en su segundo viaje misionero. En su tercer viaje, se quedó en Efeso por dos años y tres meses. Abandonó la ciudad después de un alboroto levantado por Demetrio el platero (19:23, 24). El templo de la diosa Artemis o Diana estaba en esa ciudad (19:27). Este templo era una de las siete maravillas del antiguo mundo. La iglesia de Efeso era una de las mejores del tiempo apostólico (Apoc. 2:1). Poco o nada dice el apóstol Pablo en crítica de ella.

efod -- Ropa exterior del sumo sacerdote hebreo, en forma de chaleco. Era hecho de lino y colores: oro, azul, púrpura y carmesí (Ex. 28:4). En cada hombrera (la cinta que pasaba sobre los hombros), había una piedra de ónix, grabada con los nombres de las tribus de Israel (vv. 9-13). Los otros sacerdotes también usaban el efod. Pero era más simple, sin los adornos que tenía el efod del sumo sacerdote.

Efraín -- **1.** Segundo hijo de José, y de su esposa egipcia (Gén. 41:50-52). Fue reconocido por Jacob como uno de sus propios hijos. Así llegó a ser padre de una de las doce tribus (48:5; Jos. 16:4). **2.** La tribu o familia de Efraín. Los hijos de Efraín vivían en el centro de Palestina, entre el mar Mediterráneo y el río Jordán. **3.** Nombre dado al reino del norte, usado por los profetas (Is. 7:2; Os. 4:17). **4.** Una ciudad al norte de Jerusalén (Jn. 11:54).

Efrata -- Belén Efrata (Miq. 5:2) donde nació Jesús (Mat. 2:5, 6). Su nombre en un principio, era solamente Efrata (Gén. 35:19). Este pueblo está unos diez kilómetros al sur de Jerusalén.

efrateo -- Habitante de Efrata (1 Sam. 1:1).

egipcio -- Habitante de Egipto.

Egipto -- País muy antiguo del Africa del noreste, a lo largo del río Nilo. Egipto siempre dependía de este río para su existencia. Cada año el río inundaba el país, permitiendo cosechas abundantes. Los egipcios lo llamaban sencillamente El Río, y lo adoraban como su dios principal. Su historia data desde unos tres mil años antes de Cristo. Durante muchos siglos fue gobernado por *faraones*. Estos hicieron edificar las pirámides, la esfinge, y templos. Durante varios siglos los hebreos fueron esclavos allí (Gén. 15:13; 46:5; 50:26; Ex. 1). Entonces, bajo la dirección de Moisés, salieron (Ex. 12:41). Las ciudades principales de Egipto antiguo eran Menfis, Tebas, y Alejandría. En esta última, Alejandro el Grande edificó una famosa biblioteca. Durante el primer año de su vida, nuestro Señor Jesucristo, José y María vivieron en Egipto, para esconderse del rey Herodes. Después de algunos meses, regresaron a Israel (Mat. 2:13-23).

ejército del cielo -- El sol, la luna, las estrellas y los planetas (Deut. 4:19).

Elcana -- Hombre de Ramataim de Zofim, esposo de Ana y Penina, y padre de Samuel el profeta (1 Sam. 1:1, 2, 20).

elección -- Del verbo *elegir*, escoger. Escogencia, selección.

Elí -- Anciano sacerdote de Silo (1 Sam. 1:3, 9). El niño Samuel le servía en el tabernáculo (1:25-28; 3:1). Dios castigó a Elí por no corregir a sus hijos (3:11-14). El y sus hijos murieron el mismo día (4:11, 18).

Elí, Elí, ¿lama sabactani? -- Palabras hebreas que significan "Dios mío, Dios mío, ¿por qué me has desamparado?" Son palabras tomadas del Sal. 22:1 (Mat. 27:46). En Mar. 15:34, las palabras son "Eloi, Eloi . . ." Son del arameo, pero significan lo mismo que "Elí, Elí."

Elías -- Gran profeta del reino del norte en los tiempos de los reyes Acab y Ocozías (1 Reyes 17-22). Vivió cerca de los años 875 y 850 antes de Cristo. Cuando el rey Acab y su esposa Jezabel se entregaron al culto de Baal y Asera (16:31-33), Elías anunció una sequía como castigo de Dios (17:1). Durante tres años y medio no llovió (18:1; Stg. 5:17). Terminó el asunto en una contienda sobre el monte Carmelo, con los sacerdotes del Baal y Asera (1 Reyes 18:29-46). Dios envió fuego para consumir el sacrificio de Elías. Después, Elías mató a los profetas falsos. Se cuentan un total de siete milagros hechos por Elías. No murió, sino que fue recogido en un carro que bajó del cielo (2 Reyes 2:11). En el monte de la transfiguración (Mat. 17:3), Elías y Moisés aparecieron y hablaron con Jesús.

Eliezer -- . Hombre de Damasco, siervo fiel de Abraham (Gén. 15:2; 24:2). Buscó esposa para Isaac, y encontró a Rebeca (Cap. 24). **2.** Nombre de otros diez hombres del Antiguo Testamento. El nombre parece ser popular por lo que significa: "Mi Dios es Ayudador."

eliminar -- Poner fuera, apartar, rechazar.

Elisabet -- Esposa de Zacarías, y madre de Juan el Bautizador (Luc. 1:5-66). Era parienta de María, madre de Jesús (v. 36).

Eliseo -- Gran profeta del reino del norte, durante el tiempo de los reyes Joram, Jehú, Joacaz y Joás. Vivió cerca de los años 850 y 800 antes de Cristo. Siguió a Elías como profeta del reino del norte. Como un don especial, Eliseo recibió "una doble porción del espíritu de Elías (2 Reyes 2:9). Se cuentan catorce milagros de Eliseo, el doble de lo que hizo Elías.

elocuente -- Lenguaje persuasivo, convincente, conmovedor.

Elul -- Sexto mes del calendario hebreo (Neh. 6:15). Corresponde a septiembre, más o menos. Vea *año*.

Emanuel -- Nombre que Dios dio al Salvador prometido, por medio del profeta Isaías (7:14). Significa "Dios con nosotros" (Mat. 1:23). Este nombre nunca fue dado a Jesús en el Nuevo Testamento. Sin embargo, en los himnos se le ha dado muchas veces. Algunos han pensado que el hijo de Isaías (8:3) era el Emanuel de la profecía. Pero este niño recibió el nombre de Maher-salal-hasbaz, por orden de Dios. No hay motivo por qué confundirlos.

Emaús -- El pueblo al que iban los discípulos de Jesús, el día de la resurrección (Luc. 24:13). Según este Evangelio, estaba a sesenta estadios de Jerusalén, o doce kilómetros. El lugar exacto no se conoce, aunque es probable que sea el pueblo de Kubeibeh, al noroeste de Jerusalén.

embajada -- Comisión, grupo de hombres enviado para hablar oficialmente.

embalsamar -- Poner bálsamo o perfume en el cuerpo muerto. Preparar el cadáver para que no se pudra.

empadronar -- Hacer un censo, hacer un registro de personas.

emperador -- El César del Imperio Romano. Entre los años 29 antes de Cristo y 395 después de Cristo, la autoridad principal de Roma era el emperador. Augusto César fue el primero que tomó el título de emperador.

enaltecer -- Alabar, elevar mucho.

enardecer -- Excitar o avivar, inflamar.

encantador -- Adivino (Lev. 19:31). Era prohibido a los israelitas tratar con ellos.

encarnación -- El acto de nacer en la forma humana. La doctrina que enseña que el Hijo de Dios tomó forma humana en su nacimiento. Vea Jn. 1:1, 14.

endecha -- Canto triste.

Endor -- Pueblo que pertenecía a la tribu de Manasés (Jos. 17:11). Se cree que es el mismo lugar que el pueblo que existe hoy con el mismo nombre. Está a unos diez kilómetros al sureste de Nazaret. Allí vivía la adivina que por orden del rey Saúl, llamó a Samuel de entre los muertos (1 Sam. 28:7-25).

Eneas -- Hombre de Lidia, que quedó sano por la palabra de Pedro (Hch. 9:32-34).

enfurecer -- Irritar, enojar.

En-gadi -- Una fuente y pueblo en la ribera occidental del mar Muerto, a unos cincuenta y ocho kilómetros de Jerusalén. De la fuente brota agua caliente a una altura de más de cien metros de la base de una roca muy pendiente. Siempre ha habido allí un oasis (Can. 1:14). Hoy día el lugar se llama Ain Jidí.

engaste -- Montadura de una piedra preciosa. El cerco de metal en que se encaja la piedra preciosa en el anillo (Ex. 39:6).

engendrar -- Procrear, ser padre de un hijo. El padre engendra al hijo, y la madre lo da a luz (Mat. 1:2).

engrosar -- Hacer gruesa una cosa, engordar.

enigma -- Adivinanza. En la Biblia, el enigma es algo difícil de comprender. Por regla general no tiene la intención de divertir, como la adivinanza.

enjugar -- Secar, limpiar sudor o lágrimas.

Enoc -- **1.** Hijo de Jared y padre de Matusalén (Gén. 5:19-24). Enoc agradó a Dios en su manera de vivir, y Dios "lo llevó" para estar con él, a los 365 años de edad (v. 24; Heb. 11:5). La Carta de Judas, vv. 14, 15, menciona una profecía de Enoc acerca de la venida del Señor. Sus profecías no son parte de la Biblia. Se encuentran en el libro de Enoc, escritura no canónica. **2.** Varias otras personas en la Biblia también tuvieron el nombre Enoc.

ensanchar -- Hacer que algo sea más ancho. Extender.

enseres -- Los muebles, herramientas u otros artículos necesarios para algún oficio o fin.

ensoberbecer -- Causar soberbia o vanidad.

entenebrecer -- Oscurecer.

entrada triunfal -- La entrada de Jesús en Jerusalén al principio de la última semana de su tiempo en la tierra. El relato se encuentra en los cuatro Evangelios: Mateo 21, Marcos 11, Lucas 19 y Juan 12.

entrañas -- Riñones (Lam. 3:13). Comúnmente significa el corazón o los sentimientos (Job 30:27). En Hch. 1:18, significa los órganos interiores.

entregar el espíritu -- Morir (Mat. 27:50).

envanecer -- Hacerse vanidoso.

Epafras -- Obrero, compañero de Pablo. Ministro fiel del Señor (Col. 1:7). Estuvo preso junto con Pablo en Roma (Filem. 23).

Epafrodito -- Cristiano de Filipos. Llevó a Pablo una ofrenda (Fil. 4:18). Estuvo gravemente enfermo (2:25-30). Luego Pablo le envió a Filipos con la Carta a los Filipenses (1:1; 2:25).

epicúreos -- Los que seguían la doctrina de Epicuro. Personas sensuales. Epicuro era un filósofo griego que vivió entre los años 341 y 270 antes de Cristo. Enseñaba que el fin más importante del hombre es el placer. Todo lo que hacemos debe ser con el fin de conseguir el placer. Sin embargo, no hablaba del placer físico, sino del espíritu. Recomendaba que el hombre practicara toda clase de virtudes con este fin.

Epístola -- Carta. Cualquiera de las cartas escritas por Pablo, o por algún otro escritor del Nuevo Testamento.

Epístolas Generales -- Las cartas escritas al pueblo cristiano *en general* son las de Santiago, 1 y 2 Pedro, 1, 2 y 3 Juan, y Judas. Algunas incluyen Hebreos también en este grupo.

Epístolas Pastorales -- Las tres Cartas de Pablo, 1 y 2 Timoteo, y Tito. Se llaman *pastorales* porque su tema especial es el ministerio pastoral.

Epístolas Paulinas -- Las Cartas de Pablo. Son trece: Romanos 1 y 2 Corintios, Gálatas, Efesios, Filipenses, Colosenses, 1 y 2 Tesalonicenses, 1 y 2 Timoteo, Tito y Filemón. La Carta a los Hebreos se considera Paulina, aunque no es muy probable que él personalmente la escribiera.

era -- Espacio abierto, muchas veces empedrado, para trillar el grano (1 Sam. 23:1). Se habla de la *era de Dios* en sentido figurado (Mat. 3:12), dando a entender el juicio de Dios. El "limpiará su era", quitará la maldad de ella.

Erasto -- Creyente cristiano que sirvió al apóstol Pablo (Hch. 19:22). Es probable que sea la misma persona que era tesorero de Corinto y que envió saludos a los cristianos en Roma (Rom. 16:23).

Esar-hadón -- Hijo favorito de Senaquerib, rey de Asiria. Por este favoritismo, sus otros hijos asesinaron a su padre. Esar-hadón reinó en su lugar (2 Reyes 19:37).

Esaú -- Hijo de Isaac y Rebeca, y hermano de Jacob. Fue el mayor de los gemelos (Gén. 25:19-26). Esaú vendió sus derechos de primer hijo (vv. 29-34), y Jacob tomó su lugar (27:1-40). Esaú fue llamado también Edom, que significa *Rojo*. Este apodo recordaba el color del guiso de lentejas con el que vendió sus derechos de primer hijo. Fue padre de los edomitas, siempre enemigos de los judíos.

Es-baal -- Un hijo del rey Saúl (1 Crón. 8:33). Su nombre fue cambiado después a Is-boset (2 Sam. 2:8). Es-baal significa "hombre de Baal, o del Señor". Después de la muerte del rey Saúl, dos hombres lo mataron mientras dormía. Creían hacer servicio a David, el nuevo rey. Pero David los castigó con la muerte (2 Sam. 4). El nombre Is-boset quiere decir "hombre de vergüenza". Quizá le dieron este nombre después de su muerte, para recordar su vergonzoso asesinato.

escarcha -- El hielo que se forma cuando el rocío se congela.

escarlata -- Rojo, púrpura, carmesí (Mat. 27:28).

escarnecer -- Hacer burla de una persona. Afrentar. Esa burla o afrenta es *escarnio.*

escatimar -- Cortar, reducir, rebajar.

escatología -- El estudio de las cosas futuras, de las "últimas cosas" de este mundo.

esclavo -- Persona que está obligada a trabajar sin sueldo y contra su voluntad. Siervo. Pertenece a un dueño humano. En las guerras antiguas, los soldados del enemigo eran tomados como esclavos.

escombro -- Pedazos de piedras, ladrillos, yeso, de un edificio arruinado. Los desechos.

escondrijo -- Lugar donde animales u hombres pueden esconderse.

escoria -- La sustancia inservible que flota encima de metal fundido. Desechos, desperdicios, cualquiera cosa vil, como "la escoria del mundo".

escriba -- Escribano, secretario. En el Antiguo Testamento, el escriba redactaba cartas, preparaba documentos legales, y a veces se encargaba de dinero (Esdras 7:12). A veces el escriba ocupaba puestos de importancia en el gobierno. En el Nuevo Testamento, el escriba era sencillamente un maestro experto en ley judía (Mat. 2:4). Los escribas estaban de parte de los fariseos en la política.

escritura -- Cualquier cosa escrita, como carta, documento, o libro. El arte de escribir era conocido desde los primeros tiempos bíblicos. Escribían en piedra (Ex. 31:18), en piedra cubierta con cal (Deut. 27:2, 3), en madera (Luc. 1:63), papel o papiro (2 Jn. 12), metal, arcilla, pedazos de barro, cuero, o en pergamimo (2 Tim. 4:13). Escribían con cincel (Jer. 17:1), dando el color negro con plomo (Job 19:24); con pluma o pincel (Sal. 45:1) y tinta (3 Jn. 13). Para escrituras no permanentes, escribían con estilete en cera. La escritura más antigua era con dibujos solamente. En algunas naciones como Egipto, los dibujos representaban palabras y sonidos. Estos dibujos iban cambiándose en letras. Los fenicios inventaron el primer alfabeto. Los hebreos usaban un alfabeto de consonantes. Dos de sus letras servían también como vocales. Pero generalmente no usaban vocales. Escribían de derecha a izquierda. La escritura griega era mucho más desarrollada. Sus letras se parecen más a nuestro alfabeto. Escriben de izquierda a derecha, como nosotros.

Escrituras -- Las Sagradas Escrituras son nuestra Biblia, pero especialmente el Antiguo Testamento (2 Tim. 3:16). Los hebreos dividían los escritos sagrados en tres partes: La Ley, los Profetas, y los Salmos (Luc. 24:44). Estos eran las "escrituras", e incluían todos los libros no reconocidos todavía como inspirados. Varias autoridades judías daban listas diferentes de estas escrituras.

escudero -- Paje de armas (1 Sam. 16:21). Siervo o ayudante de un soldado, que llevaba sus armas y escudo.

escudo -- Parte de la armadura del soldado antiguo. Plancha de metal que protegía al soldado. Era de dos tipos. Uno era pequeño y se llevaba sobre el antebrazo. El otro era del tamaño del cuerpo.

escudriñar -- Examinar con cuidado, estudiar. Jesús dijo "Escudriñad las Escrituras" (Jn. 5:39).

escuela de profetas -- Desde el tiempo de Samuel, se formaban colonias de profetas. Estas existían para que los jóvenes aprendieran de un gran profeta cómo servir a Dios. Los jóvenes vivían en estas colonias. La palabra *Naiot* (1 Sam. 19:18, 19) significa *colonia*. Esta primera colonia de profetas estaba cerca de la ciudad de Ramá (v. 20). Samuel era su director o presidente. David fue a vivir con Samuel allí (v. 18). El rey Saúl también fue allí y profetizó por el Espíritu de Dios (vv. 22-24). Parece que hubo escuela o colonia de profetas en los días del profeta Elías (1 Reyes 18:4, 13), dirigida por él (2 Reyes 2:7, 15-17). Después de la partida de Elías al cielo, Eliseo comenzó a ser su director en Gilgal (4:38; 6:1). Sin duda que los profetas Samuel, Elías y Eliseo enseñaron a sus alumnos todo lo que ellos sabían del ministerio profético.

esculpir -- Hacer una obra de arte como estatua. Labrar.

escultura -- Obra de arte como estatua, imagen o ídolo.

Esdras -- **1.** Sacerdote y escriba fiel que volvió de Babilonia a Jerusalén para dirigir el pueblo de Dios (Esdras 7:1, 6). Esto sucedió como en el año 458 antes de Cristo. Su historia se encuentra en Esdras 7-10 y en Nehemías 8-10. **2.** Libro del Antiguo Testamento escrito por Esdras. Relata la historia del regreso de los judíos a Jerusalén durante el gobierno de Ciro de Persia (Esdras 1:2), y la construcción del nuevo templo.

esenios -- Secta de judíos muy estricta, de los tiempos de Jesús. No se mencionan en la Biblia. Los rollos del mar Muerto pertenecían a los esenios.

esmeralda -- Piedra preciosa de color verde.

Esmirna -- Antigua ciudad griega de Asia Menor o Turquía moderna junto al mar Egeo. Era centro comercial de importancia. El apóstol Juan envió el libro del Apocalipsis a la iglesia de Esmirna, porque contiene una carta del Señor para ella (Apoc. 2:8-11). Esta iglesia no recibió ninguna crítica del Señor.

España -- País de la península al suroeste de Europa. Pablo quería visitar España (Rom. 15:24). Es probable que lo hizo, según documentos del primero y segundo siglos después de Cristo. Esa visita tuvo que hacerse después de que Pablo estuvo en la cárcel de Roma (Hch. 28:16, 30, 31).

esparcir -- Echar o derramar, como

para sembrar grano. Propagar, divulgar.

especias -- Productos de plantas aromáticas. Se usaban para dar sabor a los alimentos, como perfumes en los aceites sagrados, y para ungir a los muertos (Jn. 19:40). No debe confundirse esta palabra con *especie*, clase, tipo.

espigar -- Recoger las espigas de grano que caen al suelo durante la cosecha. Rut *espigó* en el campo de Booz (Rut 2:3).

espíritu -- **1.** La vida del hombre, su aliento. Especialmente la parte del hombre que no es física. El alma. Pero se distingue del alma (1 Tes. 5:23). Parece ser la parte del hombre que puede conocer a Dios. El alma es más bien la vida mental del hombre. **2.** Dios es espíritu, es decir, no existe en carne como hombre (Jn. 4:24; Gén. 1:2). Se compara con el viento (Jn. 3:8). **3.** La palabra *espíritu* se usa muchas veces en la Biblia para dar a entender alguna actitud del hombre. Por ejemplo, espíritu malo (Jue. 9:23), espíritu recto (Sal. 51:10), espíritu quebrantado (Sal. 51:17), espíritu de consejo y de conocimiento (Is. 11:2).

Espíritu Santo -- Dios el Creador (Gén. 1:2), el Espíritu de Dios, el Espíritu del Señor (Jehová) - (Jue 13:25). La tercera Persona de la Trinidad (Mat. 28:19). Otros nombres del Espíritu son: el Consolador (Jn. 14:16) y el Consejero (Is. 9:6). El nombre griego es *Paracleto*, que quiere decir Abogado, Ayudador y Compañero. En el antiguo pacto, el Espíritu vivía *con* el pueblo de Dios (Neh. 9:20). En el nuevo pacto el Espíritu vive *en* cada creyente (Jn. 14:16, 17). El es quien guía y enseña al cristiano (Jn. 14:26; Rom. 8:14). Ya que el Espíritu de Dios, es uno con el Padre y el Hijo. La doctrina de la Trinidad no es fácil de entender. Más bien, nadie la puede entender completamente. Sabemos que Dios es uno (Deut. 6:4). Pero también el Hijo es Dios (Jn. 1:1-3), y el Espíritu (Mat. 28:19; 2 Cor. 13:14). Son tres Personas en un solo Dios. No son tres Dioses. El Espíritu *es* el don de Dios (Jn. 4:10; Hch. 2:38). Pero también el Espíritu *da* sus dones (1 Cor. 12:4-11). Estos existen para el servicio de la iglesia (1 Cor. 12:24-31; 14:1-6; Ef. 4:11-13). Parece que todos reciben algunos dones (Rom. 12:6), pero no reciben *todos los dones* (1 Cor. 12:29-31). El amor no es don sino *fruto* del Espíritu (Gál. 5:22, 23). Todos deben seguir el amor (1 Cor. 13; 14:1).

esposa -- La mujer del hombre que la tomó por compañera. La Biblia no hace diferencia entre la esposa del hombre, y su mujer. El hombre que toma mujer, está casado con ella delante de Dios. No está libre para tomar otra mientras vive la primera. Si lo hace, comete adulterio. Vea *casamiento*. Para Cristo, la iglesia es como esposa (Ef. 5:21-32). Dios es celoso con su pueblo, así como el marido con su esposa (Ex. 20:5). La reunión de la iglesia con Cristo en su segunda venida, es llamada "las bodas del Cordero" (Apoc. 19:7-9) y la iglesia es "su esposa".

esquife -- Barco pequeño.

está escrito -- Frase que significa "está escrito en el Antiguo Testamento", o "está escrito por inspiración divina" (Mat. 2:5).

estadio -- Medida de distancia, que equivale a 184 metros.

estanque -- Depósito de agua. Lago, piscina, alberca.

estatero -- Moneda usada en Asia Menor. En el tiempo del Nuevo Testamento, el estatero valía cuatro dracmas, o sesenta y cuatro centavos de dólar.

estatuto -- Ley o mandamiento.

Esteban -- Creyente de mucha influencia en la iglesia de Jerusalén. Uno de los siete que fueron nombrados como siervos o diáconos de la iglesia (Hch. 6:3-6). Predicaba el mensaje del Señor con mucho poder (v. 10). Fue arrestado y predicó delante del sanedrín (cap. 7), fue muerto a pedradas (7:58-60). Fue el primer mártir, o sea, el primero que murió por su fe en Jesucristo.

Ester -- **1.** Hermosa joven judía que vivía en Susa de la antigua Persia (Ester 2:7). Prima e hija adoptiva de Mardoqueo. En hebreo, su nombre era Hadasa (Ester 2:7), pero para el pueblo de Susa, era más fácil decir Ester. Fue escogida para ser reina en lugar de Vasti (2:4). Por su ayuda, el pueblo de Israel fue salvado de la destrucción. **2.** El libro del Antiguo Testamento que relata la historia de Ester. No se sabe quién lo escribió. Se supone que fue Mardoqueo. Es curioso que el nombre de Dios no se menciona en todo el libro. Se explica esto pensando que el libro podría formar parte del archivo real de Persia. Pero sí, el libro menciona el ayuno (4:16) y la oración (9:31).

estéril -- Que no da fruto (2 Reyes 2:19). Que no puede tener hijos (Luc. 1:7).

estoicos -- Los que seguían la doctrina de Zenón, filósofo de la isla de Chipre. Vivió entre los años 336 y 264 antes de Cristo. Enseñaba que el sumo bien era la virtud. El hombre nunca debiera buscar el placer como su fin principal. Las virtudes principales eran la sabiduría, el valor, el dominio propio, y la justicia. Los estoicos eran personas nobles. Entre ellos había personas como Epicteto, Séneca y el emperador Marco Aurelio. Hoy día, el *estoicismo* significa el dominio sobre todas las emociones naturales.

estopa -- Masa de hilos o fibra que se usa para tapar los agujeros en el casco del barco, o para limpiar las manos. En Mal. 4:1, "los que hacen maldad serán estopa". Es decir, serán quemados como trapo viejo.

estrado -- Tarima o plataforma elevada para el trono del rey.

estremecer -- Conmover, hacer temblar, perturbar.

estruendo -- Ruido grande, como de una explosión. Confusión, alboroto.

Etanim -- El séptimo mes del calendario hebreo. También se llamaba Tisri. Era casi igual al mes de octubre. Vea *año*.

eterno -- Lo que existe siempre, como Dios mismo. No tiene principio ni fin.

Etiopía -- Nación muy antigua. Está al lado oriental de Abrica. Sus habitantes se llaman *etíopes*, y son de piel oscura o negra. Los etíopes de los tiempos bíblicos, vivían en lo que ahora es Sudán. Ebedmelec era etíope (Jer. 38:7). También lo era el tesoro de la reina Candace (Hch. 8:27).

Eufrates -- Uno de los ríos más grandes de Asia. Uno de los cuatro ríos mencionados en Gén. 2:10-14. El huerto de Edén estaba cerca de este río (2:8). La antigua ciudad de Babilonia estaba en este río también. El Eufrates comienza en lo que es ahora Turquía moderna, y desemboca en el golfo de Persia. Corre del noroeste hacia el sureste. Tiene como 2900 kilómetros de largo.

Eunice -- La madre de Timoteo (2 Tim. 1:5), hija de Loida, y fiel creyente.

eunuco -- Hombre castrado. Usaban a los eunucos para cuidar a las mujeres de los antiguos reyes (Is. 56:3), y para otros trabajos oficiales (Dan. 1:3). Algunos hombres se habían hecho eunucos voluntariamente como servicio a Dios (Mat. 19:12). Otros eran *como* eunucos, porque no se casaban. Otros nacieron así. El tesorero de la reina Candace, era eunuco (Hch. 8:27).

Euroclidón -- Viento fuerte y peligroso que sopla del suroeste, o del este, en el mar Mediterráneo (Hch. 27:14). Este viento puso en peligro el barco en que viajaba Pablo.

Eutico -- Joven de Troas que se durmió en medio del sermón de Pablo (Hch. 20:9-12), y se cayó de la ventana. Murió, pero Pablo lo resucitó.

Eva -- La primera mujer de la Biblia, la esposa de Adán (Gén. 2:22-25). Su primer nombre era Varona, porque fue tomada del varón. Adán la llamó Eva después (3:20), porque era la madre de toda la raza humana.

evangelio -- **1.** El mensaje de salvación por medio de fe en Jesucristo (Rom. 1:1). La buena nueva. Es palabra griega, no traducida. **2.** *Evangelio* es el nombre dado a cada uno de los cuatro libros: Mateo, Marcos, Lucas y Juan.

Evangelios sinópticos -- Los libros de Mateo, Marcos y Lucas. La palabra sinóptico significa "visto con los mismos ojos" o bien, "visto desde el mismo punto de vista". Estos tres libros relatan la vida de Jesucristo en forma semejante. La historia en cada uno es más o menos completa y en orden. El evangelio de Juan nos da otra información que los *sinópticos* no contienen.

evangelista -- **1.** Un predicador del evangelio. Uno que tiene el don de Dios para hacer esta labor (Ef. 4:11). No es correcto llamar a todos los *evangélicos* con el nombre de *evangelistas*. **2.** Uno de los cuatro hombres que escribieron los Evangelios. Por ejemplo, *el Evangelista San Mateo*.

exaltar -- Adorar o alabar (Sal. 99:9). Dar mayor dignidad a alguna persona (Luc. 1:52).

excelso -- Muy alto, eminente, importante, como el excelso Dios. Majestuoso.

exégesis -- La interpretación detallada de algún texto bíblico. Se usa la *hermenéutica* para hacer la *exégesis* del texto. Es palabra griega que significa "Sacar (el significado)."

exhortar -- Animar, estimular con palabras (Hch. 14:22).

Exodo -- **1.** La salida de los israelitas de Egipto. *Exodo* significa "salida". **2.** El segundo libro de Moisés, que relata la historia de la salida de los israelitas de Egipto. Contiene además, los Diez Mandamientos, y los detalles de la construcción del tabernáculo.

exorcismo -- Del verbo *exorcizar*, echar fuera a los espíritus malos. El *exorcista* era persona que pretendía echar fuera a los demonios (Hch. 19:13). El *exorcismo* era el acto de echarlos fuera.

expiación -- Del verbo *expiar*, reparar o pagar un crimen o pecado. Jesucristo *expió* nuestros pecados (Heb. 2:17). La *expiación* era el sacrificio ofrecido para pagar por los pecados (Lev. 4:3).

expirar -- Respirar por última vez, morir, acabar.

exponer -- Explicar, poner en claro delante de otra persona (Job 23:4). Poner en peligro (Hch. 15:26).

éxtasis -- Arrebato, o condición emocional. En algunos casos los profetas recibieron el mensaje de Dios, acompañado de un *éxtasis* o emoción grande (Hch. 11:5).

exterminar -- Destruir, matar, poner fin a alguna cosa.

Ezequías -- Uno de los mejores reyes de Judá, el reino del sur. Gobernó cerca de los años 714 hasta 686 antes de Cristo (2 Reyes 18).

Ezequiel -- **1.** Profeta durante el cautiverio de Israel en Babilonia. Lo llevaron preso desde Jerusalén en el año 598 antes de Cristo (Ez. 1:3). **2.** Libro escrito por el profeta Ezequiel. Contiene varias lecciones objetivas (3:22-27; 4; 5; y otros). Contiene también visiones y parábolas. Los últimos capítulos (40-48) relatan una visión muy interesante del futuro templo de Israel, construido de nuevo en tiempos posteriores.

Ezión-geber -- Puerto y ciudad minera al norte extremo del mar Rojo. Los reyes de Judá tenían sus flotas en ese lugar (1 Reyes 9:26), y también sus fundiciones para hierro y cobre. Las ruinas de la ciudad fueron descubiertas en años recientes. Se llamaba también Elat (Deut. 2:8) y Elot (1 Reyes 9:26).

F

fábula -- Relato nacido de la imaginación. Contiene una enseñanza moral. Usualmente son los animales o plantas que figuran en la fábula. Pedro dice que la venida de Jesucristo no es fábula (2 Ped 1:16).

Faraón Necao -- Rey de Egipto entre los años 609 y 593 antes de Cristo (2 Reyes 23:29). En una marcha contra Asiria, el rey Josía de Judá quiso pelear con él. Pero Josías fue muerto. Más tarde

Nabucodonosor mató a Faraón Necao, y le quitó todo su territorio en Asia (24:7).

Fares -- El primero de los hijos gemelos de Judá y Tamar (Gén. 38:28-30). Su nombre significa Rotura o Brecha, porque nació antes del otro gemelo, cuando no lo esperaban.

fariseos -- Secta religiosa y política de los judíos, muy importante. Eran muy celosos en guardar la tradición religiosa de sus padres. Eran conservadores, creyendo en ángeles y resurrección (Hch. 23:8). Jesús los condenó por su hipocresía (Mat. 23:13). Sin embargo, algunos eran sinceros y fueron convertidos a Cristo y el evangelio (Hch. 15:5; 23:6).

fatalismo -- Doctrina religiosa y filosófica, que enseña que el hombre no puede controlar su destino. Está en manos de Dios o de otra fuerza superior. Algunos cristianos son fatalistas en este sentido. Esta doctrina es semejante a la doctrina de predestinación, pero no del todo igual. Vea *predestinación*.

fatuo -- Insensatos, necio (Job 2:10).

faz -- Cara, rostro.

fe -- **1.** Creencia o confianza en algo o en alguna persona. Especialmente la fe en Dios, la Biblia, el evangelio. **2.** *La fe* es la religión verdadera, la cristiana (Hch. 14:22; 16:5). **3.** Cualquiera religión o grupo de doctrinas. Vea, por ejemplo, *Fe Bahai*.

Fe Bahai -- Bahaísmo, religión de Irán del siglo diecinueve. Enseña especialmente la unidad espiritual entre toda la humanidad.

Febe -- Una mujer creyente de la iglesia de Cencrea, cerca de Corinto. Era diaconisa (Rom. 16:1). Es probable que llevó a Roma la Carta a los Romanos, escrita por Pablo.

Felipe -- **1.** Uno de los doce apóstoles (Mar. 3:18). El fue quien llevó a Natanael a Jesús (Jn. 1:44-48). **2.** Uno de los siete creyentes de Jerusalén escogidos para ayudar a los apóstoles (Hch. 6:5). Llevó el evangelio a Samaria (8:5), y al etíope tesorero de Candace (8:26-39). **3.** Felipe el tetrarca (Luc. 3:1), uno de los hijos de Herodes El Grande, y Cleopatra de Jerusalén. Gobernó sobre cuatro regiones de Palestina (por eso se llamaba el "tetrarca") desde el año 4 antes de Cristo, hasta 34 después de Cristo. Se casó con Salomé, la hija de Herodes. Hizo más grande y hermosa la ciudad de Paneas, y le dio el nombre de Cesarea. Después la llamaron Cesarea de Filipos. El gobierno de Felipe era bueno y justo. **4.** El marido anterior de Herodías (Mar. 6:17), medio hermano de Herodes Antipas.

Félix -- Gobernador romano de Judea, cerca del año 52 después de Cristo. Pablo se defendió delante de él (Hch. 24).

fenecer -- Acabar. Morir.

Fenice -- Puerto en la isla de Creta (Hch. 27:12).

Fenicia -- Región en el norte de Canaán. Las ciudades de Tiro y Sidón eran las más importantes de Fenicia (Hch. 21:2). Los *fenicios* eran los antiguos habitantes de toda la costa. Eran buenos marineros, e inventaron el primer alfabeto.

féretro -- Caja de muerto, ataúd.

fértil -- Lo que produce bien. Ejemplo: tierra fértil es la que rinde buena cosecha.

ferviente -- Espíritu animoso, lleno de fervor. Entusiasta.

Festo -- Porcio Festo, gobernador de Judea que siguió a Félix (Hch. 24:27). Comenzó su gobierno en Cesarea en el año 52 después de Cristo, y murió como en el año 62. Cuando Pablo se defendió delante de él, Festo quiso enviarle a Jerusalén para ser juzgado. Pablo no aceptó esto,y apeló a César(25:9-12).

fiestas -- Días de gozo sagrado, ordenados por la ley de Moisés, y en memoria de eventos importantes. Las fiestas son las siguientes:

1. El sábado de cada semana.
2. La pascua (Ex. 12:14).
3. La fiesta de panes sin levadura (Ex. 12:15-17).
4. Pentecostés. (Ex. 34:22).
5. Tabernáculos (Deut. 16:13-16).
6. El día de expiación. Este día no era realmente una fiesta, sino día para afligir el alma (Lev. 23:27).
7. La fiesta de Purim comenzó en los días de Ester, reina de Persia. En este día se hace memoria de la salvación del pueblo judío de su enemigo Amán (Ester 9:16-32).
8. La fiesta de la dedicación del nuevo templo, después de su destrucción (Esdras 6:16, 17; Jn. 10:22).
9. La cena del Señor es también una fiesta (1 Cor. 5:8; 11:23-26), la única fiesta cristiana mencionada en la Biblia. Otras fiestas cristianas incluyen la Navidad, la Crucifixión, la Resurrección, y el día de Pentecostés. Esta última fiesta se celebra en memoria de la venida del Espíritu Santo (Hch. 2).

figura -- **1.** Imagen, escultura de cualquier dios o criatura, con el propósito de ser adorado (Deut. 4:15-19). **2.** Algo que representa o recuerda otra cosa (Rom. 5:14). Adán es figura de Cristo. El bautismo es figura de la muerte y la resurrección. El pan y el vino son figuras del cuerpo y sangre de Cristo. El diluvio fue figura del juicio de Dios.

filacterias -- Cajitas de cuero que los judíos ataban a sus frentes y brazo cuando oraban. Dentro de las cajitas había versículos del Antiguo Testamento. Esto lo hacían para cumplir el mandamiento de Ex. 13:9, 16; Deut. 6:7-9; 11:18-20. *Filacterias* es lo mismo que frontales. Jesús condenó la práctica de llevar filacterias muy anchas para llamar la atención de los demás (Mat. 23:5).

Filemón -- **1.** Creyente rico de Colosas. Onésimo su esclavo, se había fugado, y después, conoció a Cristo por medio de Pablo (Filem. 10, 11). Filemón tenía una iglesia en su casa (v. 2). **2.** La Carta de Pablo escribió a Filemón. La última de las Cartas Paulinas, sin contar la Carta a los Hebreos. En ella, Pablo pide que Filemón perdone a Onésimo sus faltas (vv. 10-19), y que lo reciba como hermano

(v. 16).

Filipenses -- **1.** Los filipenses eran los habitantes de Filipos (Fil. 1:1), y especialmente los cristianos de ese lugar. **2.** La Carta a los Filipenses, escrita por Pablo cuando estaba en la cárcel en Roma (Fil. 4:22). En esta Carta, da gracias por la ayuda material que le enviaron (4:10-18). Contiene importantes enseñanzas: el deseo de Pablo de partir para estar con Cristo (1:21-26); la humildad de Jesús para tomar la forma de hombre (2:5-11); la historia espiritual de Pablo (3:4-14); y las cosas que deben ocupar la mente (4:8, 9).

Filipos -- Ciudad importante de Macedonia. Colonia romana al extremo norte del mar Egeo. En esta ciudad Pablo predicó el evangelio por primera vez en Europa (Hch. 16:11-14). Allí fue encarcelado (v. 23). El carcelero y su familia fueron convertidos y bautizados (vv. 23-34). Más tarde se estableció una iglesia en esa ciudad (Fil. 1:1). Las ruinas de Filipos se encuentran cerca del mar.

Filistea -- La región sobre la costa del mar Mediterráneo, desde Jope a Gaza. La palabra *Palestina* viene de este nombre, Filistea. Los *filisteos* eran un pueblo guerrero y de eso vivían. Sacaban el hierro de las minas y fabricaban armas para su uso. Durante los tiempos de los jueces, del rey Saúl y del rey David, los filisteos eran enemigos muy fuertes. Pero David los derrotó, y nunca molestaron más a los israelitas.

filosofía -- Palabra griega que significa "amor a la sabiduría". La filosofía es la sabiduría del hombre acerca del mundo. Es la forma de entender la razón de la existencia del mundo y del hombre. Cada filosofía representa alguna "escuela", como la de Platón, Sócrates, Epicteto, Zenón, Aristóteles, y otros. Los que estudian la filosofía son *filósofos*. El apóstol Pablo habla de "filosofías y huecas sutilezas, según las tradiciones de los hombres" (Col. 2:8).

Finees -- **1.** Sacerdote en el tiempo de Moisés, hijo de Eleazar, nieto de Aarón (Núm. 25:7). Para poner fin al castigo de Dios sobre el pueblo, mató a dos que fornicaban cerca del tabernáculo (vv. 7-9). **2.** Sacerdote. Uno de dos hijos de Elí (1 Sam. 1:3). Era malo (2:12-17). Murió en una batalla (4:17), cumpliendo así una profecía.

firmamento -- El cielo, la expansión (Sal. 19:1).

flauta -- Instrumento musical de viento. Inventada por Jubal (Gén. 4:21).

flujo de sangre -- Hemorragia, sangre que no deja de correr (Mat. 9:20).

fornicación -- Contacto sexual entre hombre y mujer que no son esposos. Vea *adulterio*. La fornicación está prohibida por el séptimo mandamiento (Ex. 20:14). Este mandamiento prohibe toda clase de acto sexual fuera del matrimonio, o de lo natural. (Compare Rom. 1:24-27; Heb. 13:4).

Frigia -- Una provincia grande e importante del centro de Asia Menor (Turquía moderna). Cuatro de las ciudades de Frigia se mencionan en el Nuevo Testamento: Laodicea, Colosas, Hierápolis y Antioquía de Pisidia. Antíoco el Grande trasladó a Frigia a 200 familias judías de Babilonia y Mesopotamia. Algunos de ellos estaban presentes en Jerusalén el día de Pentecostés (Hch. 2:10). El apóstol Pablo pasó por esta región en su segundo y tercer viajes misioneros (Hch. 16:6; 18:23).

fructífero -- Lo que produce mucho fruto. Fértil.

fugitivo -- Persona que huye de algo.

fundir -- Hacer que un metal se derrita o fluya como líquido, con el calor de fuego o de un horno. En Ez. 22:22 dice: "como se *funde la plata* . . . seréis *fundidos*".

G

Gabaa -- Pueblo a unos cinco kilómetros al norte de Jerusalén. El pueblo natal del rey Saúl, y la primera capital del reino (1 Sam. 10:26). Este pueblo pertenecía a la tribu de Benjamín (Jue. 19:14).

Gabaón -- Ciudad a unos nueve kilómetros al norte de Jerusalén. Sus habitantes, los *gabaonitas*, engañaron a Josué para que no peleara contra ellos (Jos. 9). En Gabaón Salomón hizo sacrificio y soñó que tendría gran sabiduría de parte de Dios (1 Reyes 3:5).

Gabriel -- Un ángel de Dios, mensajero de alta categoría (Dan. 8:16; Luc. 1:19).

gacela -- Antílope pequeño, ligero y gracioso. Ciervo, venado de unos sesenta centímetros de altura.

Gad -- **1.** El séptimo hijo de Jacob y Zilpa, la sierva de Lea (Gén. 30:10, 11). El nombre Gad significa Fortuna. **2.** La tribu o la familia de Gad (Núm. 32:31). La región ocupada por los hijos de Gad, al oriente del río Jordán, entre el mar de Galilea y el mar Muerto. **3.** El profeta que aconsejó al rey David cuando quería quedarse en la tierra de Moab (1 Sam. 22:5).

Gadara -- Ciudad de Decápolis, al suroeste del mar de Galilea. Los *gadarenos* eran los habitantes de ese lugar (Mat. 8:28).

Galaad -- Región montañosa al oriente del río Jordán. Con frecuencia esta región era campo de batalla. David se escapó de Absalón, a esta región. Allí fueron a establecerse las tribus de Rubén, de Gad y la media tribu de Manasés (Jos. 22:9).

Galacia -- Región de Asia Menor, o Turquía Moderna. Era la parte central de esa región. Pablo fundó varias iglesias en Galacia, y les escribió su Carta a los Gálatas.

galardón -- Premio o recompensa (Heb. 11:26).

Gálatas -- **1.** Los habitantes de la región de Galacia. Especialmente, los cristianos de esa región (Gál. 3:1). **2.** Carta de Pablo a los Gálatas. Fue escrita para corregir un error de ellos, muy serio. Habían prestado atención a los maestros que enseñaban la necesidad de hacerse judíos para salvarse (Gál. 1:6; 2:3-5 y otros). Fue escrita esta Carta con un tono enérgico.

Galilea -- Región hacia el norte de Canaán, entre el mar de Galilea y el mar Mediterráneo. En el tiempo del Nuevo Testamento, Galilea era provincia romana. La llamaban "Galilea de los gentiles" (Is. 9:1) porque los hebreos de allí se habían mezclado con otros pueblos, gentiles. En esa provincia Jesús creció (Mat. 2:22, 23), y pasó la mayor parte de su ministerio allí.

Galilea, mar de -- Lago de agua dulce formado por el río Jordán principalmente. Ha tenido varios nombres: Cineret, Genesaret, Tiberias, así como Galilea. Hoy día, los israelitas lo llaman Kineret. Los árabes lo llaman Tabariyeh. El lago tiene la forma de corazón, 13 kilómetros de largo, y 7.5 kilómetros en su punto más ancho. El agua es de color azul verdoso. Alcanza una profundidad de sesenta metros y tiene abundancia de peces. Los vientos fríos de los montes cercanos, causan muchas tormentas peligrosas. Una de ellas puso en peligro el barco en que navegaban Jesús y sus discípulos (Mat. 8:24).

Gamaliel -- Famoso fariseo y maestro de los judíos. Su alumno más conocido fue el joven Saulo de Tarso, después fue llamado Pablo (Hch. 22:3). Gamaliel dio el consejo sabio a los judíos, que dejaran en paz a los cristianos (5:34-39).

gangrena -- Podredumbre. Enfermedad de algún órgano del cuerpo, que lo destruye completamente. Corrupción. En 2 Tim. 2:17, Pablo compara la falsa doctrina con la gangrena, que destruye el alma.

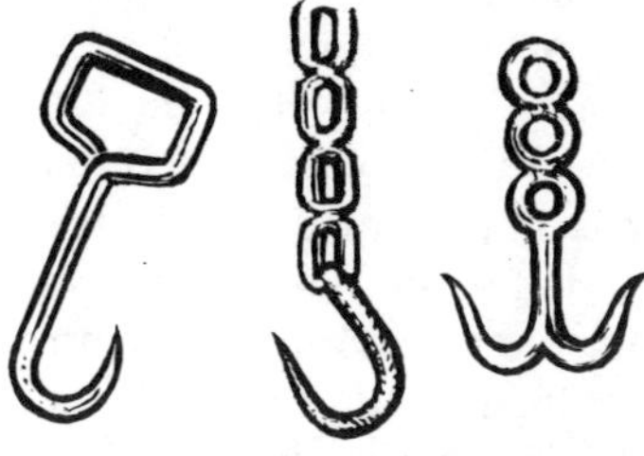

garfio-- Gancho de hierro.

Gat -- Una de las cinco ciudades-estado de Filistea. No se sabe exactamente dónde estaba. Pero su centro estaba en la costa del mar Mediterráneo al suroeste de Jerusalén, dentro del territorio de Egipto moderno. Goliat, el gigante, era de Gat (1 Sam. 17:4).

Gat-hefer -- Pueblo donde nació el profeta Jonás (2 Reyes 14:25). Las ruinas de este pueblo se encuentran a unos cinco kilómetros al noreste de Nazaret. Allí está una de varias tumbas que se dicen ser de Jonás.

gavilla -- Un atado de tallos de grano.

Gayo -- **1.** Hombre de Macedonia,

compañero de Pablo. Fue llevado al teatro a la fuerza, en el alboroto de Efeso (Hch. 19:29). **2.** Hombre de Derbe, que acompañó a Pablo en su último viaje a Asia (Hch. 20:4). **3.** Creyente de Corinto que fue bautizado por Pablo (1 Cor. 1:14). Con frecuencia recibía a los hermanos en su casa (Rom. 16:23). Es posible que Juan envió su tercera Carta a él (3 Jn. 1).

Gaza -- Una de las cinco ciudades más importantes de Filistea. Esta ciudad existe hoy y se encuentra a unos dos kilómetros dentro del territorio de Egipto moderno. Desde la breve guerra de 1967, este territorio está bajo el control de Israel.

Gedalías -- **1.** Músico que tocaba el arpa, junto con otros en el templo (1 Crón. 25:3). **2.** Hombre de Judá, nombrado por Nabucodonosor para ser gobernador después de la caída de Jerusalén. Siete meses después Ismael, de la familia real, lo mató en Mizpa, donde vivía Gedalías. (2 Reyes 25:22-26). **3.** Otros dos hombres llevaban el mismo nombre (Sof. 1:1; Jer. 38:1).

Gedeón -- Juez o libertador de Israel. Libró a Israel de los madianitas con sólo 300 hombres (Jue. 6:34—7:25). Después, no quiso ser rey sobre Israel (8:23). Su padre le llamó Jerobaal (6:31, 32) que quiere decir "Que Baal contienda contra él" (por sí mismo).

Gedeones -- Grupo de hombres cristianos que coloca Biblias en hoteles, moteles, escuelas, y otros lugares públicos. Este grupo es organización internacional.

Gehena -- El valle de Hinom cerca de Jerusalén, donde quemaban el desecho de las carnes, y la basura de la ciudad. Allí los adoradores del dios Moloc habían quemado a sus hijos. La palabra Gehenna es del hebreo *Ge hinnom*, que significa valle de Hinom. Se usaba esta palabra en los días de Jesucristo para dar a entender el infierno. Las palabras "infierno de fuego" traducen la palabra *Geenna*.

genealogía -- **1.** La lista de los antepasados de uno (Neh. 7:5). **2.** Una antigua secta en los tiempos del Nuevo Testamento, decía que descendía de una *genealogía de ángeles* (1 Tim. 1:4). Pablo dijo que esas enseñanzas no tenían ningún provecho.

generación -- **1.** Todas las personas que viven durante el mismo tiempo, o que son de la misma edad (Ex. 1:6; Luc. 7:31). **2.** Los hijos, los descendientes de uno (Gén. 6:9).

Genesaret -- Uno de varios nombres del mar de Galilea (Luc. 5:1). Vea *Galilea, mar de*.

Génesis -- Primer libro de Moisés y el primero del Antiguo Testamento. La palabra *génesis* significa *principio*. Génesis relata el principio de muchas cosas, más bien el principio de todo. El libro relata la creación del mundo y del hombre, el principio del pecado y la muerte, el diluvio, la torre de Babel, la historia de Abraham, Isaac y Jacob, José en Egipto, y el traslado a Egipto de toda la familia de Jacob.

gentiles -- **1.** Todas las *gentes* del mundo que no sean judías (Mat. 10:5; Hch. 9:15, y otros). **2.** Gentes que no conocen a Dios ni la le de Moisés (Mat. 6:32; 1 Cor. 12:2; Ef. 2:11).

Gerasa -- **1.** Importante ciudad romana al oriente del río Jordán y al sureste del mar de Galilea. Una de las diez ciudades de Decápolis. **2.** Ciudad de la costa oriental del mar de Galilea. Posiblemente ésta fue la ciudad del hombre endemoniado de Mar. 5:1. Las varias copias de los Evangelios de Marcos y Lucas dan este nombre en diferentes formas: Gadara, Gerasa, y Gergesa. Gerasa es lo más probable. Hay un pueblo allí que hoy día se llama Kersa. La gente de ese pueblo señala un declive o pendiente, y afirman que por él los puercos cayeron al mar (Mar. 5:13).

Gergesa -- Vea *Gerasa,* definición 2.

Gerizim -- Monte frente al monte Ebal en el norte de Canaán (Deut. 11:29; 27:12-15). Cuando los israelitas entraron en Canaán, seis tribus se colocaron sobre este monte para pronunciar una bendición sobre Israel. Las otras seis se colocaron sobre el monte Ebal para pronunciar la maldición. En el tiempo de Jesús, los samaritanos adoraban a Dios sobre Gerizim (Jn. 4:20, 21). Lo siguen haciendo hoy día.

Getsemaní -- El huerto de los olivos en el monte al oriente de Jerusalén (Mat. 26:36). Allí el Señor comenzó su pasión la noche antes de la crucifixión (Luc. 22:44).

Giezi -- El siervo del profeta Eliseo (2 Reyes 4:12).

gigante -- Hombre de grande altura. Og, rey de Bazán, (Deut. 3:11), y Goliat de Gat (1 Sam. 17:4) eran gigantes. Medían más de tres metros. Los hijos de Anac eran gigantes también (Deut. 2:20, 21). Había gigantes desde tiempos muy remotos (Gén. 6:4). Cuando Josué conquistó a los cananeos, algunos de los hijos de Anac huyeron a la tierra de los filisteos para vivir (2 Sam. 21:16).

Gilboa -- Monte al suroeste del mar de Galilea. Allí murieron el rey Saúl y Jonatán su hijo, en la batalla contra los filisteos (1 Sam. 31:1-6).

Gilgal -- **1.** El primer campamento de los israelitas después de cruzar el río Jordán (Jos. 4:19). Estaba cerca de la ciudad de Jericó. No es seguro que este fue el mismo lugar que Samuel visitaba (1 Sam. 7:16). Pero en Gilgal Saúl fue hecho rey (11:15). Llegó a ser centro de culto y después, de idolatría (Oseas 4:15). **2.** Pueblo por donde Elías y Eliseo llegaron a Bet-el (2 Reyes 2:1, 2). Es probable que sea el pueblo de Jiljilieh, a unos doce kilómetros al noreste de Bet-el. **3.** Pueblo cerca de Dor y Tirsa (Jos. 12:23), a unos ocho kilómetros al noreste de Antípatris, a la orilla de la llanura de Sarón.

gloria -- **1.** Fama, poder, esplendor (Mat. 4:8). **2.** Alabanza (Sal. 96:7).

gloriar -- **1.** Estar orgulloso y contento (Sal 105:3). **2.** *Gloriarse,* alabarse a sí mismo, jactarse (Gál. 6:14).

glorificar -- **1.** Alabar y adorar (Sal. 86:9). **2.** Dar gloria, honor (Jn. 16:14).

glotón -- Comilón, el que come con exceso.

gnosticismo -- Antigua filosofía religiosa. La palabra *gnosticismo* viene de *gnosis*, conocimiento. Enseñaba que sus adeptos *conocían* una verdad superior. Los *gnósticos* aceptaban la idea de una salvación por Cristo, pero no del pecado. Cristo salvaba de la *materia*. La enseñanza era especialmente oriental, con elementos de las religiones judía, helenista (griega) y cristiana. El gnosticismo explicaba el origen del mal de esta manera: decían que hay dos principios, el del espíritu, y el de la materia. Lo del espíritu es bueno. Lo de la materia es malo. Dios no creó el mundo, porque es espíritu. El mundo fue hecho por un demiurgo, es decir, un dios de menor categoría. Este demiurgo, es decir, un dios de menor categoría. Este demiurgo era Cristo. Decían que Cristo no era realmente un hombre, sino una aparición. Sus sufrimientos y muerte en la cruz no fueron reales. Enseñaba que Dios no es Persona, y que el hombre no está libre para hacer su propia voluntad. Para los gnósticos, la santidad se obtenía apartándose del mundo material. Sin embargo, se permitían muchas costumbres inmorales. Durante el primer siglo después de Cristo apareció el gnosticismo. La primera Carta de Pablo a Timoteo (6:20), y la Primera de Juan, tratan de quitar las enseñanzas *gnósticas* de la iglesia. (Vea también Apoc. 2:24).

gofer -- La madera de que fue hecha el arca (Gén. 6:14). Es posible que esta madera era de la familia de los pinos, quizá el ciprés.

Gog-y Magog -- **1.** "Gog en tierra de Magog" (Ez. 38:2), un príncipe sobre Mesec y Tubal, fue objeto de la profecía del profeta Ezequiel. La referencia histórica no es clara. **2.** Un personaje mencionado en Apoc. 20:8-15. Según esta profecía Gog estará frente a un ejército de soldados sin número, y hará la guerra en contra de los santos. Pero e[l] fuego de Dios los destruirá.

Gólgota -- El lugar donde Jesús fue crucificado. Este nombre e[s] arameo o hebreo, y significa *calavera*, lo mismo que Calvario en latín (Jn. 19:17). El lugar exacto e[s] discutido. Hay dos lugares que pueden serlo. El lugar tradicional está dentro de la ciudad de Jerusalén. Allí está el templo de[l] Sagrado Sepulcro. El otro lugar s[e] llama "el Calvario de Gordón" [y] está fuera de la ciudad, unos 24[0] metros al noreste de la puerta d[e] Damasco. Visto de una distancia este lugar tiene el aspecto de un[a] calavera.

Goliat -- Soldado gigante de la ciudad de Gat (1 Sam. 17:4). Medí[a] "seis codos y un palmo" de altur[a]. Esto equivale a tres metros con d[os] o tres centímetros más. David [lo] mató con una piedra y su hond[a], cortándole la cabeza después, co[n] la espada de Goliat (vv. 49-51).

gomer -- Medida en seco, de un[os] tres litros (Ex. 16:16, 22). L[a] décima parte de un efa.

Gomorra -- Una ciudad de [la] llanura del río Jordán (Gén. 10:19) habitada por los cananeos. Su re[y] fue derrotado por Quedorlaome[r] rey de Elam (14:8-11). Lot [y su] familia fueron llevados presos co[n] los otros habitantes de Gomorr[a]. Abram los rescató (vv. 13-16). M tarde, Gomorra y otras ciudades de la llanura, fueron destruidas por fuego que caía del cielo (19:12-25). El lugar donde estuvo esa ciudad no se sabe, pero se ha pensado que sus ruinas están debajo del mar Muerto. El nombre Gomorra, significa *sumersión*.

Gosén -- Una región de Egipto, hacia el noreste del delta del río Nilo. La tierra era plana, propia para cuidar ganado. Allí se establecieron los hebreos cuando llegaron de Canaán (Gén. 46:28-34).

gracia -- **1.** Belleza (Prov. 1:9). **2.** Favor (Rut 2:10). **3.** El favor de Dios hacia los que no lo merecen, o más bien, a los que merecen el castigo (Ef. 2:8). En este sentido es perdón, amor, generosidad.

Gran Comisión -- El mandato de Jesús a sus discípulos de predicar el evangelio en todo el mundo (Mat. 28:19, 20). El mismo significado se encuentra en Mar. 16:15-18; Luc. 24:47-49; Jn. 20:21-23, y Hch. 1:8.

grana -- Color rojo. Vea *carmesí*.

Grecia -- País situado al centro de la costa norte del mar Mediterráneo, en la península de los Balcanes. El mar Egeo está al lado oriental de Grecia. Al occidente está el mar Adriático. Hay tres partes principales de Grecia: la parte *continental*, la *peninsular*, y la *insular*. La antigua Macedonia era la parte continental. Acaya o el Peloponeso era la península. La parte insular eran las islas. Estas incluían Creta, las islas del mar Egeo, y del mar Adriático. Los hebreos conocían a Grecia por el nombre Javán. Los griegos lo llamaban con el nombre de *Hélade*. De este nombre vienen las palabras helénico, helenista, y helenismo. Los griegos eran descendientes de Heleno.. Esta historia comenzó en el año 776 antes de Cristo. El personaje más notable de Grecia antigua fue Alejandro el Grande, hijo de Filipo de Macedonia. Este joven conquistó al mundo entero y formó el imperio griego. Alejandro impuso la cultura y lengua griegas en todas partes. Más tarde el conocimiento del idioma griego hizo más fácil la predicación del evangelio y la lectura del Nuevo Testamento. La cultura griega fue apreciada por todos, menos por una parte de los judíos. El arte griego, su arquitectura, literatura y filosofía, hicieron impacto entre todos. Las ciudades de Grecia mencionadas en el Nuevo Testamento, son éstas: Atenas (la capital), Corinto y Cencrea, Tesalónica y Berea, Filipos y Nicópolis. Pablo y sus compañeros predicaron en todas ellas.

grillos -- Anillos de hierro que usaban para sujetar al preso en la cárcel.

grosura -- Gordura. Abundancia, lo mejor (Gén. 27:28).

guardia -- Grupo de soldados que guardaban algo (Gén. 40:3, 4).

guarnición -- Tropa que defiende algún sitio.

guiñar -- Cerrar un ojo, dejando abierto el otro. Uno *guiña* el ojo para dar una señal a otro (Prov. 6:13; 10:10).

Habacuc -- **1.** Profeta de Judá, el reino del sur, cerca del año 600 antes de Cristo. Fue el autor de un Salmo (Hab. 3:1-19). Por esto se cree que era levita y miembro del coro del templo. Vea especialmente lo que él dijo al jefe de los cantores, al final del v. 19. **2.** El libro escrito por el profeta Habacuc. Es uno de los libros llamados "Los Profetas Menores". En este libro el profeta hace unas preguntas difíciles: ¿Por qué los justos sufren? y ¿por qué salen ganando los injustos? Dios responde diciendo que la maldad será destruida. Entre tanto, "el justo por su fe vivirá" (2:4). Este texto importante aparece tres veces en el Nuevo Testamento. También, Martín Lutero lo usó como una base de la Reforma Evangélica del siglo XVI (después de Cristo).

Hadasa -- El nombre de Ester (Ester 2:7). Vea *Ester.*

Hades -- Nombre griego para el lugar de los muertos. Infierno, en algunas traducciones de la Biblia. Vea también, *Abadón* y *Seol.*

Hageo -- **1.** Profeta que vivió en Jerusalén después del cautiverio. Profetizó juntamente con el profeta Zacarías (Esdras 5:1; 6:14). **2.** El libro escrito por el profeta Hageo. Es uno del grupo de libros llamados "Los Profetas Menores". Fue escrito cerca del año 520 antes de Cristo. Contiene cuatro mensajes para el pueblo judío, que les animaban a seguir adelante.

Hai -- Pueblo al norte de Jerusalén, como dieciséis kilómetros. Josué atacó el lugar sin éxito la primera vez (Jos. 7:2-5). Luego se supo que Dios no dio la victoria por el pecado de Acán (vv. 20, 21). Después, Josué destruyó la ciudad (8:1-29). Más tarde Hai fue construida de nuevo (Esdras 2:28).

hálito -- Aliento, respiración.

Hamat -- Ciudad importante de Siria, en el río Orontes. Estaba en la frontera norte de Israel en el tiempo de su extensión máxima (1 Reyes 8:65). Hoy día se llama Hamah.

Hananías -- Falso profeta del tiempo del rey Sedequías (Jer. 28:1). Dijo que el rey de Babilonia dejaría ir al pueblo de Israel, sólo dos años después de su cautiverio (vv. 2-4). Por su profecía falsa, murió dos meses después (v. 17).

hastiar -- Fastidiar.

Hazael -- Rey de Siria, ungido por el profeta Elías (1 Reyes 19:15; 2 Reyes 8:7-15). Afligió a Israel, el reino del norte, durante el gobierno de Joacaz (2 Reyes 13:22).

Hazor -- Ciudad capital de los cananeos, al norte del mar de Galilea. Josué tomó la ciudad (Jos. 11:1-13). Fue construida de nuevo y entregada a la tribu de Neftalí (19:36). Allí Débora y Barac ganaron grandes batallas (Jue. 4:1-24).

hebreo -- **1.** Hombre de nación hebrea. El nombre probablemente viene de Heber (Gén. 10:21). Este nombre significa *uno que ha cruzado (el Río).* Los hebreos habían venido a Canaán del otro lado del río Eufrates. La nación hebrea comenzó con Abram (12:5). *Hebreo* significa lo mismo que israelita o judío (14:13). **2.** El idioma de la nación en un principio. Todo el Antiguo Testamento fue escrito en hebreo, con excepción de algunas partes de Daniel y Esdras. El hebreo usaba un alfabeto de veintidós letras, todas consonantes. Dos de ellas (yod y vav) se usaban también como vocales. Las demás vocales no se escribían. Más tarde, algunos estudiantes del hebreo agregaron "puntos vocálicos" al texto para no perder la pronunciación del hebreo antiguo. El hebreo se escribe de derecha a izquierda, al revés de nuestra costumbre. Vea *arameo.*

Hebreos -- Carta a los Hebreos, en el Nuevo Testamento. No se sabe quién la escribió, aunque se parece a los escritos del apóstol Pablo. Se considera como *Carta Paulina,* aunque no sea de Pablo mismo. La Carta fue escrita a los judíos de la *dispersión.* En ella, trata el escritor de animar a los judíos cristianos a no abandonar su fe cristiana. Hay varias enseñanzas muy importantes en ella: La *deidad* de Jesucristo, el *sacerdocio* de Cristo, la superioridad del nuevo pacto, y los héroes de la fe. Fue escrita antes de la destrucción de Jerusalén, mientras que el templo estaba en pie (8:13; 9:10,11).

Hebrón -- Uno de los pueblos más antiguos del mundo, que aún está habitado. Está a unos treinta kilómetros al suroeste de Jerusalén en un valle fértil. Hay veinticinco manantiales y diez pozos allí, con viñas y olivares. Hoy día, su nombre es el-Kalil. Está mencionado en Gén. 13:18; Núm. 13:22, y otros lugares. David reinó sobre Israel en Hebrón durante siete años y medio (2 Sam. 2:1, 11).

hechizo -- Encanto de un hechicero.

Hechos de los Apóstoles -- Libro de la historia de la iglesia en los tiempos de los apóstoles. Fue escrito por Lucas, como segunda parte de su obra. Vea Luc. 1:1-4 y Hch. 1:1, 2). El nombre "Hechos de los Apóstoles" no forma parte del texto original. Fue agregado después. Los apóstoles quiere decir Pedro y Pablo, los apóstoles principales, no todos los apóstoles. La obra de Pedro se encuentra en los capítulos 1-12. La de Pablo comienza en Cap. 9 y sigue hasta el fin del libro (Cap. 28). La historia relatada no es historia completa de la iglesia apostólica. Más bien, la historia es del traslado del evangelio, de los judíos a los gentiles. Relata cómo el evangelio comenzó en Jerusalén y llegó por fin a Roma, la capital del mundo. Relata la venida del Espíritu Santo a la iglesia. Explica los problemas principales de la primera iglesia y cómo los resolvieron. Relata también la historia de la conversión de Saulo de Tarso para ser el apóstol de los gentiles, llamado Pablo. El libro Hechos de los Apóstoles nos da la conexión entre los cuatro Evangelios y las Epístolas o Cartas de Pablo.

helenismo -- La cultura griega implantada en otros países del mundo. El espíritu favorable de los judíos que querían aceptar la cultura griega y su idioma.

helenistas -- Los judíos que aceptaban la cultura griega. Vea *helenismo.* Especialmente los judíos que vivían en países extranjeros. Su comprensión del espíritu griego les hacía más abiertos. Los judíos conservadores no los aceptaban muy bien. Hubo problema en la repartición de alimentos por este sentimiento (Hch. 6:1-7). Los griegos mencionados en v. 1, eran realmente helenistas. La iglesia resolvió el problema escogiendo a siete varones llenos del Espíritu (v. 3) con nombres griegos (v. 5). Sin duda que eran helenistas.

hendidura -- Abertura, rendija, raja.

heraldo -- Persona que hacía anuncios al público. Mensajero.

heredar -- Recibir los bienes de los padres difuntos. El que los recibe es el *heredero*. Los bienes que recibe, son la *herencia* o heredad. Heredamos las bendiciones de Dios en unión con Cristo. Así somos *coherederos* con él (Rom. 8:17). También los creyentes son la herencia de Dios (Ef. 1:18).

hereje -- Persona que sigue una doctrina falsa. La doctrina falsa se llama *herejía* (Hch. 24:14; 2 Ped. 2:1).

hermanos de Jesús -- Jacobo, José, Judas y Simón, y algunas hermanas (Mar. 6:3). El que se llamaba Judas, no debe confundirse con el traidor, Judas Iscariote. La Iglesia Católica Romana insiste en que la Virgen no tuvo otros hijos, y que no tuvo contacto sexual con José. Dice que ella fue "siempre Virgen". Sin embargo, Mateo dijo que Jesús era su *primogénito*, o primer hijo (1:25). Da a entender que después del nacimiento de Jesús, José y María vivieron juntos como todo matrimonio. Si Jesús fue el *primer* hijo de María, fue el *único* Hijo de Dios (Jn. 3:16). (Unigénito significa único.) Juan también habló de los hermanos de Jesús (7:3, 5, 10). No eran sus primos hermanos, ni hijos de José y de otra esposa. El único motivo porqué afirman que los hermanos de Jesús eran sus primos o medios hermanos, es porque quieren hacer creer que María fue "siempre virgen". Pero en el evangelio, esta doctrina no tiene importancia ninguna. Jesús nació de ella cuando era virgen (Mat. 1:18-23; Luc. 1:26-35). La virgen no es más santa que la mujer casada, porque Dios ordenó el matrimonio (Gén. 1:27, 28; 2:22-25; Heb. 13:4).

hermenéutica -- El arte de interpretar el lenguaje, especialmente el lenguaje de la Biblia. Las reglas de la hermenéutica, son las mismas de la gramática y de la literatura. Vea también, *exégesis*.

Hermón -- Monte en la frontera entre Palestina y Siria, al occidente de Damasco, y al noroeste del mar de Galilea. Su altura es de unos 2960 metros. Es muy hermoso (Can. 4:8). Tiene tres picos, y se llaman "los hermonitas" (Sal. 42:6). Algunos han pensado que en este monte Jesús fue transfigurado (Mat. 17:1, 2). Pero otros lugares pueden ser el monte de la transfiguración.

Herodes -- Familia real que gobernaba en Palestina durante el período del Nuevo Testamento. Cuatro Herodes se mencionan en la historia evangélica. **1.** Herodes el Grande, rey de Judea entre los años 40 y 4 antes de Cristo. Jesús nació durante su gobierno (Mat.

2:1). **2.** Herodes Antipas, hijo de Herodes el Grande, llamado el "Tetrarca", es decir, que era gobernador sobre la tetrarquía de Galilea. José llevó al niño Jesús y a María a vivir en Nazaret, que estaba en el territorio de Herodes Antipas (Mat. 2:22, 23). Jesús lo llamó "aquella zorra" (Luc. 13:32). Este Herodes mató a Juan el Bautista (Mat. 14:1-12). Reinó entre los años 4 antes de Cristo, y 39 después de Cristo. **3.** Herodes Agripa el Primero, nieto de Herodes el Grande y Mariamna. Era rey sobre Palestina entre los años 37 y 44 después de Cristo. Murió repentinamente, como castigo de Dios (Hch. 12:23). **4.** Herodes Agripa el Segundo, el último de los Herodes. Reinó en Judea entre los años 53 y 100 después de Cristo. Este Herodes escuchó la defensa de Pablo (Hch. 25—26).

herodianos -- Una secta política entre los judíos. Su objeto era libertar a su país del gobierno romano. Esperaban que Palestina fuera gobernada por uno de los Herodes.

Herodías -- Nieta de Herodes el Grande. Se casó con uno de sus tíos, y después se divorció de él. Volvió a casarse con Herodes Antipas, otro tío. Herodías y su hija Salomé provocaron la muerte de Juan el Bautista (Mar. 6:16-29). El nombre Herodías significa en griego: "La (mujer o hija) de Herodes."

heteos -- Ciudadanos del imperio heteo, al norte de Israel. El imperio heteo existió entre los años 1900 y 1200 antes de Cristo. En los últimos años su capital era la ciudad de Carquemis (2 Crón. 35:20). Este imperio llegó a formar parte del reino de Asiria. En los días de David un famoso heteo era Urías (2 Sam. 11:3), hombre valiente.

Hidekel -- Antiguo nombre del río Tigris (Gén. 2:14; Dan. 10:4).

hidrópico -- Persona enferma con *hidropesía.* Esta enfermedad existe cuando el cuerpo se hincha con mucho líquido. El hombre mencionado en Luc. 14:2, tuvo esta enfermedad.

hiel -- La bilis. Una hierba venenosa (Mat. 27:34). Amargura (Deut. 29:18).

hierbas amargas -- Verduras, como lechuga, berro, perejil, pepinos, y otras. Se comían en la Pascua y otras ocasiones especiales (Ex. 12:8). Las comieron en la huida de Egipto, porque se podían preparar rápidamente (v. 11).

Hijo de David -- Descendiente de la familia de David. Especialmente el Mesías, el prometido rey de Israel (Mat. 21:9).

Hijo de Dios -- **1.** Título del Salvador (Mat. 4:3; 16:16; 27:40). Aquel que tiene solamente a Dios por padre (Luc. 1:32, 35). **2.** *hijos de Dios* son los que pertenecen a la familia espiritual de Dios (Gén. 6:2; Jer. 3:4; Oseas 1:10; Rom. 8:14). Los que se parecen a Dios en algo importante (Mat. 5:9).

Hijo del hombre -- **1.** Un hijo del hombre es un ser humano (Sal. 8:4). **2.** El profeta Ezequiel (Ez. 2:1; 3:17; 33:7). **3.** El Mesías o Cristo (Mar. 10:45). Este título era el que más usaba el Señor, hablando de sí mismo. Quizá así fue porque él era el Hombre que representaba a todos delante de Dios (1 Tim. 2:5).

Hilcías -- El sumo sacerdote en el tiempo del rey Josías (2 Reyes 22:4). El encontró en el templo el libro de la ley que había estado perdido por mucho tiempo (v. 8).

himnología -- El estudio del origen de los himnos. Todo el conjunto de himnos. El *himnólogo* es el estudiante de los himnos, o el que los escribe, los compone.

hin -- Medida de líquidos (Ex. 29:40). El hin contenía 1.62 galones, 5.9 litros.

hipócrita -- Persona que no es sincera. Hombre falso. El que pretende tener fe en Dios, engañosamente.

Hiram -- Un rey de la ciudad de Tiro, de los fenicios. Era amigo tanto de Salomón como de su padre David (1 Reyes 5:1; 2 Crón. 2:3). Envió madera y albañiles para la construcción del palacio de David (2 Sam. 5:11). Después, hizo cosa semejante para el templo (1 Reyes 5:1-12).

historia -- Dos partes de la Biblia se consideran "historia". En el Antiguo Testamento, los libros Josué, Jueces, Rut, Primero y Segundo de Samuel, Primero y Segundo de Reyes, Primero y Segundo de Crónicas, Esdras, Nehemías, y Ester, se consideran en esta división de la Biblia. Sin embargo, los judíos no dividen la Biblia así. Además, hay otros libros que relatan una parte importante de la historia de Israel. En el Nuevo Testamento, solamente el libro de los Hechos de los Apóstoles es llamado "historia". Sin embargo, los cuatro Evangelios contienen la historia de la vida y ministerio de Jesucristo.

hisopo -- Planta común con hojas y pelos muy menudos. Usaban esta planta para rociar agua o sangre (Ex. 12:22; Núm. 19:18). En el Nuevo Testamento, los soldados usaron el hisopo para subir una esponja con vinagre a los labios de Jesús (Jn. 19:29). En este caso, usaron el tallo de la planta como vara. Sin embargo, el hisopo podría tener otro valor en este caso. El sabor del hisopo da una sensación refrescante cuando se mezcla con el vino.

Hobab -- Según el texto común de nuestra Biblia, Hobab era el suegro de Moisés (Jue. 4:11). Sin embargo, el suegro de Moisés era Jetro o Reuel (Ex. 2:18; 3:1). Vea *Jetro*. Hobab era más bien el hijo de Reuel (Núm. 10:29), o sea el cuñado de Moisés. Cuando dice "suegro" en Jue. 4:11, parece ser error de los masoretas, los que editaron el texto hebreo en los siglos VII al X después de Cristo. Vea *masoretas*. La misma palabra puede ser leída "cuñado". Hobab siguió con los israelitas después que Jetro regresó a Madián. Como un año más tarde, quiso ir también a Madián, pero Moisés le rogaba que no se fuera. Lo necesitaba para guiarlos en el desierto. Hobab aceptó (Núm. 10:28-33).

hojarasca -- Hojas secas que caen del árbol. Paja. El desperdicio de plantas y árboles.

holocausto -- Ofrenda hecha a Dios, en fuego (Gén. 8:20). El holocausto era muy importante entre los varios sacrificios hechos según la ley (Lev. 1:3-9). Podría ser becerro, oveja, ave, según la condición económica y la voluntad del adorador. El adorador ponía sus manos en la cabeza del holocausto (v. 4) indicando así que sería aceptado como expiación de la persona. El holocausto, así como todos los sacrificios, terminaron con la venida de Cristo, "el Cordero de Dios" (Jn. 1:29). Vea *sacrificio.*

homer -- Medida en seco que tenía unos 377 litros (Ez. 45:11).

homilética -- El arte de predicar sermones.

honda -- Arma sencilla para tirar piedras. Consiste de un pedazo de cuero con dos tiras o correas. Una de las correas se ata a la muñeca. La otra se tiene entre los dedos mientras se gira la honda en el aire. Se suelta, y la piedra es lanzada con fuerza hacia el blanco.

Hor -- Monte en el Neguev al suroeste del mar Muerto en la frontera con Edom (Núm. 20:23). En la cumbre de este monte murió Aarón, hermano de Moisés.

horadar -- Perforar, hacer agujero.

Horeb -- El monte de Dios en la península de Sinaí. Lo mismo que Sinaí (Ex. 3:1; 19:1-11). Vea *Sinaí.*

hosanna -- Palabra hebrea que significa *salva ahora.* Cuando los judíos la gritaban durante la entrada triunfal (Mat. 21:9), le decían "Sálvanos ahora, tú, Hijo de David", y "salvación ahora en los cielos". Este clamor reconocía a Jesús como el Rey y Salvador prometido.

Hulda -- Profetisa en Jerusalén. Ella habló palabras de consuelo al rey Josías (2 Reyes 22:11-20).

I

Iconio -- Ciudad de Asia Menor (Turquía moderna) donde Pablo predicó (Hch. 13:51; 14:1-5). Está al noroeste de Listra y Derbe (v. 6). Era la capital de Licaonia.

ídolo -- Estatua o imagen de un dios, usada en el culto de los *idólatras.* Aunque no sea estatua, figura o imagen (Ex. 20:4), es ídolo todo lo que se estima en lugar del Dios verdadero (Col. 3:5; 1 Jn. 5:20, 21).

idóneo -- Apto, apropiado para algo. Dios preparó una compañera *idónea* para Adán, adecuada para él (Gén. 2:18).

iglesia -- **1.** Grupo de creyentes cristianos de determinado lugar (Rom. 16:1). Los que son bautizados se reúnen para dar culto a Dios y predicar el evangelio; observan la cena del Señor y realizan otras actividades cristianas **2.** Todos los creyentes de todos los tiempos y lugares (Ef. 1:22, 23; 5:25-27). **3.** Equivocadamente esta palabra es usada por edificio, templo o capilla donde se reúne la congregación.

ignominia -- Afrenta, infamia.

ilustre -- Famoso, notable, destacado.

imagen -- **1.** Reflejo de algo en un espejo. La representación de algo por dibujo, retrato, fotografía o escultura. Especialmente, pintura o estatua de una figura religiosa.

En la Biblia, toda imagen religiosa es un ídolo (Ex. 20:4). **2.** La *imagen de Dios* está en el hombre (Gén. 1:27), sin duda borrosa por el pecado. Esta imagen es perfecta en Jesucristo (Heb. 1:3). La imagen de Dios no es visible ni física. Es moral y espiritual. Algunos entienden que la imagen de Dios consiste en la *inteligencia*, la *voluntad* y los *sentimientos* del hombre.

impedimento -- Obstáculo. Algo que *impide*. Algún defecto físico.

impenitente -- El que no es *penitente*, es decir, el que no hace *penitencia*. El que no se confiesa con el sacerdote. Esta palabra casi no se usa entre evangélicos. Se usan las palabras *arrepentido*, *arrepentimiento* y *arrepentirse*, porque están más de acuerdo con la Biblia. El *impenitente* sería la persona *no arrepentida*.

imperio -- Reino. Gobierno bajo un emperador. El imperio incluye a varios países, bajo un solo mando. Ejemplos: el imperio británico, el romano, el babilónico, el de Macedonia y el de Persia.

importunidad -- Una petición no oportuna. Fuera de tiempo, o de circunstancias oportunas. Molestia (Luc. 11:8).

imposibilitado -- Incapacitado. Paralizado (Hch. 14:8).

incesto -- Acto sexual entre familiares o parientes cercanos. Cuando se unen dos personas así, que no pueden casarse, el acto es *incestuoso*.

incienso -- Sustancia que se quema como perfume. Se usaba en el culto del templo (Ex. 30:9). Este incienso era hecho según instrucciones de Dios (v. 34-38) y era reservado para este uso sagrado. El incienso fue uno de los regalos dados al niño Jesús (Mat. 2:11). En Apoc. 5:8, el incienso representa las oraciones de los santos.

incircunciso -- Varón no circuncidado. La *incircuncisión* es la condición del hombre que no fue circuncidado, ni guarda la ley de Moisés (1 Cor. 7:19). La palabra *incircuncisión* era usada por los que llamaban a sí mismos la *circuncisión* (Ef. 2:11). Vea *circuncidar, circuncisión*.

inclinar -- Disponer, persuadir (Sal. 119:36). *Inclinarse*, bajar la cabeza o doblar las rodillas para adorar (Ex. 20:5).

incontinencia -- La falta de poder vivir sin casarse, o dominar los deseos sexuales (1 Cor. 7:5).

incrédulo -- Persona no creyente, especialmente el que no cree en Dios, Jesucristo y la Biblia.

incorruptible -- Lo que no se corrompe o que no se puede corromper (Rom. 1:23). Solamente Dios y lo que viene de él, será incorruptible.

incursión -- Invasión militar. Ataque. David hizo *incursión* contra el enemigo (1 Sam. 27:8).

India -- Gran país en el sur de Asia, en una península. Tan grande es, que llaman a la India un subcontinente. Hoy día tiene 555 millones de personas. Sólo China tiene más gente. En el tiempo del rey Asuero (Jerjes) de Persia, la India formaba parte del imperio pérsico (Ester 1:1).

inefable -- Lo que no puede expresarse con palabras, por su grandeza

(2 Cor. 9:15).

indocto -- El que no es *docto* o instruido. Ignorante.

indolente -- Perezoso, apático, sin entusiasmo.

inescrutable -- Incomprensible. Lo que no se puede investigar, por estar más allá de la capacidad humana. Dios es *inescrutable,* porque nadie lo puede investigar (Rom. 11:33).

infalibilidad -- La doctrina de la *infalibilidad* afirma que el papa romano no puede equivocarse cuando habla *oficialmente* de la fe. La Iglesia Católica Romana afirma que el papa es *infalible.* Esta doctrina fue aprobada en el Vaticano en 1870. Sin embargo, sólo Dios es infalible. El no puede mentir (Tito 1:2).

infatuar -- Hacer *fatuo,* sin buen juicio. Encantar, captar la imaginación.

infierno -- El lago que arde con fuego y azufre (Apoc. 21:8). El infierno de fuego (Mat. 5:22). El lugar donde el gusano no muere (Mar. 9:46). Las tinieblas de afuera, donde habrá lloro y crujir de dientes (Mat. 8:12). Otros nombres del infierno son *Abadón, Hades* y *Seol.* Vea estas palabras.

inflar -- Hinchar. *Inflarse* es sentirse superior a los demás.

infringir -- Quebrantar, violar una orden. Desobedecer.

iniquidad -- Pecado, maldad (Ex. 34:7). El hábito o la costumbre de cometer maldad o violar la ley de Dios (1 Sam. 3:14).

injuriar -- Ofender con palabras (Ex. 22:28).

Inmaculada Concepción -- Doctrina católica romana. Afirma que María, la "madre de Dios", fue concebida sin pecado. Esta doctrina trata de explicar por qué Jesús nació sin pecado. La fiesta de la Inmaculada Concepción se celebra el día 8 de diciembre.

inmortal -- Lo que no es mortal, nunca muere ni puede morir. Sólo Dios es inmortal, sólo él tiene inmortalidad (1 Tim. 6:16).

inmundo -- Sucio, repugnante. Lo que no era limpio o aceptable delante de Dios, según la ley de Moisés (Lev. 5:2; 11:8; 13:45; y otros muchos.) Según el nuevo pacto, lo inmundo es solamente el pecado o lo que es malo en sí (Rom. 14:14). Vea *limpio.*

inmutable -- Lo que nunca cambia ni se puede cambiar (Heb. 6:18).

inocencia -- La condición de la persona que no peca moralmente, o que no conoce las cosas de este mundo. El que obedece sin dudar (Sal. 73:13). Justicia, pureza, limpieza. El hombre *inocente* es el justo o recto delante de Dios (Ex. 23:7).

inscripción -- Lo que está escrito, como letrero o leyenda (Mat. 22:20, 21). La inscripción en la moneda romana, era de César.

insípido -- Lo que no tiene sabor. Lo que le falta espíritu o gracia.

inspiración -- La obra del Espíritu Santo en los escritores de las Sagradas Escrituras (2 Tim. 3:15, 16). La palabra *inspirado* en este texto significa "inspirado por Dios". La llamada inspiración de otros autores o poetas, es cosa natural, no divina.

instar -- Insistir. Urgir, apresurar.

integridad -- Pureza, honestidad,

honradez, sinceridad, justicia (Jos. 24:14; Job 2:3; Prov. 19:1).

interceder -- Rogar a favor de otra persona. Orar a Dios por otro, como Cristo ruega por nosotros (Heb. 7:25). La *intercesión* es la oración hecha a favor de otro. Vea *abogar*.

interpretar -- **1.** Explicar algo difícil, como el sueño del faraón (Gén. 41:8, 13, 24). **2.** Traducir las palabras de otro idioma (Dan. 5:12, 15-17, 25, 26). **3.** Explicar cosas de las Escrituras (2 Ped. 1:20).

intérprete de la ley -- Estudiante de las Escrituras (Luc. 10:25). Vea *escriba*. La mayor parte de estos escribas eran fariseos.

invocar -- Pedir ayuda, como en oración. Orar. Usar el nombre de Dios.

ι i י

iota yod

iota -- La letra más pequeña del alfabeto griego. Corresponde a la *i* latina, y al *yod* del alfabeto hebreo. Se *traduce* jota en español, pero no representa esta letra. La expresión "ni una jota ni una tilde" (Mat. 5:18), quiere decir, "ni la parte más pequeña", o "ni un solo detalle". Vea *tilde*.

ira -- Enojo.

iracundo -- Enojado, enojoso.

irracional -- Contra la razón, ilógico, no razonable.

irreprensible -- Que no se puede reprender o reprochar. Sin falta.

Isaac -- El segundo de los patriarcas. El único hijo de Abraham y de su esposa Sara (Gén. 21:1-3). Nació cuando Abraham tenía cien años, y Sara tenía noventa. Cuando Sara oyó la promesa de que tendría un hijo, se rio (Gén. 18:12-15). Recordando la risa de Sara, Isaac recibió este nombre que quiere decir, *Risa*, o *El se ríe*. Su padre estuvo dispuesto a ofrecerlo como sacrificio a Dios (Cap. 22), pero el ángel de Dios no le permitió matar al joven. Según el historiador Josefo, Isaac tenía unos veinticinco años cuando esto sucedió (vea 22:6). En todo caso, no era niño pequeño. Se casó Isaac a la edad de cuarenta años (25:20) con Rebeca (24:67). Nacieron dos hijos, gemelos (25:24-26), Esaú y Jacob. Murió Isaac a la edad de 180 años (35:28), y sus hijos lo sepultaron en Hebrón (v. 27).

Isacar -- **1.** Noveno hijo de Jacob y Lea (Gén. 30:18). Fue padre de una de las doce tribus de Israel, y por esto fue llamado patriarca. **2.** Una de las doce tribus de Israel. Los hijos de Isacar. Esta tribu o familia no era muy numerosa. Vivía en una región al suroeste del mar de Galilea (Jos. 19:17-23).

Isaí -- El padre de David (1 Sam. 16:1). Nieto de Booz y Rut (Rut 4:17). Vivía en Belén de Judá.

Isaías -- Profeta de Judá, el reino del sur. Vivió en Jerusalén. La mayor parte de sus profecías tienen que ver con Jerusalén y Judá. Vivió entre los años 760 y 690 antes de Cristo. Profetizó durante los gobiernos de los reyes Uzías, Jotam, Acaz y Ezequías (Is. 1:1).

Una tradición afirma que Isaías fue muerto por el rey Manasés, aserrado en dos (Heb. 11:37). **2.** El libro de Isaías. Es uno de los Profetas Mayores, y contiene sesenta y seis capítulos, el más largo de todos. Los primeros treinta y nueve capítulos tratan asuntos del pueblo de Dios antes del cautiverio. Los últimos veintisiete son profecías que tenían que cumplirse después del cautiverio. El libro contiene muchas profecías de Cristo, algunas muy famosas. La profecía acerca del nacimiento del Salvador de una virgen (7:14); los sufrimientos del Siervo de Jehová (52:13 al 53:12). El "Siervo de Jehová" es Israel (49:3), pero se entiende mejor de Jesucristo, el Mesías (v. 6).

Is-boset -- Un hijo del rey Saúl que gobernó sobre parte de la nación después de la muerte de su padre (2 Sam. 2:8-10). Fue asesinado mientras dormía (4:5-7). Is-boset significa "hombre de vergüenza" quizá por este vil asesinato. Tenía otro nombre, Esbaal, que significa "hombre de Baal, o del Señor" (1 Crón. 8:33). Vea *Esbaal.*

Iscariote -- Judas, el traidor (Mat. 10:4). Vea *Judas.*

Ismael -- Hijo de Abraham y Agar, la sierva de Sara (Gén. 16:1-16). El nombre Ismael significa *Dios oye.* Dios le había oído en su aflicción (v. 11). Más tarde, Sara lo echó de su casa (21:10) porque Ismael se burlaba de Isaac (v. 9). En el desierto, Dios oyó la voz del niño (v. 17) y enseñó a Agar una fuente de agua (v. 19). Dios prometió que Ismael sería una gran nación (v. 18). Los ismaelitas son los hijos o los descendientes de Ismael. Hoy día, los hijos de Ismael son las varias tribus de los árabes.

Israel -- **1.** Jacob, uno de dos hijos de Isaac y Rebeca (Gén. 25:26). Su nombre fue cambiado por su encuentro con Dios en Peniel (32:24-30). Israel significa "El que lucha con Dios . . . y vence." **2.** La nación hebrea, todos los descendientes de Israel (Deut. 1:1). Es lo mismo que hebreos y judíos. **3.** La nación hebrea, antes de su división. Fue gobernada la nación entera por Saúl, David y Salomón, sucesivamente. **4.** El reino del norte, fundado por Jeroboam Primero (1 Reyes 11:25-40). Este reino fue compuesto de las diez tribus que se rebelaron contra Roboam, el hijo de Salomón (12:1-24). Los reyes de Israel, es decir, el reino del norte, fueron más malos que buenos. El pueblo adoraba a Jehová e ídolos al mismo tiempo. **5.** Judá, el reino del sur, llevó el nombre de Israel, después del cautiverio del pueblo del Norte (Is. 5:7). **6.** El siervo de Jehová (Is. 49:3), la parte de la nación que era fiel a Dios (Rom. 9:6-8). En este sentido, Pablo llama a la iglesia "el Israel de Dios" (Gál. 6:16). El "remanente" (Esdras 9:8; Is. 10:21; Rom 9:27). **7.** El verdadero Siervo de Dios (Is. 49:6; 52:13 al 53:12), el Mesías, el Salvador. **8.** La nación moderna, fundada en 1948.

israelita -- Un hebreo o judío, parte de la nación de Israel. Los israelitas modernos se llaman *israelíes.*

Italia -- País situado al lado norte del mar Mediterráneo, cerca del centro del mar, pero hacia el occidente de Grecia. El país tiene tres partes: continental, peninsular, e insular, o sea las islas. La parte continental está en el sur de Europa. La península es la parte más grande y tiene la forma de una bota. Las islas incluyen Sicilia y Cerdeña. Gran parte de Italia es montañosa y pobre. Su historia como nación comienza varios siglos antes de Cristo. Los antiguos habitantes de Italia del norte, chocaban contra los griegos al oriente, y contra los romanos al sur. Pero en el segundo siglo antes de Cristo, Roma llegó a ser la capital del Imperio Romano. El mensaje cristiano fue llevado a Roma por los judíos de esa nación. Estaban presentes en Jerusalén en el día de Pentecostés (Hch. 2:5, 9, 10). Antes que Pablo visitara Roma por primera vez, ya existía una iglesia allí (Hch. 28:14, 15; Rom. 1:7). Desde Italia fue escrita la Carta a los Hebreos (Heb. 13:24).

J

Jabes -- Hombre de Judá (1 Crón. 4:9, 10). Pidió a Dios que le diera más terreno, y que le cuidara del mal. Dios le concedió su petición.

Jabes de Galaad -- Ciudad cerca del río Jordán, al oriente y a unos treinta y dos kilómetros al sur del mar de Galilea. El rey Saúl salvó de los amonitas a los habitantes de esta ciudad (1 Sam. 11). Cuando Saúl y Jonatán murieron en una batalla, los hombres de Jabes les dieron una sepultura decente (2 Sam. 2:4).

Jabín -- Rey de Hazor (Jos. 11:1), al norte del mar de Galilea. Era el principal entre muchos reyes cananeos del norte de Canaán. Cuando oyó cómo Josué había destruido a los reyes del sur, llamó a los reyes del norte a pelear con Josué (vv. 1-5). Con la promesa de Dios de ayudarle, Josué los destruyó a todos (vv. 7, 15). Los israelitas tomaron sus posesiones y ciudades.

Jaboc -- Pequeño río que desemboca al Jordán, a unos veinticinco kilómetros al norte del mar Muerto. El río Jaboc está al oriente del río Jordán. En un vado de este río, Jacob pasó una noche luchando con el ángel de Dios (Gén. 32:22-30).

Jacob -- **1.** Hijo de Isaac y Rebeca, el menor de gemelos (Gén. 25:25, 26). Vea *Israel*, definición número 1. Su nombre significa "el que toma por el calcañar, o que toma el lugar de otro". Jacob nació cogiendo con su manita el talón de su hermano mayor. A Esaú, el mayor, le correspondían ciertos derechos por ser el primer hijo. Se llaman los derechos de la primogenitura. Vea *primogenitura.* Era natural suponer que Esaú sería el escogido para cumplir la promesa de Dios (Gén. 26:2-6). Pero Jacob le obligó a vender esos derechos (25:27-34). Su padre también fue engañado para que bendijera a Jacob en lugar de Esaú (Cap. 27). Jacob huyó del enojo de Esaú y vivió en Padan-aram. Se casó con Lea y Raquel, las dos hijas de Labán, su tío. Nacieron doce hijos de estas dos esposas, y de sus siervas, Zilpa y Bilha. Estos doce hijos fueron los padres de las doce tribus de Israel. Veinte años después Jacob volvió a Canaán. En el camino supo que su hermano Esaú venía contra él con soldados. Jacob pasó la noche a solas con el ángel de Dios. Al amanecer, Dios le bendijo, cambiando su nombre a Israel. Vea *Israel.* Cuando Esaú llegó, los dos se reconciliaron. En Canaán, su hijo José fue el favorito entre todos. Por celos, sus hermanos lo vendieron como esclavo, y fue a vivir en Egipto. Años después Jacob fue con toda su familia a vivir en Egipto, bajo la protección de José. Allí murió Jacob o Israel, a la edad de ciento cuarenta y siete años (Gén. 25-50). **2.** Los hijos de Jacob llevan el nombre de Israel (Sal. 14:7). *Vea Israel,* definición número 2.

Jacobo -- Lo mismo que el nombre Jacob. Jacobo es la forma griega del nombre. Hay varias personas con este nombre en el Nuevo Testamento. **1.** El hijo de Zebedeo y hermano de Juan el apóstol (Mat. 10:2). Jacobo y su hermano eran pescadores antes que Jesús les llamara (Mat. 4:21). Junto con Pedro y Juan, fue uno de los discípulos más cercanos al Señor. Herodes Agripa el Primero lo mató en el año 44 después de Cristo (Hch. 12:2). Fue el primer mártir entre los apóstoles. **2.** El hijo de Alfeo y uno de los doce apóstoles (Mat. 10:3). Se sabe muy poco de su vida. Fue llamado "Jacobo el menor" en Mar. 15:40, si es que se trata de la misma persona. **3.** El hermano del Señor, hijo de María, pero no uno de los apóstoles (Mat. 13:55; Gál. 1:19). Vea *hermanos de Jesús.* En un principio, Jacobo no creía en Jesús como el Mesías (Jn. 7:5). Pero después de la resurrección, está entre los discípulos (Hch. 1:13). Llegó a ser el pastor de la iglesia en Jerusalén (Hch. 15:13). Escribió la Carta General de Santiago (Stg. 1:1). El nombre Santiago es una forma corta de Santo-Yacobo, Sant-iacobo, Santiago. Por supuesto que este nombre le fue dado muchos años después, por la iglesia. El historiador Josefo afirma que este Santiago murió en el año 62 después de Cristo en una revuelta popular de los judíos. **4.** El padre de Judas (no el Iscariote) o quizá su hermano (Luc. 6:16). El texto griego dice solamente "el Judas de Jacobo". Se puede entender de las dos maneras.

Jael -- La mujer de Heber (Jue. 4:17). Por la paz que había entre Jabín y Heber, Sísara entró en su casa para esconderse de Barac. Pero Jael lo mató mientras dormía, clavando una estaca en su cabeza (vv. 15-21). La profetisa Débora, aprobó esta muerte (5:24-27), aunque fue hecha por traición. Nos da una idea de los pensamientos de aquel tiempo.

Jafet -- Uno de los tres hijos de Noé, sin duda el menor (Gén. 9:18). Vea *Cam.* Nació cuando Noé tenía 500 años de edad. El lenguaje sugiere que los tres nacieron al mismo tiempo. Jafet fue el padre de las naciones europeas (10:2-5).

Jah -- El Señor, Jehová. Es la forma

más corta de este sagrado Nombre (Sal. 68:4). Vea *Jehová*.

Jairo -- El principal de una sinagoga de Galilea (Mar. 5:22). Jesús dio la vida a su hija después de muerta (vv. 23, 24, 35-43).

Jasón -- **1.** Creyente cristiano y pariente de Pablo (Rom. 16:21). Parece ser el mismo que recibió a Pablo y sus compañeros en Tesalónica (Hch. 17:7). En el alboroto de esa ocasión, tomaron de Jasón una fianza (v. 9), para evitar más problemas. **2.** Uno de dos hombres enviados a Roma para pedir ayuda contra los sirios, en el año 161 antes de Cristo. **3.** El sumo sacerdote entre los años 174 y 171 antes de Cristo. Usó su autoridad para *helenizar* a los judíos. Vea *helenismo*. **4.** Hombre de Cirene que escribió una historia de los judíos, cerca de los años 175 y 160 antes de Cristo.

jaspe -- Piedra preciosa (Apoc. 4:3; 21:11). En el tiempo del Nuevo Testamento el jaspe no tenía significado tan exacto como hoy. Parece que era *onix* transparente, de color verde. Hoy día, el jaspe es una clase de cuarzo de cristal de roca: Su color varía entre rojo, café, amarillo, verde y gris. No es transparente, sino opaco.

jebuseos -- Los habitantes de Jebus o Jerusalén, antes de que la ciudad fuera tomada por David. Vivieron entre los hebreos mucho tiempo (Jos. 15:63). Arauna el Jebuseo vendió a David el terreno para edificar un altar al Señor (2 Sam. 24:18-25). Después, el templo fue edificado en este lugar.

Jefté -- Hijo de Galaad y de una ramera. Era hombre de valor en guerra. Libertó a su pueblo de los amonitas, y llegó a ser jefe o juez (Jue. 11:6; 12:7). En una ocasión hizo voto imprudente pidiendo que Dios le diera la victoria sobre sus enemigos. Tuvo que sacrificar a su hija en holocausto a Dios (11:30-40). Algunos piensan que no la mató, sino solamente que no la dio en casamiento (vv. 37-39).

Jehová -- El nombre sagrado de Dios. Significa "El que es, era, y será", es decir, el Dios eterno. En realidad, no se pronuncia el nombre así, porque nadie se acuerda decirlo. El nombre se escribe solamente con las letras consonantes: J. H. V. H. No tiene vocales. Vea *hebreo*, definición número 2. Lo más probable es que se dijera Yahwe, Yahve o Yahvé. Los hebreos pensaban que este nombre era tan sagrado que nadie debía decirlo con los labios. Con tiempo, olvidaron pronunciarlo. Más bien, decían Adonaí (Mi Señor), para no decir Yahve. Para poder agregar letras vocales al nombre JHVH, tomaron las vocales del nombre Adonai: a, e,o,a. Entonces el nombre era JeHoVaH. Pero es claro que esta forma del Nombre sagrado, no es correcta. El nombre JHVH es traducido al griego como *Señor*. Muchos piensan que cuando Jesús aceptaba este título, daba a entender que él era el JHVH del Antiguo Testamento, viviendo en carne.

Jehová de los ejércitos -- Título que daban los hebreos al Señor, para decir que era el Capitán de los soldados de Israel, o de los ángeles del cielo (1 Sam. 17:45). En el Nuevo

Testamento, Pablo y Santiago usan este nombre (Rom. 9:29; Stg. 5:4).

Jehú -- Varias personas llevaban este nombre en el Antiguo Testamento. **1.** Hombre de la tribu de Benjamín, de la ciudad de Anatot, que se unió a David en Siclag (1 Crón. 12:1-3). **2.** Profeta, hijo de Hanani (1 Reyes 16:1). Profetizó en contra de el rey Baasa del reino del norte (vv. 1-7). Reprendió al rey Josafat de Judá, por ayudar al rey Acab de Israel, que era malo (2 Crón. 19:1, 2). Escribió un libro acerca del rey Josafat (20:34). **3.** Un rey del reino del norte, hijo de Josafat, aunque se llama hijo de Nimsi (1 Reyes 19:16). Nimsi era su abuelo. Era soldado al servicio del rey Acab (2 Reyes 9:25). Cuando Acab y su esposa Jezabel fueron rechazados, Dios ordenó al profeta Elías ungir a Jehú para ser el nuevo rey (1 Reyes 19:16). Le ordenó destruir la familia de Acab. El y su esposa fueron rechazados (2 Reyes 9:6, 10). Haciendo esto, Jehú cumplió la orden de Dios. Pero su corazón no fue recto delante de Dios. El profeta Oseas condenó a Jehú por esta razón (Oseas 1:4). En una ocasión Jehú llamó a los seguidores de Baal a un culto para este dios. Cuando estaban todos en el templo, Jehú los mandó matar (2 Reyes 10:18-28). Pero Jehú no era fiel seguidor del verdadero Dios, y siguió adorando a los becerros de oro (v. 29). Gobernó en Israel por veintiocho años (v. 36), entre los años 842 y 815 antes de Cristo.

Jeremías -- **1.** Ocho personas llevaban este nombre, sin contar al profeta Jeremías (1 Crón. 12:4, 10, 13; 5:24; 2 Reyes 23:30, 31; Jer. 35:3; Neh. 10:2; 12:1). **2.** El gran profeta, hijo de Hilcías, sacerdote de Anatot de Benjamín. Fue llamado a ser profeta cuando era joven todavía (Jer. 1:6-9). Profetizó por unos cuarenta y un años, durante los tiempos de los reyes Josías, Joacaz, Joacim, Joaquín y Sedequías. Vivió entre los años 650-580 antes de Cristo. El mensaje de Jeremías no fue bien recibido. Fue amenazado con la muerte, encarcelado y puesto en una cisterna. Más tarde fue librado. Jeremías le pidió a Baruc que llevara el libro que Jeremías había escrito, y lo leyera en el templo. Cuando los príncipes oyeron, llevaron el libro al rey, pero él lo destruyó con una navaja y lo quemó en el brasero (Cap. 36). Jeremías y Baruc lo volvieron a escribir (v. 32). Este es el libro de Jeremías. Vea definición número 3. Jeremías escribió también el libro llamado Lamentaciones. Por los lamentos, Jeremías es conocido como "el profeta llorón". En sus últimos años, llegó Nabuzaradán y sacó a Jeremías de la cárcel. Más tarde los judíos querían huir a Egipto, y Jeremías les aconsejó que no fueran allá. Fueron, sin embargo, y Jeremías les acompañó (Caps. 41-43). No se sabe nada de la muerte de este gran profeta. **3.** El libro escrito por Jeremías, uno de los Profetas Mayores. Hay tres partes en el libro: (1) El llamamiento de Jeremías (Cap. 1). (2) Tres grupos de profecías (Caps. 2-51). (3) Un apéndice histórico, escrito por otra persona (Cap. 52). Hay profecías acerca del Mesías en 23:5-8 y 33:14-26 , y del nuevo pacto en 31:31-34; 32:36-44, y Cap. 33.

Jericó -- Ciudad muy antigua e importante. Estaba a ocho kilómetros al norte del mar Muerto, y a veintisiete kilómetros de Jerusalén, al pie de una montaña. La ciudad estaba a 264 metros bajo el nivel del mar Mediterráneo. Su clima era caliente. Cuando Herodes gobernaba, hizo allí su palacio para el invierno, y un presidio para defender la ciudad. Josué destruyó la antigua ciudad cuando el pueblo de Israel entró en Canaán (Jos. 6:1-26). Fue construida de nuevo, a un kilómetro y medio de la antigua ciudad. La ciudad figuró en la historia de Israel en varias ocasiones. En el Nuevo Testamento leemos la parábola del buen samaritano. Los sucesos tuvieron lugar en el camino entre Jerusalén y Jericó (Luc.10:30).

Jerobaal -- Vea *Gedeón*. Su padre le dio el nombre de Jerobaal cuando Gedeón destruyó el altar de Baal. Los ciudadanos querían matarlo, pero su padre dijo: "que Baal contienda por sí mismo". Esto es el significado del nombre Jerobaal (Jue. 6:25-32).

Jeroboam -- **1.** Jeroboam el Primero, el fundador del reino del norte. Por los pecados de Salomón, Dios le dijo que iba a quitar el reino a su hijo, Roboam (1 Rey. 11:11-13). Jeroboam, hombre valiente al servicio de Salomón, se rebeló contra él. Ahías, un profeta, le dijo que él iba a ser rey sobre diez tribus de Israel (vv. 26-40). Después, las diez tribus del norte se rebelaron contra Roboam (12:1-24). Jeroboam tomó posesión como rey. Entonces, para que los habitantes del reino del norte no fueran a Jerusalén para adorar a Dios, Jeroboam cometió un gran pecado. Hizo dos becerros de oro y ordenó que Israel los adorara. Puso uno en Bet-el, al sur del territorio, y el otro en Dan, en el norte. Este acto de Jeroboam hizo a Israel dejar el culto del Dios verdadero. Muchas veces después, el escritor de la historia dice que tal rey "anduvo en el camino de Jeroboam, en su pecado con que hizo pecar a Israel" (1 Reyes 15:34; 16:19, y otros más). Este pecado fue la causa principal del cautiverio de Israel años más tarde. Jeroboam vivió primero en Siquem, (1 Reyes 12:25), y después en Tirsa (14:17). Jeroboam reinó sobre Israel desde el año 931 y 909 antes de Cristo, un total de veintidós años (14:20). **2.** Jeroboam el Segundo, hijo de Joas, rey sobre Israel. Gobernó por cuarenta y un años, desde el año 785 hasta 744 antes de Cristo (2 Reyes 14:23). Durante su reinado, los profetas Amós y Oseas profetizaron en contra de este rey.

Jerusalén -- La capital de toda la nación hebrea durante la primera parte de su historia. La capital del reino del sur, cuando la nación se dividió. En el tiempo de Abraham, Jerusalén se llamaba Salem (Gén. 14:18). En el tiempo de David, la llamaban Sion (2 Sam. 5:7). Los jebuseos ocupaban la ciudad en ese tiempo, y tenían una fortaleza en el monte Sion. David tomó la ciudad y le dio el nombre de "Ciudad de

David" (v. 9). Sin embargo, este nombre no se le quedó para siempre. La "ciudad de David" era Belén, según Luc. 2:11. David levantó un muro alrededor de la ciudad (2 Sam. 5:9-11). Hizo su propia casa (v. 11). Después, hizo preparativos para el templo (1 Crón. 29:1-5). Salomón lo construyó en veinte años (2 Crón. 8:1). La hermosura del templo de Salomón hizo famosa la ciudad de Jerusalén. En el año 587 el rey Nabucodonosor destruyó la ciudad y quemó el templo. Los habitantes de la ciudad fueron llevados a Babilonia como esclavos. En el año 538 Zorobabel y 50,000 judíos regresaron a Jerusalén, y la levantaron de nuevo (Esdras 1:2). El templo de Zorobabel fue terminado en el año 515 antes de Cristo, durante el reino de Darío de Persia (6:15). Al regreso de los judíos a Jerusalén no había reino dividido, ni había rey. Los gobernantes ejercían el poder con el permiso primeramente del rey de Babilonia. Después, toda Palestina estuvo bajo el poder del imperio de Alejandro el Grande. Hubo un período de libertad cuando Judas Macabeo libró la ciudad de los griegos en 165 antes de Cristo. Pero en el año 63 antes de Cristo, Pompeyo tomó la ciudad. Desde ese tiempo hasta 70 después de Cristo, el país estuvo bajo el gobierno romano. En ese año, el militar Tito destruyó la ciudad, quemó el templo, y mató a millones de judíos. Así terminó la historia de la antigua nación hebrea. La ciudad de Jerusalén fue reconstruida en el tiempo del emperador Adriano, en el año 135 después de Cristo. En 614, los persas la tomaron, pero los romanos la volvieron a tomar en 628. Desde aquel tiempo, la ciudad ha estado bajo gobiernos de los árabes, los cristianos de Europa, los egipcios, los alemanes y los turcos. En 1917, el general Allenby de Inglaterra, tomó la ciudad y la conservó hasta 1948. En ese año, Palestina fue reconocida como hogar para los judíos de todo el mundo. Solamente la vieja parte de Jerusalén quedó bajo el poder de los árabes. Luego en la Guerra de Seis Días, de 1967, Israel tomó toda la ciudad de Jerusalén, junto con otro territorio de Egipto.

Jesúa -- **1.** Sumo sacerdote que acompañó a Zorobabel cuando los judíos volvieron a Jerusalén de Babilonia (Esdras 2:2). Edificó el altar de los *holocaustos*. Estimuló al pueblo a edificar de nuevo el templo (3:2-9). Zacarías el profeta lo llama Josué, que es otra forma del mismo nombre. Vea *Josué*. En esas profecías, Jesúa (Josué) representa a todos los judíos que regresaron a Babilonia (Zac. 3; 6:11-13). Este último texto parece hablar de Jesucristo. **2.** Levita que acompañó a Zorobabel de Babilonia a Jerusalén (Esdras 2:40). Ayudó a Jesúa el sumo sacerdote (definición número 1) a estimular a la gente a trabajar (3:9). **3.** Otros cuatro hombres llevaban este nombre, (sin contar a Josué, el que tomó el lugar de Moisés). (1 Crón. 24:11; 2 Crón. 31:15; Esdras 2:6; Neh. 8:7). **4.** Pueblo del sur de Judá (Neh.

11:26).

Jesús -- Este nombre es la forma griega del nombre en hebreo. *Iesous* traduce los nombres Jesúa, Josué y Oseas. Jesús significa "Jehová es salvación". El nombre era muy común, y lo llevaban Josué, (el sucesor de Moisés), un antepasado de Jesucristo (Luc. 3:29), y el que se llamaba Justo (Col. 4:11). El historiador Josefo menciona doce personas con este nombre, aparte de Josué y Jesús. Jesús es el nombre correcto de Jesucristo. Cristo es su título, no su nombre. Vea *Cristo*. Es el Mesías prometido a los hebreos, y el Salvador del mundo. Es el Hijo de Dios, nacido de la Virgen María, y concebido por el Espíritu Santo. No tuvo padre humano (Mat. 1:18-25; Luc. 1:26-35). Es el rey de Israel (Mar. 15:32; Jn. 1:49) de la familia de David el rey (Mat. 1:1; Luc. 3:32). Jesús nació probablemente en el año 5 antes de Cristo. Lo que parece una confusión es solamente un error en los cálculos de las fechas. Claro es que Jesús no podría nacer "antes de Cristo". Cuando él nació, la gente contaba las fechas en relación con la fundación de Roma, y en relación con otros sucesos importantes. Muchos años después, comenzaron a usar el nacimiento de Jesús como el principio del calendario cristiano. Pero el que calculó la fecha, se equivocó por algunos años. Sabemos que Jesús nació unos meses antes de la muerte de Herodes el Grande. Esto sucedió en el año 4 antes del comienzo de la era cristiana. Comparando esta fecha con otros detalles, se piensa que Jesús nació en el año 5, antes de la era cristiana. Es decir, nació en el año 5 "antes de Cristo". Nació Jesús en el pueblo de Belén, la antigua "ciudad de David" (Luc. 2:4). María su madre, y José su padre de crianza, vivían en Nazaret de Galilea. Pero por orden de Augusto César, fueron a Belén a empadronarse. Allí se cumplió el tiempo para el nacimiento de Jesús. Fue circuncidado al octavo día, según la ley. Poco tiempo después, quizá algunos meses, José recibió aviso en un sueño de que huyera a Egipto. Herodes quería matar al niño Jesús. Los tres estuvieron en Egipto algunos meses hasta la muerte de Herodes. Entonces llevó a su familia a Canaán otra vez. Pero Arquelao, un hijo malo de Herodes, gobernaba en su lugar. José llevó la familia a Nazaret de Galilea. El rey de Galilea era Herodes Antipas, un hombre menos malo. Jesús se crió en Nazaret. José era carpintero y Jesús siguió este oficio (Mar. 6:3). Nada se sabe de la niñez de Jesús, con excepción de dos detalles. Lucas relata un evento de importancia. A los doce años, Jesús fue a Jerusalén con José y María. Esta era la edad cuando todo niño judío aceptaba la obligación de obedecer la ley de Dios. Hay una ceremonia llamada el "Bar Mitzva", en que el niño se reconoce como responsable delante de Dios. Bar Mitzva significa "hijo del mandamiento". Estando en Jerusalén, Jesús se quedó conversando con los maestros de la ley en el templo. Parece que no se fijó en el paso del tiempo. Sus padres dejaron la ciudad sin saber que él se quedaba en Jerusalén. Cuando lo supieron, volvieron a Jerusalén a buscarlo. Lo encontraron al tercer día, en el templo. Cuando le pidieron una explicación, respondió con palabras difíciles de entender: "¿No sabíais que en los negocios de mi padre me es necesario estar?" (Luc. 2:49). Después, regresó con ellos a Nazaret. El otro detalle de interés es que "estaba sujeto a ellos" (Luc. 2:51). Allí "crecía y se fortalecía, y se llenaba de sabiduría; y la gracia de Dios era sobre él" (2:40). Los Evangelios no relatan más detalles sobre ese período. Los escritos falsos de ese tiempo *(el Seudepígrafe)* relatan muchos milagros falsos del niño Jesús. Estas leyendas las creen los que no conocen los cuatro Evangelios. Cuando tenía cerca de treinta años, Jesús comenzó su ministerio. La ley de Moisés no permitía que el hombre enseñara antes de esa edad. Se presentó con Juan el Bautista para ser bautizado. Juan le resistió porque quería ser bautizado por Jesús. Pero Jesús lo convenció. Cuando salió del agua, oyeron una voz del cielo que decía: "Este es mi hijo amado" (Mat. 3:17). En seguida, fue al desierto para ser tentado por el diablo. Allí estuvo cuarenta días, sin comer. Al final de este tiempo Satanás le presentó una serie de tres tentaciones. Jesús triunfó sobre el diablo en cada una. El ministerio de Jesús se estudia en varias etapas: 1) Su primer ministerio en Judea, 2) Su ministerio en Galilea, 3) Su último viaje a Jerusalén, y su ministerio en Perea, y 4) La última semana. Jesús nunca dijo *públicamente* que él era el Hijo de Dios o el Cristo. A sus discípulos, y a otras pocas personas, sí (Mat. 16:16, 17; Jn. 4:25, 26; 9:35-37). El quería que cada persona lo entendiera por sí mismo. Con este fin hizo muchos milagros (Jn. 21:25), relató unas treinta y cuatro parábolas, y demostró con su vida perfecta, cómo es Dios (Jn. 1:18). Su ministerio duró tres años, aproximadamente. Durante la fiesta de la pascua, Jesús se presentó públicamente en Jerusalén. Entró montado en un asno, como hacían los reyes del Oriente antiguo. Sus discípulos y muchos niños, le aclamaron diciendo: "Hosanna al Hijo de David" (Mat. 21:9). En esa semana limpió el templo por segunda vez (21:12, 13), celebró la pascua con sus discípulos, profetizó su muerte en la cruz, y oró en el huerto de Getsemaní. Judas Iscariote, uno de los doce apóstoles, le traicionó y le entregó a las autoridades del templo. Jesús fue juzgado como criminal y crucificado por los romanos. Esto sucedió el día viernes de aquella "última semana". Falleció como a las tres de la tarde, después de seis horas en la cruz. Nicodemo y José de Arimatea, pidieron el cuerpo de Jesús para sepultarlo. Ellos y algunas mujeres creyentes envolvieron su cuerpo en lienzos. En el sepulcro que José de Arimatea había hecho para sí mismo, pusieron a Jesús. Entonces rodaron una piedra grande sobre la boca del sepulcro.

Una guardia romana cuidó la tumba, para que nadie pudiera robar el cuerpo. Pero al amanecer del primer día de la semana, Jesús se levantó. Un ángel quitó la piedra y los guardias quedaron como muertos por el miedo. Varias mujeres vieron a Jesús y llevaron la noticia a los otros discípulos. Jesús mismo apareció a todos ellos para demostrar que no estaba muerto. Apareció delante de ellos varias veces durante los siguientes cuarenta días. La última vez fue sobre un monte de Galilea. Allí delante de más de 500 discípulos, Jesús se despidió de ellos. Les ordenó que fueran a todas las naciones a predicar el evangelio, y prometió estar con ellos para siempre. Entonces fue alzado de ellos, y una nube lo recibió.

Pero la ausencia de Jesús en cuerpo, no terminó su ministerio. Se sentó a la mano derecha del Padre, y allí sigue como nuestro Sumo Sacerdote. Y en la iglesia, sigue siendo el Buen Pastor, oyendo las oraciones y haciendo cosas maravillosas. La Iglesia espera la segunda venida de Cristo a la tierra, a establecer su Gobierno en el mundo.

Jezabel -- **1.** Princesa fenicia, esposa del rey Acab, del reino del norte (1 Reyes 16:31). Por su causa, Acab comenzó a adorar a Baal y Asera. Ella daba de comer a 450 profetas de Baal y a 400 profetas de Asera (18:19). Para quitar una viña a Nabot, y darla a Acab, cometió un crimen. Acusó a Nabot de blasfemia, y obtuvo su muerte (21:5-14). Luego entregó la viña a su esposo. Mató a cuantos profetas de Jehová pudo encontrar (18:4, 13) y quería matar a Elías también. Pero él se escapó. Por sus crímenes, Elías profetizó una muerte horrible para ella y para el rey Acab (21:16-26). Esta profecía se cumplió cuando Jehú llegó a ser rey. Ella fue echada abajo por la ventana de una torre. Los perros comieron su cuerpo, y lamieron su sangre (2 Reyes 9:30-37). **2.** Una mujer de Tiatira que pretendía ser profetisa (Apoc. 2:20-23). Ella enseñaba a algunos de los cristianos a fornicar y a tomar parte en la idolatría. Es probable que Jezabel no era su nombre verdadero. Más bien, aquí se le da ese nombre, recordando a aquella mujer mala del Antiguo Testamento. Vea definición número 1.

Jetro -- Sacerdote de Madián, suegro de Moisés (Ex. 3:1). Se llamaba también Reuel (2:18) y Ragüel (Núm. 10:29). Vea *Reuel*. Después de la salida de Egipto, Jetro llevó a Séfora y a sus dos hijos para reunirse con Moisés en el desierto (Ex. 18:1-6). Jetro ofreció sacrificios de alabanza a Dios por lo que él había hecho con Israel (vv. 8-12). Cuando Jetro vio el duro trabajo de Moisés, oyendo y juzgando al pueblo, le dio un consejo. Moisés debiera nombrar a otros jueces para ayudarle, así Moisés escucharía solamente los casos difíciles. Moisés aceptó su consejo, y escogió "varones de virtud . . . y los puso por jefes sobre el pueblo, sobre mil, sobre ciento, sobre cincuenta, y sobre diez". Así se hizo más liviano su trabajo (vv. 13-27). Entonces

Jetro regresó a su tierra.

Jezreel -- Valle que corre del noroeste al sureste, desde el mar Mediterráneo hasta el río Jordán. Dividía entre las provincias de Galilea y Samaria. Hacia el mar, este valle se llamaba la Llanura de Esdraelón. El valle de Jezreel es la parte hacia el río Jordán. La región es muy fértil. Allí tenía el rey Acab su casa (2 Reyes 10:11).

Joab -- **1.** Sobrino de David, y hombre valiente de su ejército. Fue amigo y consejero del rey David, aunque no siempre fue fiel. Cuando Abner, otro hombre valiente, mató a Asael, hermano menor de Joab (2 Sam. 2:18-23) éste y Abisai lo asesinaron (3:22-30). Joab llevaba el ejército de David a muchas victorias sobre el enemigo, y fue nombrado general del ejército. Cuando Absalón se rebeló contra David, su padre, Joab siguió fiel. Pero contra las órdenes de David, mató a Absalón (18:5, 9-15). Entonces David le quitó la dirección del ejército y se la dio a Amasa (19:13). Luego Joab mató a Amasa con traición (20:4-10). Cuando David estaba muriendo, encargó a su hijo Salomón que castigara a Joab por las muertes de Abner y Amasa (1 Reyes 2:5, 6, 28-34). **2.** Otras dos personas llevaban el nombre de Joab (1 Crón. 4:13, 14; Esdras 2:6).

Joacim -- Rey de Judá, el reino del sur, entre los años 608 y 597 antes de Cristo (2 Reyes 23:34-37). Faraón Necao lo hizo rey en lugar de Josías, y cambió su nombre. Antes era Eliaquim (v. 34). Era un rey malo, que pecó como sus padres habían pecado (v. 37). El profeta Jeremías escribió un libro con advertencias al rey. Pero él lo cortó en pedazos y lo quemó (Jer. 36:1-25). Se rebeló contra el rey Nabucodonosor, y éste le puso en cadenas. Murió como castigo por su manera de tratar la palabra de Dios, es decir, el libro de Jeremías (Jer. 36:30, 31). Josefo afirma que **el cuerpo de Joacim fue arrastrado detrás de un carro y enterrado fuera de la ciudad de Jerusalén.**

Joás - **1.** Rey de Judá, hijo de Ocozías (2 Reyes 11:2). Atalía, la madre de Ocozías, había matado a toda la familia real, menos al niño Joás, que fue escondido por seis años. Luego se proclamó reina, y comenzó de nuevo el culto a Baal. En el séptimo año, Joiada, el sacerdote, lo hizo rey, Atalía fue muerta, el culto de Baal fue quitado. Joás comenzó a reinar a los siete años de edad, y reinó cuarenta años (12:1). Esto sería los años 836 y 796 antes de Cristo. Joás gobernó bajo la dirección del sacerdote Joiada. Mientras él vivía, Joás gobernó bien. Pero cuando murió, Joás introdujo el culto de Asera y de otros dioses. Cuando Zacarías, el hijo de Joiada, habló en contra de este culto, Joás lo mandó asesinar (2 Crón. 24:15-22). En sus últimos años, Joás se enfermó, y su hijo Amasías gobernó en su lugar. Mientras estaba en cama, algunos de los siervos de Joás lo mataron (v. 25). **2.** El padre de Gedeón (Jue. 6:11-32). Vea *Gedeón*. **3.** Otras cuatro personas llevaban el nombre de Joás (1 Crón. 4:22; 7:8;

12:3; 27:28; 2 Crón. 18:25).

Job -- **1.** Hombre de la tierra de Uz, al oriente del río Jordán, desde Damasco hasta Edom. No se sabe cuándo vivió, pero probablemente antes de la ley de Moisés. Era hombre recto delante de Dios. Su familia incluía a su esposa, siete hijos y tres hijas (Job 1:2). Era sumamente rico (v. 3). Fue probado por la muerte de sus hijos, la pérdida de sus bienes, y los reproches de su esposa (Caps. 1—2). Pero su prueba principal fue una sarna maligna. Se sentaba en medio de la ceniza y se rascaba con un pedazo de una vasija de barro. Tres amigos de él, hombres sabios del Oriente, fueron a consolarle. Pero su consuelo se convirtió en una discusión larga. Sus amigos no convencieron a Job, pero él cometió un error. Comenzó a culpar a Dios de injusticia. Al final de la historia, Dios mismo le convenció y le perdonó. Dios le bendijo entonces, más que al principio. **2.** El libro que lleva el nombre de Job. Es de los libros llamados "Sabiduría". La mayor parte está escrita en poesía hebrea. Vea *poesía*. La introducción (Caps. 1—2) y la conclusión (42:7-17) están escritas en prosa. La introducción explica cómo Satanás obtuvo permiso de Dios para quitar a Job sus posesiones. Después, recibió permiso para tocar su cuerpo, sin matarlo. Cada vez, Satanás afirmaba que Job servía a Dios sólo por interés. Dijo que si Dios le quitaba su protección, Job era capaz de maldecirle. La historia prueba que eso era mentira. El libro trata el asunto del sufrimiento humano. Los antiguos sabios entendían que Dios castiga la maldad con sufrimiento. Pero se equivocaron pensando que todo sufrimiento es por el pecado. Este libro enseña que hay otra gran causa del sufrimiento: *Satanás, el gran enemigo de Dios y de la humanidad.* (Hay otras causas, pero este libro no las explica.) El libro enseña también, que, como Job, es posible que no lleguemos a comprender los propósitos de Dios en el sufrimiento. **3.** Otro hombre con el nombre de Job, se menciona en Gén. 46:13.

Jocabed -- La madre de Moisés, Aarón y María (Núm. 26:59).

Joel -- **1.** Profeta que vivió probablemente después del regreso de Israel del cautiverio. Pero nada se sabe de él con exactitud. **2.** El libro que lleva el nombre del profeta Joel. Es el segundo de los Profetas Menores. En la primera parte, Joel habla de una terrible plaga de langostas. En seguida, habla del día del juicio de Dios. No es muy claro si habla de la plaga de langostas, o del día final del juicio de Dios. Sin embargo, Dios está dispuesto a perdonar a los pecadores que se arrepientan. En 2:28-32, el profeta habla de la venida del Espíritu Santo. Compare Hch. 2:16-21. En la última parte del libro, habla del gran juicio de Dios sobre las naciones (3:9-17). Después, habrá paz y abundancia para Israel.

Joiada -- Sacerdote de Jerusalén en el tiempo del rey Joás. Vea *Joás*. Proclamó a Joás como rey, cuando éste tenía sólo siete años de edad.

Entonces hizo que el pueblo quitara a la reina Atalía, y la matara. Joiada enseñó a Joás el camino y la ley de Dios (2 Crón. 23:3, 18-21; 24:1, 2). Fue también su guía durante su gobierno, que duró cuarenta años.

Jonás -- **1.** Profeta que vivió antes o durante el reino de Jeroboam el Segundo, rey de Israel (2 Reyes 14:25). Jonás era el hijo de Amitai, y del pueblo de Gat-hefer. Vea *Gat-hefer.* **2.** El libro que lleva el nombre de Jonás. Es el quinto de Los Profetas Menores. Este libro relata la parte de la vida personal del profeta. Fue desobediente cuando Dios lo llamó para predicar a la gente de Nínive. Compró pasaje en un barco que iba hacia España. Pero Dios hizo soplar un gran viento sobre el barco, y peligraba la vida de todos. Jonás confesó que él era la causa. Aconsejó que le arrojaran al mar para calmar la tormenta. Lo hicieron, y el mar se calmó. Los marineros entonces adoraron al Dios de Jonás. Dios hizo que un gran pez tragara a Jonás. Adentro, Jonás se arrepintió de su pecado, y compuso un hermoso salmo de arrepentimiento y alabanza a Dios (Cap. 2). Después, Dios ordenó al pez que lo vomitara sobre la playa. Jonás sobrevivió y fue a Nínive a predicar. El pueblo de Nínive se arrepintió por la predicación de Jonás. Pero Jonás se enojó con Dios por salvarles la vida, y quiso morir (4:1-3). Jonás se sentó fuera de la ciudad, esperando que Dios todavía la destruyera. Dios hizo crecer una calabacera para protegerlo del sol. Jonás se alegró por ella. Luego Dios hizo que un gusano la destruyera, y Jonás se enojó otra vez. El mensaje de Dios fue el siguiente: Que si Jonás tuvo tanta lástima por la calabacera, que él no había hecho crecer ¿no tenía Dios mucho más derecho de sentir lástima por el pueblo de Nínive? El libro termina con esta pregunta.

El mensaje del libro está en esta última pregunta. Contiene un gran mensaje misionero. Sin embargo, es mejor conocido por la historia de Jonás y "la ballena". El libro no usa la palabra *ballena,* aunque se traduce así en algunas versiones de la Biblia (Mat. 12:40). Algunos no creen en esta historia, porque afirman que una ballena no puede tragar a un hombre. Aun así, la historia es posible. Cosa semejante sucedió en la historia reciente, según la revista *National Geographic.*

El libro no dice que Jonás mismo lo escribió. Hay razones para creer que no lo escribió él, sino otro que vivió mucho más tarde, quizá después del cautiverio. El relato es historia verdadera, sin ninguna duda. Jonás era hombre real, y Jesús usó la historia como ejemplo de su propia resurrección (Mat. 12:39, 40).

Jonatán -- **1.** Hijo del rey Saúl, e íntimo amigo de David (1 Sam. 19:1). Saúl quería que Jonatán fuera el rey después de él. Pero Jonatán entendió que Dios había escogido a David (23:17). Saúl consideraba que la amistad de David era mala para Jonatán y trató de matar a su propio hijo (20:30-33).

Jonatán era hombre valiente en la guerra, estando al frente de mil soldados (13:1, 2). Ganó batallas importantes (v. 3; 14:1-15). En la batalla de Gilboa, tanto Saúl como Jonatán fueron muertos (31:6). Los filisteos colgaron sus cuerpos sobre un muro en Bet-san. Pero los hombres valientes se los quitaron, y los enterraron en Jabes (31:8-13). Jonatán y David son recordados especialmente por el gran amor que hubo entre los dos (18:1-4; 19:1; 20:4, 17). **2.** Nombre de otras catorce personas de la historia bíblica. **3.** Hijo menor del sacerdote Matatías, hombre valiente de Israel. Su historia no está en la Biblia, sino en el libro apócrifo de 1 Macabeos. En el año 161 tomó la dirección de las fuerzas de Israel. Llegó a ser sumo sacerdote, y gobernador de Judea. Pero por traición, fue muerto en Galaad en el año 143 antes de Cristo.

Jope -- Puerto antiguo en el mar Mediterráeo, a unos cincuenta y ocho kilómetros al noroeste de Jerusalén. Pertenecía a la tribu de Dan (Jos. 19:46). Desde allí, Jonás se embarcó cuando huía del Señor (Jonás 1:3). Los cedros que Hiram envió para el templo de Salomón llegaron a este puerto (2 Crón. 2:16). Así también cuando edificaban el templo de Zorobabel (Esdras 3:7). Allí vivía Tabita (Dorcas), sirviendo a los pobres (Hch. 9:36-42). El centurión Cornelio, envió a Jope para llamar a Pedro (10:5). Hoy día, Jope tiene el nombre de Jaffa. La gran ciudad de Tel Aviv está junto a este puerto.

Jordán -- El río más grande e importante de Palestina. Corre de norte a sur, comenzando cerca de la ciudad de Cesarea de Filipos, pasa por el lago Cineret (el mar de Galilea), y desemboca al mar Muerto. Atraviesa unos 120 kilómetros. Pero por sus muchas vueltas, mide unos 300 kilómetros de largo. Cerca de Cesarea de Filipos, tiene unos 163 metros de altura sobre el nivel del mar Mediterráneo. Pero al desembocar al mar Muerto, está a 411 metros *debajo* del nivel del Mediterráneo. La bajada total entre estos dos puntos es de 574 metros. Por esta razón el río corre rápidamente y es muy lodoso. De ancho, tiene un promedio de treinta y tres metros. Aunque en la primavera se desborda, e inunda sus playas, hay más de sesenta vados, que permiten que la gente pase el río en tiempo seco.

En tiempo de lluvias el pueblo de Israel pasó el río Jordán bajo la dirección de Josué (Jos. 3:13-17). Dios detuvo las aguas milagrosamente. En el tiempo de Eliseo, Naamán se bañó en sus aguas lodosas (2 Reyes 5:14). Allí también Jesús fue bautizado (Mat. 3:13).

Josafat -- **1.** Hijo de Asa, rey de Judá, el reino del sur, durante veinticinco años (1 Reyes 22:42), aproximadamente entre los años 876 y 850 antes de Cristo. Josafat fue uno de los reyes buenos de Judá. Adoró solamente a Jehová, y no a los baales (v. 43). En el tercer año de su reino, mandó enseñar al pueblo la ley de Dios (2 Crón. 17:7-9). El Señor lo bendijo por esta obra. Cercó a las ciudades de Judá para protegerlas (vv. 12-19).

Puso fin también a las guerras entre Judá e Israel.

Por el año 853, aceptó ir a la batalla al lado del rey Acab. En la batalla, Acab fue muerto. Josafat se escapó (1 Reyes 22:1-38). Jehú el profeta reprendió a Josafat por lo que había hecho (2 Crón. 19:1, 2). En otra ocasión, buscó la ayuda del rey Ocozías para construir barcos en Ezión-geber (2 Crón. 20:35-37). Pero el profeta Eliezer profetizó en contra de él. Los barcos se rompieron, cumpliendo la palabra de Eliezer. Después de una reforma en Israel, el rey del norte buscó la ayuda de Josafat en una batalla. Josafat aceptó, y Dios les ayudó (2 Reyes 3:4-27). Murió Josafat a la edad de sesenta años. **2.** Otras cuatro personas llevaron este nombre.

osé -- **1.** Hijo de Jacob y su esposa Raquel (Gén. 30:22-24). El mayor de solamente dos hijos de ella. Era de buenas costumbres, pero fue odiado por sus diez hermanos mayores. Su padre le regaló una hermosa túnica de colores, mostrando así su amor para él. Cuando tenía diecisiete años de edad, sus hermanos lo vendieron como esclavo. Llegó a Egipto y sirvió en la casa de Potifar, capitán de la guardia del rey. Fue acusado falsamente, y encarcelado. En la cárcel explicó los sueños de otros presos. Más tarde, el rey Faraón tuvo un sueño, y José se lo interpretó. Esta interpretación fue muy importante para todo Egipto (41:14-36), y Faraón nombró a José como gobernador del país. (v. 40). Bajo sus órdenes, José conservó gran parte del grano de Egipto en almacenes, durante siete años de abundancia. Después, cuando comenzó a haber hambre en Egipto, comenzó a venderlo al pueblo. En Canaán la familia de José sintió el hambre, y los hermanos de José llegaron a Egipto a comprar grano. En una segunda visita, José se dio a conocer a sus hermanos, y les perdonó el mal que le habían hecho. Después, mandó traer a Egipto toda la familia de su padre para salvarles la vida del hambre (45:7-13). José murió en Egipto a la edad de 110 años (50:22). En una caja conservaron su cuerpo. Cuando toda la nación salió de Egipto cientos de años después, llevaron consigo sus huesos (Ex. 13:19). José fue un excelente ejemplo de lo que debe ser el creyente en Dios. En muchos puntos, su vida era como la del Señor Jesucristo. **2.** El esposo de María, la madre de Jesús. Era de la familia de David (Mat. 1:1-16). Esta relación con el rey David, dio derecho legal a Jesús a ser el rey de Israel. No es claro si José era nativo de Belén o de Nazaret. Pero en Nazaret trabajaba como carpintero, y allí se comprometió a casarse con María. Ella era de Nazaret (Luc. 1:26, 27). Antes de la boda, él supo que María estaba encinta, y pensó que ella había pecado contra él (Mat. 1:18, 19). Pensaba dejarla secretamente, pero un ángel le avisó de la realidad. Entonces la recibió en su casa como esposa. Sin embargo, no tuvo relaciones sexuales con ella sino hasta después del nacimiento de Jesús (v. 25). Cuando nació el niño, le puso el nombre de Jesús, según lo que el ángel le dijo (v. 21). Después de presentar a Jesús en el templo (Luc. 2:22-38) recibió aviso de un ángel que debía huir a Egipto con su familia, para proteger al niño (Mat. 2:13, 14). Allí estuvo hasta la muerte de Herodes (v. 15). Volvió, entonces a Israel (vv. 20, 21). Pero por temor al nuevo gobernador, Arquelao, fue a vivir otra vez en Nazaret (vv. 22, 23). Cuando Jesús tenía doce años de edad, José lo llevó a Jerusalén para la fiesta de la pascua (Luc. 2:41, 42). Por un descuido de los padres, dejaron a Jesús en Jerusalén (v. 43). Fue hasta el tercer día que lo encontraron, hablando con los maestros en el templo (v. 46). No se sabe cuándo murió José. Tuvieron cuatro hijos y varias hijas (Mar. 6:3). Jesús aprendió y practicó la carpintería. Se supone que ya no vivía cuando Jesús murió, porque Jesús encomendó a su madre al cuidado del apóstol Juan (Jn. 19:26, 27). 3. José de Arimatea, uno de los que gobernaban entre los judíos. Era miembro del sanedrín (Mar. 15:43). Era discípulo de Jesús (Mat. 27:57). Pidió el cuerpo de Jesús y lo envolvió en una sábana. Luego lo enterró en su propio sepulcro nuevo, hecho en la roca (Mat. 27:57-60). Todo esto lo hizo en unión con Nicodemo (Jn. 19:38, 39). **4.** Otras once personas de la Biblia llevaron este nombre.

Josefo -- Hombre judío que escribió mucha historia del pueblo judío. Su historia abarcó los cuatro siglos antes de Cristo, y la mayor parte del primer siglo después de Cristo. Esta historia no se encuentra en otros libros, ni en el Antiguo Testamento. Por esto, Josefo fue el historiador más importante de esos eventos. Su historia tiene por título *Antigüedades judaicas*. Escribió poco sobre Jesús, y es dudoso que fuera creyente cristiano. Nació en el año 37 y murió en el año 95, después de Cristo.

Josías -- Hijo del rey Amón. Llegó a ser rey sobre Judá, el reino del sur, a la edad de ocho años, y gobernó por treinta y un años (2 Reyes 22:1, 2). Esto fue entre los años 638 y 607 antes de Cristo. Desde un principio, Josías vivió rectamente delante de Dios. Es probable que su guía fue el sacerdote Hilcías. Después de gobernar doce años, comenzó a quitar la idolatría de la nación (2 Crón. 34:3-7). A los dieciocho años de su gobierno, ordenó la reparación del templo (2 Reyes 22:3-7). Mientras el sacerdote Hilcías cumplía este trabajo, encontró el libro de la ley de Dios en algún rincón olvidado (v. 8). Cuando fue leído el libro delante de Josías, reconoció el pecado propio y del pueblo. La profetisa Hulda le dijo que Dios le dejaría vivir en paz (vv. 14-20). Después vendría el castigo de Dios sobre el pueblo. Josías entonces dio comienzo a una gran reforma limpiando a Judá y parte de Israel de lo que quedaba de la religión falsa (23:1-15). Después celebró la fiesta de la pascua con grandes sacrificios (v. 22). En el año 608 ó 607, Josías salió a pelear contra Faraón Necao, y fue muerto en la batalla (2 Reyes 23:29). Lo llevaron a Jerusalén y lo sepultaron allí. Tenía solamente treinta y nueve años cuando murió.

Josué -- Hijo de Nun, de la tribu de Efraín (Núm. 13:8, 16). Su nombre fue Oseas al principio, pero Moisés lo cambió por Josué. Sobre su nombre, vea *Jesús*, primer párrafo. Estuvo al frente del ejército de los israelitas cuando pelearon contra los amalecitas en Refidim (Ex. 17:8-13). Fue ayudante personal de Moisés cuando subió al monte Sinaí (Ex. 24:13). Después, estaba en el primer tabernáculo, para cuidarlo (33:11). A los cuarenta años de edad, Moisés lo envió a Canaán como miembro del grupo de espías. Sólo Josué y Caleb dieron un informe favorable (Núm. 14:6-9). El pueblo quería matarlos a pedradas, pero Dios los guardó. Como premio, él les conservó la vida durante los siguientes cuarenta años. Los demás murieron en el desierto (vv. 26-38). Al cabo de los cuarenta años, Moisés nombró públicamente a Josué guía de Israel en su lugar (27:18-23). Cuando Moisés murió, Josué preparó al pueblo para cruzar el río Jordán (Jos. 1:10, 11). Dios detuvo las aguas del río mientras pasaba el pueblo (3:14-17). Josué actuó como general del ejército y venció a los cananeos. Sus victorias no fueron completas, pero sí, pudo repartir y ocupar las tierras de Canaán. Las repartió entre las doce tribus de Israel, usando suertes (14:1-5). Cuando era viejo, llamó al pueblo a Siquem y les habló por última vez (24:1-28). En su discurso, recordó al pueblo lo que Dios había hecho para ellos. Les animó a seguir fielmente a Jehová. "Yo y mi casa", dijo, "serviremos a Jehová" (v. 15). El pueblo protestó afirmando que iban a servir a Jehová. Luego Josué les envió a sus casas. Murió Josué a la edad de 110 años. **2.** El libro que lleva el nombre de Josué. Josué escribió la mayor parte de él (24:26). Otros terminaron el libro tal como lo tenemos hoy. Es el primero del grupo de libros que los judíos llaman "Los Profetas Anteriores". El libro trata la conquista de Canaán, la repartición de la tierra, y el discurso final de Josué. **3.** El sumo sacerdote del tiempo de Zorobabel (Hageo 1:1; Zac. 3:1-9). Se llama Jesúa, en Esdras y Nehemías. **4.** Otros dos hombres llevaban este nombre en el Antiguo Testamento (1 Sam. 6:14; 2 Reyes 23:8).

jota -- La letra más pequeña del alfabeto griego (Mat. 5:18). Corresponde a la letra *yod* del alfabeto hebreo. Vea *iota*.

Jotam -- Hijo menor entre setenta hijos de Gedeón. Escapó de la muerte cuando Abimelec mató a sus hermanos y se hizo rey (Jue. 9:6). Jotam subió al monte de Gerizim y habló al pueblo. Relató una fábula (vv. 7-15) para hacerles entender el mal que habían hecho, nombrando a Abimelec como rey.

Juan -- **1.** *Juan el Bautista.* Profeta del tiempo de Jesús (Mat. 11:9), predicador del arrepentimiento (3:2). Bautizaba a los judíos para arrepentimiento (v. 6). Por bautizar a tantas personas, fue conocido como "el Bautista". Preparó a la nación para la venida del Mesías, llamándoles a abandonar sus pecados y a esperar al Salvador (Mar. 1:1-3). Juan nació en el año 5 antes de Cristo. Su nacimiento fue el cumplimiento de la promesa de Dios dada por el profeta Isaías (40:3), y por Malaquías (3:1). Nació de la anciana Elisabet (Luc. 1:57) y del anciano sacerdote Zacarías (1:5-24). Los dos estaban muy ancianos para tener hijos (vv. 5-7). Recibió el nombre de Juan por orden de Dios (vv. 13, 59-63). Es probable que Juan pasó pocos años con sus ancianos padres. Se crió en el desierto, quizá por la muerte de ellos mientras Juan era niño. Desde su nacimiento estaba lleno del Espíritu Santo (Luc. 1:15). Juan se vestía con pelo de camello. Es decir, una tela tosca hecha de pelo de camello. En sus lomos llevaba un cinto de cuero. Comía lo que encontraba en el desierto, langostas y miel silvestre (Mat. 3:4). Comenzó a predicar al aire libre en el año 26 después de Cristo. Muchas personas salieron a oirle (Mat. 3:5-7). Estaban esperando algo grande (Luc. 3:15), creyendo que Juan mismo era el Mesías. Pero él lo negó claramente (Jn. 1:19-27). Dijo que vendría uno que era superior a todos, el que bautizaría en el Espíritu Santo (Mat. 3:11, 12). Pronto Jesús se presentó para ser bautizado por Juan. Al principio, Juan no quería bautizarlo. Quería ser bautizado por Jesús. Pero al fin Juan lo bautizó, porque Jesús dijo que era necesario (3:13-17). Cuando Jesús salió del agua, Juan oyó la voz de Dios diciendo que Jesús era su Hijo amado (v. 17). Vio también al Espíritu de Dios descender como paloma sobre Jesús (v. 16). Juan vio con gusto que algunos de sus discípulos le dejaron para seguir a Jesús (Jn. 3:22-30). El ministerio de Juan no duró más que un año, o un año y medio. Reprendió a Herodes Antipas (el Tetrarca) por vivir con Herodías, la esposa de su hermano Felipe. Por esto fue encarcelado en una prisión cerca de Cesarea de Filipos (Luc. 3:19, 20). Mientras estaba en la cárcel, Juan se sentía abandonado. Comenzó a dudar si Jesús era en realidad el Mesías prometido. Envió algunos de sus discípulos a preguntarle a Jesús. En esa hora Jesús hizo muchos milagros. Luego envió a decir a Juan que él estaba cumpliendo las palabras de Isaías (35:5, 6). Si Juan lo aceptaba, sería feliz (Luc. 7:18-23). Jesús dijo de Juan, que no había profeta mayor que él (vv. 24-28). Durante la fiesta de cumpleaños de Herodes, Salomé, hija de Herodías, danzó delante de él. De gusto, Herodes le ofreció darle lo que pidiera. Ella, de acuerdo al consejo de Herodías, pidió la cabeza de Juan el Bautista. Herodes no quiso negársela, aunque tampoco quería matar a Juan. Pero para no quedar mal delante de todos, le concedió su petición (Mat. 14:6-12). Los discípulos de Juan lo enterraron.

2. *Juan el apóstol.* Uno de los doce apóstoles, hijo de Zebedeo y hermano de Jacobo (Mat. 4:21). Trabajaba con ellos en la pesca, el oficio de Zebedeo. En un principio, era discípulo de Juan el Bautista. Le oyó decir que Jesús era el Cordero de Dios, que quita el pecado del mundo (Jn. 1:36, 37). Entonces él y su hermano siguieron a Jesús y pasaron un día con él. Más tarde, Jesús los llamó a formar parte de su compañía (Mat. 4:21, 22). Juan y Jacobo tenían un carácter fuerte, y Jesús los llamó "Boanerges" que significa "Hijos del trueno" (Mar. 3:17). En una ocasión Juan vio a uno que echaba fuera demonios en el nombre de Jesús, y se lo prohibió. Lo hizo sólo porque aquel hombre no era discípulo de Jesús. Jesús tuvo que corregirle (Luc. 9:49, 50). En otra ocasión, quiso que Jesús castigara con fuego del cielo a los samaritanos. Pero Jesús le reprendió (vv. 52-56). Eran también orgullosos y egoístas. Querían sentarse junto a Jesús en su reino, uno a cada lado (Mar. 10:35-41). Al mismo tiempo, los dos estaban dispuestos a morir con él (vv. 38, 39). Juan era el discípulo a quien Jesús amaba de manera especial (Jn. 21:20). Era uno de los tres discípulos más allegados a Jesús. Estuvo con Jesús en momentos importantes. Por ejemplo, cuando Jesús levantó de entre los muertos a la hija de Jairo (Mar. 5:37), en la transfiguración (Mat. 17:1), y en Getsemaní (Mat. 26:37). En la Ultima Cena, se sentó junto a Jesús (Jn. 13:23). Entró con él al palacio del sumo sacerdote (Jn. 18:15). Le acompañó hasta su muerte en el calvario (Jn. 19:26). Allí, junto a la cruz, Jesús le entregó a su madre, para que la cuidara (vv. 25, 26). Fue uno de los que corrieron a la tumba vacía el día de la resurrección (Jn. 20:2-4). Después de la resurrección, vivió con los demás apóstoles en un aposento alto (Hch. 1:13). Luego anduvo con Pedro predicando el evangelio, y fue encarcelado con él (4:19). Acompañó a Pedro a Samaria cuando muchos de esa ciudad creyeron en Jesús (8:14). Cinco libros del Nuevo Testamento fueron escritos por él: el Evangelio de Juan, tres Cartas (1, 2, y 3 Juan), y el Apocalipsis. Durante el tiempo que escribía este último, se encontraba en la isla de Patmos donde fue enviado como castigo por su testimonio (Apoc. 1:9). Parece que cuando Nerva llegó a ser emperador de Roma en el año 96 después de Cristo, Juan fue puesto en libertad. Regresó entonces a Efeso, en donde sirvió a las iglesias de Asia Menor (Apoc. 1:4). Según el "padre apostólico" Ireneo, tres hombres importantes eran sus discípulos: Policarpio, Papias, e Ignacio. Murió Juan durante el gobierno de Trajano (98-117 después de Cristo). La fecha exacta no se sabe. Sin embargo, Juan tendría de menos 120 años cuando murió. **3.** *Juan Marcos.* El evangelista Marcos, autor del segundo Evangelio. Juan era su nombre propio y Marcos era su sobrenombre o apodo (Hch. 12:12). Vea *Marcos.* **4.** Una de las autoridades cerca de Anás y Caifás, sumo sacerdote (Hch. 4:6). Junto con ellos, llamó a cuentas a los apóstoles por su predicación. **5.** Tres hombres de la historia de los judíos, llevaron este nombre. Todos vivieron en el segundo siglo antes de Cristo. El más importante de ellos fue *Juan Hircano*, el hijo de Simón el Macabeo. Nació como en el año 160 antes de Cristo. Fue nombrado general del ejército, y lo dirigió con éxito. Entre los años 135 y 105 fue sumo sacerdote. Después de la muerte de Antíoco Epífanes, conquistó a Samaria e Idumea. Mantuvo la independencia de Israel hasta su muerte en el año 105. Después, perdieron mucho poder los macabeos y la nación de Israel. Vea *macabeos*.

Juan, el Apocalipsis de -- El último libro del Nuevo Testamento. Es libro de profecía, el único de esta clase en el Nuevo Testamento. La palabra *apocalipsis* es griega. Significa *revelación*. Este libro es una serie de revelaciones dadas al apóstol Juan (1:10-20). El libro comienza con una serie de siete cartas a las iglesias de Asia Menor (1:4). Jesús mismo dicta las cartas a Efeso (2:1-7), a Esmirna (vv. 8-11), a Pérgamo (vv. 12-17), a Tiatira (vv. 18-29), a Sardis (3:1-6), a Filadelfia (vv. 7-13), y a Laodicea (vv. 14-22). Estas iglesias eran todas del occidente de Asia (Turquía moderna). El resto del libro (Caps. 4-22), contiene una serie de visiones. Su significado no es fácil de entender. La iglesia del primer siglo sufría mucho bajo el gobierno romano. Estas visiones relatan el sufrimiento de la iglesia o del pueblo de Dios durante el tiempo antes de la segunda venida de Cristo. Pero relata también el castigo de Dios sobre los que no creen en él. Al final de todo, Jesús llega a ser el vencedor. Comienza el reino de Dios con su venida. Los últimos dos capítulos hablan del cielo nuevo y la tierra nueva, la nueva Jerusalén, y la felicidad de los hijos de Dios en la santa ciudad. Termina el libro con una advertencia: nadie debe agregar ni quitar nada de este libro. El que lo haga será castigado eternamente. Los estudiantes de la Biblia entienden este libro de cuatro maneras. Algunos creen que debe entenderse *históricamente*. Es decir, que todo lo que dice, sucedió durante el primer siglo después de Cristo. Otros lo entienden *progresivamente*. Es decir, que lo que dice, sucede a través de los siglos, hasta la segunda venida de Cristo. Otros lo entienden *sólo del futuro*. Es decir, que todo lo que dice, sucederá durante siete años antes de la venida de Cristo. En este caso, nada de lo que relata ha sucedido todavía. Otros entienden que todo lo que dice sucede *varias veces a través de la historia*. En este caso, el libro puede tener valor en cualquier tiempo de la historia, hasta la venida de Cristo.

Juan, las Cartas o Epístolas -- Son tres. *La Primera* Carta fue escrita a las iglesias de Asia Menor. Vea Apoc. 1:4. En esta Carta, Juan advierte a los cristianos contra el anticristo (2:18) y la doctrina falsa. Habla especialmente del gnosticismo, aunque no lo menciona por este nombre. Vea *gnosticismo*. Insiste en la necesidad del amor entre los cristianos (2:5). Pero advierte contra el amor para las cosas del mundo (vv. 15-17). Enseña que la mejor prueba de la presencia del Espíritu de Dios, es reconocer que Cristo es el Hijo de Dios venido en la carne. Otra prueba es obedecer la enseñanza de los apóstoles, y continuar en la fe (5:1-12). Solamente 5:7 no debe estar en la Biblia. La doctrina de este versículo es correcta, pero no fue parte de la Carta que Juan escribió. Este texto fue agregado en el margen del texto por algunos padres de la iglesia, más de 500 años después de Cristo. Ningún texto griego lo tiene antes del siglo XVIII después de Cristo. *La Segunda Carta de Juan* fue escrita a una mujer cristiana que tenía la iglesia en su casa. No sabemos su nombre, ni dónde vivía. Por esta razón algunos piensan que esta "señora elegida" era la iglesia y no una mujer. En esta Carta, Juan advierte contra algunos engañadores que habían salido a enseñar. Ella no debiera recibirlos en su casa (para enseñar a la iglesia), a menos que llevaran la doctrina de los apóstoles (v. 10). *La Tercera Carta* también era carta personal. Fue escrita a Gayo, cristiano probablemente de Corinto (1 Cor. 1:14). Vea *Gayo*. En esta Carta, menciona Diótrefes, uno que quería ser el principal en la iglesia. Pero estaba en contra de Pablo y sus compañeros. Vea *Diótrefes*. Menciona también a Demetrio, que tenía buen testimonio.

Juan, el Evangelio -- El cuarto Evangelio fue escrito hacia el fin del primer siglo después de Cristo. Fue el último de los cuatro, y relata muchas cosas que no están en los sinópticos, los primeros tres. Los primeros catorce versículos se llaman el Prólogo del Evangelio. En él, Jesús es presentado como el Verbo, que existía en el principio con Dios. El es el Creador del mundo, junto con su Padre. El mundo le pertenece. Pero cuando él se presentó en el mundo, la mayor parte de los hombres no lo conoció. Sin embargo, algunos lo conocieron y lo recibieron. Estos fueron llamados hijos de Dios. El Verbo se hizo carne (un ser humano) y de esta manera los hombres ya podían ver la gloria de Dios (su bondad y perfección). El propósito de Juan al escribir este Evangelio, era de convencer a sus lectores que Jesús es el Cristo, el Hijo de Dios. Quería también que tuvieran la vida eterna por su nombre (Jn. 20:30, 31). Con este fin relató varios milagros y discursos de Jesús. Cada uno de ellos enseña algo importante de él. El cambio del agua en vino (Cap. 2) enseña que Cristo se interesa en el gozo humano. La curación del hijo del noble (Cap. 4), enseña que él es quien sana nuestras enfermedades. La curación del paralítico en el estanque de Betesda (Cap. 5), enseña que él da fuerza al que no la tiene. Cuando dio de comer a más de cinco mil personas, enseñó que él da el pan de vida (6:27). Cuando abrió los ojos al hombre que nació ciego, enseñó que él es la luz del mundo (9:5). La resurrección de Lázaro enseña que Jesús es la resurrección y la vida (11:25,

26). Este Evangelio contiene algunos discursos que los otros tres no tienen. Platicó con Nicodemo (Cap. 3) y nos dio la enseñanza del nuevo nacimiento. Habló con la mujer samaritana (Cap. 4) y nos enseñó que él da el agua de la vida (v. 14). Su discurso sobre el pan de vida (Cap. 6) hizo que muchos de sus discípulos le dejaran (v. 66). Capítulo 10 tiene la parábola del Buen Pastor. Los capítulos 14-16 son su discurso en el aposento alto. En él, habla de la venida y obra del Espíritu Santo. Capítulo 15 tiene la alegoría de la vid y los pámpanos. Capítulo 17 es la oración de Jesús a favor de sus discípulos. Ninguna otra parte de la Biblia se ha repartido entre el público tanto como este Evangelio. Aunque contiene cosas difíciles de entender, muchos han creído en Cristo por la lectura del Evangelio de Juan.

jubileo -- Según la ley, cada cincuenta años los judíos celebraban el año de jubileo (Lev. 25:11). Debían tomar el año completo para libertad y gozo. Todo judío que servía a otro para pagar sus deudas, era puesto en libertad. Las tierras que se habían vendido, eran devueltos a sus primeros dueños. Nadie sembraba durante el año. Cosechaban solamente lo que crecía solo. Esta práctica permitía un descanso para la tierra. Sin embargo, es probable que los judíos nunca observaron el año del jubileo.

júbilo -- Alegría, como en una fiesta pública. Contento, satisfacción.

Judá -- **1.** Cuarto hijo de Jacob y su esposa Lea (Gén. 29:35). El nombre significa alabanza. Se casó con una mujer cananea, y tuvo dos hijos con ella (38:1-10). Por sus pecados, estos dos hijos fueron muertos. Tamar, la viuda de uno de estos hijos, tenía derecho de obtener hijos de Judá. Pero él no quería. Ella fingió ser prostituta y engañó a Judá (v. 11-30). Ella dio a luz hijos gemelos, Fares y Zara. Judá llegó a ser antepasado de Jesús por Fares (Mat. 1:3). Cuando los hermanos de Judá querían matar a José, Judá le salvó la vida (Gén. 37:26, 27). En Egipto, Judá se ofreció como preso en lugar de su hermano menor, Benjamín (44:18-34). Por los pecados de sus tres hermanos mayores, la bendición de Jacob no fue dada a ellos, sino a Judá (49:3-11). **2.** La tribu de Judá, los hijos y la familia de él. Esta tribu fue muy numerosa. También, Judá era el territorio que les pertenecía cuando la tierra fue repartida (Jos. 15:1-12). Este territorio quedaba entre el mar Mediterráneo y el mar Muerto, y desde Jerusalén hasta Cadesbarnea. Con los años, la tribu de Judá ocupó menos espacio. Después del regreso de Israel a Jerusalén en el siglo cinco antes de Cristo, la provincia de Judá era muy pequeña. **3.** El reino del sur, después de la división en el tiempo del rey Roboam (1 Reyes 12:1-24). Desde ese tiempo (cerca de 931 antes de Cristo) hasta el cautiverio de Israel, (587 antes de Cristo), el reino del sur llevó el nombre de Judá. Sin embargo, incluía la tribu de Benjamín (v. 23). Esta tribu era muy pequeña.

judaísmo -- La religión de los judíos (Gál. 1:13, 14). Esta religión incluía no solamente lo que ordenaba la ley de Moisés, sino la tradición también. Esa tradición no era escrita en el tiempo de Pablo. Era las *interpretaciones* de la ley, de los maestros de la ley. Unos 200 años después de Cristo, los judíos escribieron esas tradiciones en el *Talmud.* Hoy día, el judaísmo se basa más en el Talmud que en la ley de Moisés.

judaizantes -- Los que enseñaban a los cristianos a aceptar la ley de Moisés y la circuncisión, para ser salvos (Hch. 15:1, 2, 5). Los maestros falsos que se oponían a la doctrina apostólica (Gál. 1:6, 7).

Judas -- **1.** El que entregó a Jesús en manos de sus enemigos (Jn. 13:21-30). Judas Iscariote, el hijo de Simón Iscariote (6:71). Se cree que era el único de los doce apóstoles que era de Judea. El sobrenombre *Iscariote* se entiende como "hombre de Queriot" (Jos. 15:25). Este pueblo era de Judá (vv. 20-63). Fue escogido por Jesús para ser su discípulo (Mar. 3:13-15). Servía como tesorero para los discípulos (Jn. 13:29), pero era ladrón (12:5, 6). Su amor al dinero, fue una pequeña parte de la razón por su traición. Parece que la razón principal fue el desengaño que sufrió cuando Jesús no quiso ser rey político (Jn. 6:15, 67-71). Durante la cena de la pascua, Judas salió para hablar con los sacerdotes (13:21-30). En el huerto de Getsemaní, Judas se acercó con los soldados y los principales del templo (Luc. 22:47, 48) y besó a Jesús. Hizo esto para indicar a los soldados quién era Jesús. Cuando Judas supo que el sanedrín había condenado a Jesús, se arrepintió (Mat. 27:3-5). Pero su arrepentimiento fue superficial, porque no creyó en Jesús. Fue a ahorcarse y su cuerpo se reventó por la mitad (Hch. 1:18). **2.** Uno de los doce apóstoles "no el Iscariote" (Jn. 14:22). Era el hijo, o quizá el hermano de Jacobo (Luc. 6:16). (El texto griego dice solamente, "Judas de Jacobo". Se puede entender de las dos maneras.) Se llamaba también Lebeo Tadeo (Mat. 10:3), o solamente Tadeo (Mar. 3:18). **3.** Uno de los cuatro hermanos de Jesús (Mar. 6:3). Este, probablemente, fue el autor de la Carta de Judas. **4.** El nombre Judas era la forma griega de Judá, y fue muy común entre los hebreos. Cuatro personas más mencionadas en el Nuevo Testamento, llevaron este nombre (Luc. 3:30; Hch. 5:37; 9:11; 15:22). **5.** Judas Macabeo -- El tercer hijo de Matatías el sumo sacerdote. Este había luchado contra Antíoco Epífanes, porque Antíoco quería forzar a los judíos a practicar la idolatría. Matatías luchaba para libertar a la nación judía de los romanos. Cuando murió en el año 166 antes de Cristo, Judas tomó la dirección del ejército. Tuvo tanto éxito que le dieron el apodo "el macabeo", es decir *el martillo.* Por fin, los judíos recobraron el control de su templo en el año 164 antes de Cristo. Entonces limpiaron el templo y lo dedicaron de nuevo al verdadero Dios. Este fue el origen de la fiesta de la Dedicación, celebrada ahora cada año cerca de la Navidad. (Jn. 10:22). Los gobernantes romanos seguían luchando contra Judas. En el año 160, Demetrio Soter envió otro ejército contra Judas. Este fue muerto en la batalla. Jonatán, otro de sus hermanos, tomó la dirección del ejército. **6.** Uno de dos capitanes que ayudaron a Jonatán Macabeo a ganar la batalla de Hazor. **7.** Un hijo de Simón el Macabeo. Junto con su hermano Juan, llevó el ejército judío a la victoria sobre un general de Siria. En el año 134 antes de Cristo, fue asesinado, junto con su hermano Juan, y su padre Simón, por un pariente.

Judea -- La región ocupada por la tribu de Judá, entre el mar Mediterráneo y el mar Muerto. Se llamó así sólo después del regreso de los judíos del cautiverio en Babilonia. Después de una batalla contra el ejército romano en el año 164, Judea fue una nación libre. En el año 63 antes de Cristo, Pompeyo, general romano, conquistó la nación de Judea. De ese dominio nunca se libró. En el año 70 después de Cristo, Jerusalén, la capital, fue destruida y el gobierno judío dejó de existir.

judío -- Miembro de la nación hebrea. Los hebreos comenzaron a recibir este nombre durante el cautiverio de Babilonia (Ester 3:6; Zac. 8:23). Este nombre viene de la tribu de Judá, pero fue dada a todos los hebreos sin distinción.

jueces -- **1.** Oficiales civiles que ayudaban a Moisés a juzgar entre los israelitas. El suegro de Moisés fue el primero en aconsejar a Moisés que hiciera esto (Ex. 18:13-26). Cuando Dios dio a Moisés la ley, hizo provisión para los jueces (Ex. 21:22; Deut. 16:18). **2.** Hombres (o mujeres) que juzgaron a Israel después de la muerte de Josué y antes de los reyes. Comúnmente eran hombres que podían librar a los israelitas de sus enemigos. Fueron aceptados como gobernadores de los israelitas, y juzgaron entre ellos. Otro nombre, quizá mejor, sería "libertador". Los jueces mejor conocidos fueron Débora y Barac, Gedeón, Jefté y Sansón.

Jueces -- Libro del Antiguo Testamento, que sigue a Josué. Relata la historia de Israel entre el tiempo de Josué y Samuel. Aunque la tradición judía afirma que Samuel fue el autor del libro, en realidad no se sabe. Este libro explica cómo Israel se apartó del Señor después de la muerte de Josué. Explica también que por sus pecados, Dios permitió que sus enemigos los dominaran (Jue. 2:11-23). Después relata la historia de cada uno de los libertadores de Israel. Hacia el fin del libro, relata la historia de Micaía y el levita que ministraba en su casa (Caps. 17—18). Luego relata la historia de otro levita, y el abuso de su mujer por algunos hombres de la tribu de Benjamín (Cap. 19). Termina el libro con la guerra contra la tribu de Benjamín, y el esfuerzo para que no desapareciera como tribu (Caps. 20—21).

juicio -- **1.** Justicia, sea para bien o para mal (Lev. 19:15). **2.** El juicio final (Sal. 1:5). **3.** Leyes o mandamientos (Sal. 19:9). **4.** La corte civil (1 Cor. 6:1). **5.** Condenación (1 Cor. 11:29). **6.** Entendimiento (Mar. 5:15).

Julio -- Centurión que tuvo a Pablo bajo su cuidado en el viaje a Roma (Hch. 27:1). Trató con bondad a Pablo, permitiéndole ver a sus amigos en Sidón (v. 3).

junco -- Planta que crecía en el río Nilo. Contrario a la idea general, no es una caña ni especie de hierba o pasto. Más bien parecía ser un arbolito de unos dos o tres metros de altura con un "tronco", o tallo delgado y triangular. De esta planta hacían los egipcios sus barcos. El arquilla del niño Moisés era de junco (Ex. 2:3). Así también los barcos más grandes (Is. 18:2). De ella hacían el antiguo papel. Vea *papiro*. Hoy día, esta planta casi no se encuentra en el Nilo.

Júpiter -- El principal de los dioses romanos. Este dios correspondía a Zeus de los griegos. Y en el texto donde aparece este nombre (Hch. 14:12), el griego dice Zeus. El templo principal estaba en Olimpia. En Listra había templo de él. Antíoco Epífanes hizo un templo para Júpiter en Atenas. Y en Jerusalén, dedicó el templo de los judíos a él. Este templo fue limpiado y dedicado de nuevo en el año 164 antes de Cristo, cuando Antíoco fue derrotado. Vea *macabeos*.

justificar -- **1.** Declarar a una persona justa, recta o sin culpa. Dar la razón a una persona, porque no tiene culpa. **2.** Considerar a una persona justa, aunque no lo sea en realidad. Dios justifica al impío (Rom. 4:5), por la fe en Jesucristo (3:26, 28, y otros muchos). Esta es la idea principal en la Biblia. **3.** Librar del juicio por la muerte (Rom. 6:7). **4.** Hacer realmente justo al creyente, por la obra del Espíritu en él (Rom. 8:1, 4, 9; 1 Jn. 3:3). Vea *santificar*.

juzgar -- **1.** Hacer uso de la razón, juicio o entendimiento (1 Cor. 14:29). **2.** Actuar como juez, para decir qué cosa o quién es justo (Ex. 18:13). **3.** Condenar (Is. 66:16; Heb. 13:4).

K

karma -- En la religión hindú de la India, *karma* es el juicio. Pero no el juicio de un Dios personal, sino de las causas naturales. La palabra no está en la Biblia.

kenosis -- Palabra griega (Fil. 2:7) traducida en la versión de 1960, "*se despojó*" a sí mismo. La Versión Popular, dice "dejó a un lado" lo que era suyo. Otras versiones dicen "se anonadó a sí mismo". La doctrina del kenosis es la que enseña la humillación del Hijo de Dios para tomar la forma de un siervo. No enseña que Cristo *dejó de ser* el Hijo de Dios, ni que *dejó su carácter divino*. Dejó solamente los *derechos* de su posición.

L

Labán -- Hijo de Nacor (Gén. 29:5), padre de Raquel (v. 6) y Lea (v. 16). Labán no trató con justicia a Jacob. Le engañó entregándole a Lea como esposa en lugar de Raquel, en la noche de las bodas (vv. 23-25). Jacob trabajó para Labán, cuidando su ganado (vv. 18-20, 27, 28). Viendo las muchas injusticias de Labán, Jacob trató de pagarse a sí mismo (30:25—31:2). Sin embargo, parece que Jacob tuvo más razón (vv. 3-16). Huyó Jacob de Labán, llevando a sus dos esposas y sus hijos (vv. 17-21). Labán los alcanzó. Pero después se separaron, jurando vivir en paz (vv. 22-55).

labrar -- Trabajar, hacer labores. Arar, plantar, cultivar. Cortar madera o piedra, haciendo estatuas u otras esculturas con ellas.

ladrillo -- Barro cocido, en forma de prisma. Puede ser cocido al sol, o en horno. Los ladrillos hechos por los hebreos en Egipto (Ex. 5:14), tenían paja (5:7) como los adobes de las Américas.

lagar -- Lugar donde se sacaba el jugo de las uvas. El lagar tenía dos pozos u hoyos, conectados por un pequeño canal. El primer hoyo o pozo, era bajito. En él se sacaba el jugo, aplastando las uvas con los pies descalzos. El jugo pasaba por el canal a otro pozo, que era más profundo. De este segundo pozo, era tomado el jugo para hacer el vino.

Lamec -- El hijo de Metusael (Gén. 4:18), el sexto descendiente de Adán. Este tomó a dos mujeres por esposas (v. 19). Fue el primero de la historia bíblica que tuvo más de una esposa.

lamentación -- Lamento, queja. Expresión abierta de dolor.

Lamentaciones -- Libro poético del profeta Jeremías. Sigue a Jeremías en el Antiguo Testamento. En la Biblia hebrea forma parte de las "Escrituras". Este libro contiene cinco capítulos. Los capítulos 1, 2, 4 y 5 tienen veintidós versículos cada uno. Cada versículo comienza con una letra del alfabeto hebreo, en orden alfabético. Capítulo 3 tiene sesenta y seis versículos (22 x 3=66). Los primeros tres versículos comienzan con *alef*, la primera letra. Siguen otros tres versículos que comienzan con *bet*, la segunda letra. Entonces siguen otros tres que comienzan con *gimel*, la tercera letra. Todo el capítulo está arreglado de esta manera. El asunto tratado en este libro es la captura y destrucción de Jerusalén. El espíritu del libro está de acuerdo con el espíritu de Jeremías. En la versión *Septuaginta* del Antiguo Testamento, el libro comienza así: "Sucedió que después de que Israel fue llevado al cautiverio y Jerusalén fue destruida, Jeremías se sentó para lamentarse sobre Jerusalén, y dijo . . ." Aunque muchos críticos no creen que

Jeremías fue el autor de este libro, aceptan que fue escrito en el tiempo de Jeremías. Es decir, entre los años 586 y 538 antes de Cristo.

ámpara -- Vasija con mecha, que contiene aceite para quemar y dar luz. Las lámparas eran de varias clases. Para uso en casa particular, el vaso era de barro cocido. A veces tenía una tapa con agujero para la mecha. Otras tenían la mecha saliendo por la boca o pico. Las lámparas del templo eran de oro (Ex. 37:23) y quemaban aceite de oliva (27:20).

ngostas -- Insecto como el saltamontes, que se mueve en grandes enjambres. Son muy dañinos para todas las plantas. Mide como seis centímetros de largo. Tiene dos pares de alas y seis patas. En el Oriente se come aun hoy día, así como Juan el Bautista (Mat. 3:4). Para comerlas, quitaban las alas, las patas y los intestinos. Luego las asaban con sal. Es animal limpio según la ley de Moisés (Lev. 11:21). Los hebreos sabían cuáles insectos eran inmundos, porque tenían cuatro patas (11:20, 23). Varias clases de insectos del tipo saltamontes, se mencionan en la Biblia, aunque no los conocemos (11:22; Joel 1:4).

aodicea -- Ciudad principal de Frigia en Asia Menor, que existía desde el tercer siglo antes de Cristo. Se encontraba a unos treinta kilómetros al sur de Filadelfia, y la misma distancia al occidente de Colosas. Cerca de Laodicea criaban ovejas de lana negra. En la ciudad, fabricaban tela y ropa de esta lana. También había una escuela de medicina allí. En esa escuela preparaban un polvo para la curación de oftalmía, enfermedad de los ojos. Con estas dos industrias, los habitantes de Laodicea se habían hecho ricos. En el Apocalipsis, Jesús envió una carta a los cristianos de esa ciudad (3:14-22). En ella, les aconsejó comprar de él, oro refinado, vestiduras blancas, y colirio para los ojos. En estas tres cosas hay referencia a la riqueza e industrias de Laodicea. Esta ciudad fue destruida por un terremoto como en el año 65 después de Cristo. Los ciudadanos la edificaron otra vez. Hoy día sólo sus ruinas se encuentran en ese sitio.

Laquis -- Una ciudad de Judea bien protegida con muros contra los ataques del enemigo (Jos. 15:39). El rey de Laquis fue derrotado y muerto por Josué (10:3-35). Roboam hizo más fuertes sus defensas (2 Crón. 11:11, 12). El rey Amasías de Judá fue muerto allí (2 Reyes 14:19). Senaquerib atacó la ciudad sin éxito (2 Crón. 32:9-22). Nabucodonosor la atacó en el regreso de los judíos a Judea. Laquis nunca volvió a ser importante como antes. Sin embargo, fue habitada (Neh. 11:30).

lascivia -- Deseo de vivir en el placer carnal (Rom. 1:27).

latín -- Idioma de los antiguos romanos. Uno de los tres idiomas usados para el letrero que pusieron en la cruz de Cristo (Jn. 19:20).

lavamiento -- Acción de lavar. Los judíos lavaban muchas cosas para limpiarlas según la ley de Moisés (Mar. 7:1-4, 8). En Tito 3:5, el nuevo nacimiento es llamado un *lavamiento*.

Lázaro -- **1.** El mendigo de la parábola del Rico y Lázaro (Luc. 16:20). Aunque este relato se considera parábola, hay razón para creer que es una historia real. Aquí se usa el nombre propio del mendigo, cosa no común en las parábolas. También, la historia es de algo que sucedió después de la muerte. Nadie podría saber esto, sin tener conocimientos especiales. Lázaro recibió misericordia, no porque era pobre y desafortunado. Más bien, porque creía en las Escrituras de Moisés y los profetas (v. 29-31). **2.** El hermano de María y Marta (Jn. 11:1). Vivían en Betania. Jesús era amigo de ellos, y los visitaba de vez en cuando (Mat. 21:17; Luc. 10:38-42; Jn. 12:1). Lázaro cayó enfermo durante la última visita de Jesús en esa región, y murió (11:1-4). Jesús llegó a Betania el cuarto día después de su muerte (v. 39). Con su voz de autoridad, despertó a Lázaro y le ordenó salir de la tumba (vv. 43, 44). Este gran milagro fue conocido entre los judíos, y querían matar a Lázaro (12:10, 11). No hay ninguna duda que Lázaro volvió a morir. Sin embargo, nada dice la Biblia al respecto.

Lea -- Hija mayor de Labán, hermana de Raquel, y esposa de Jacob (Gén. 29:16, 23-28). Labán engañó a Jacob, entregándole a Lea por esposa, en lugar de Raquel. Lea dio a luz cuatro hijos: Rubén, Simeón, Leví y Judá. Después, ella entregó a Jacob como esposa, a su sierva Zilpa. Ella le dio otros dos hijos: Gad y Aser. Ellos fueron contados como hijos de Lea. Después Lea dio a luz a otros dos hijos: Isacar y Zabulón. Además tuvo un hija, Dina (29:32—30:23).

Lebeo -- El nombre propio de Juda Tadeo (Mat. 10:3). Vea *Judas*, definición 2.

lecho -- Cama (Sal. 6:6). Camill (Luc. 5:19). Petate, tejido d palma, usado por los pobres y campesinos como colchón (Jn. 5:8).

legión -- Cuerpo de soldados romanos. En los tiempos de César, l legión tenía 6000 hombres. U número grande, como la "legión de demonios en el hombre endemoniado (Mar. 5:9). Cristo dij que podría tener de Dios doc legiones de ángeles (Mat. 26:53 Sin duda quería decir un númer muy grande.

legislador -- **1.** Rey o autorida superior (Sal. 60:7). "Jehová e nuestro legislador" (Is. 33:22 **2.** Cetro o bordón usado por lo reyes (Gén. 49:10).

legítimo -- Lo que es legal, según l ley. Genuino, auténtico.

legumbre -- Fruto de la tierra qu crece en vaina, como frijol y garbanzo. Toda hortaliza, verdura. E el Antiguo Testamento los pobre comían legumbres (Prov. 15:17 Los jóvenes hebreos las pidiero para no comer la comida rica d rey (Dan. 1:12). En el tiempo d Pablo, muchos comían legumbre para no comer carne (Rom. 14:2

Lehí -- Lugar en Judá, dond Sansón mató a mil hombres con quijada de un asno (Jue. 15:9-17 El lugar fue llamado Ramat-leh que significa "Colina de la quij da". No se sabe dónde estaba esa colina. Algunos afirman que se encuentra a unos tres kilómetros al noroeste de Belén.

emuel -- Rey desconocido, el que escribió el capítulo 31 de Proverbios (v. 1). Es posible que era uno de los sabios del oriente. Se cree que no era judío, porque su nombre no está entre los reyes de Judá e Israel. Sin embargo, conocía a Jehová, el Dios de los hebreos (v.30).

nguas -- Idiomas. Don espiritual mencionado en Hch. 2:4; 1 Cor. 12:10; 14:2; y otros lugares. En el primer caso, los discípulos hablaban otras lenguas conocidas. Se *supone* que los discípulos no las habían aprendido. Fue una obra del Espíritu (v. 4). En esta ocasión hablaban "las maravillas de Dios" (v. 11). En el segundo caso, las lenguas no eran conocidas por los oyentes (14:2). Era necesario interpretarlas (vv. 5, 13, 14). Por estos detalles, se cree que había dos clases de lenguas. Si era así, la segunda clase fue conocida especialmente en Corinto. Sin embargo, todos los textos se pueden entender de *lenguas humanas conocidas*. Hoy día, hay iglesias que practican hablar en lenguas, especialmente los pentecostales. Otras insisten que esta práctica no es del Espíritu de Dios. La doctrina de que es necesario recibir el don de lenguas, no está de acuerdo con textos como 1 Cor. 12:30; 14:19. El uso del don de lenguas, no debe ser prohibido (v. 39). Si y cuando se use, debe hacerse "decentemente y con orden" (v. 40).

teja -- Legumbre que produce un pequeño grano (Gén. 25:34). Esaú vendió sus derechos como el primer hijo por un plato de lentejas (vv. 29-34). En tiempos de hambre, hacían pan de este grano (Ez. 4:9). El guiso de lentejas, era rojo. De ahí proviene el nombre Edom que se le dio a Esaú. *Edom* significa rojo (Gén. 25:30).

lepra -- **1.** Una de varias enfermedades de la piel, mencionadas en la Biblia. Lev. 13:1-46 explica cómo conocerla, y cómo debe tratarla el sacerdote. De acuerdo con su aspecto, el sacerdote declara al enfermo limpio o inmundo. Algunas clases de la lepra se podían curar, otras no. Mientras estaba enfermo, el *leproso* debía estar separado de las demás personas. Tenía que gritar "¡Inmundo!" para avisar a los demás de su enfermedad (vv. 45, 46). Las clases de lepra que hoy día se conocen, no se curan tan fácilmente. Pero tampoco se comunican fácilmente a otras personas. Se conoce la lepra especialmente por el efecto que produce en el cuerpo. La nariz comienza a hundirse, y los huesos se enjutan. Poco a poco el enfermo pierde los dedos de la mano y del pie. Puede perder manos y pies enteros. Los ojos también se hunden. Da un aspecto repulsivo a los demás. **2.** Una plaga en las paredes de la casa, o en la ropa (Lev. 13:47). Era de color verdoso y rojizo. La plaga de las paredes bien podría ser moho, lama, úlcera o cualquier clase de podredumbre. La plaga en la ropa podría ser el moho.

leudado, leudo -- Se dice del pan

fermentado con levadura, o de la masa que se ha levantado por la levadura.

leva -- Reclutamiento de hombres para el ejército (1 Reyes 5:13).

levadura -- **1.** Sustancia que se mezcla con la masa para que se levante. En tiempos bíblicos usaban los restos de la masa agria, mezclándola con la maza nueva (Luc. 13:21). Los hebreos comieron tortas sin levadura cuando salieron de Egipto, porque no hubo tiempo para que la masa se levantara (Ex. 12:39). La fiesta de los panes sin levadura (23:15) era recuerdo de esa salida con prisa. **2.** La palabra *levadura* se usa para representar la maldad en Luc. 12:1. En 1 Cor. 5:6, 7, también la levadura representa la maldad. Pero en Mat. 13:33 el reino de Dios se compara con la levadura. Es probable que se refiera a la actividad silenciosa y poderosa del testimonio cristiano en el mundo.

Leví -- **1.** El tercer hijo de Jacob y su esposa Lea (Gén. 29:34). Fue el padre de la tribu que llevaba su nombre. Moisés, Aarón y María, eran sus descendientes, así como todos los sacerdotes y *levitas.* **2.** La tribu fundada por Leví (Núm. 18:2). Esta tribu no recibió un territorio como las otras tribus (v. 20). *Dios mismo* era su herencia. Esta tribu debía recibir los diezmos como paga por su servicio en el tabernáculo (v. 21). Sin embargo, los levitas recibieron cuarenta y ocho ciudades con sus ejidos. En ellas vivían y cuidaban sus ganados. Seis de estas ciudades, eran ciudades de refugio (35:1-7). **3.** Cobrador de impuestos, publi- cano, que creyó en Jesús (Luc 5:27-32). Es probable que sea e mismo que se llama Mateo, uno de los apóstoles (Mat. 9:9-13; Mar 2:13-17).

leviatán -- Gran animal que vivía en el agua (Job 41). Quizá el coco- drilo. Pero su descripción hace pensar que este animal representa a Satanás (vv. 18-21).

levirato -- Obligación de un her- mano de casarse con la viuda de su hermano, si moría sin hijos (Deut 25:5-9). Booz cumplió esta obliga- ción con Rut, la viuda de su pariente (Rut 4:1-13).

levitas -- **1.** Miembros de la tribu de Leví (Núm. 3:9). **2.** La parte de la tribu de Leví que no eran sacer- dotes (Núm. 3:1-10). Ellos servían a los sacerdotes en el tabernáculo Vea *Leví,* definición 2.

Levítico -- El tercer libro del Anti- guo Testamento, escrito por Moi- sés. Fue escrito como manual par guiar a los sacerdotes y los levitas en el servicio del tabernáculo Contiene la historia de la consagra- ción de Aarón y sus hijos para e sacerdocio (Caps. 8—9). Además contiene la historia del castigo de Nadab y Abiú cuando pusiero fuego extraño en el altar (Cap 10). Contiene reglamentos sobr la pureza y la santidad.

ley -- **1.** Orden civil. Enseñanz divina. La palabra hebrea *torá,* qu se traduce *ley,* significa tambié *enseñanza.* La *ley de Moisés* s puede dividir en tres partes: *La le moral* requiere la conducta rec delante de Dios y los hombre Esta ley se expresa mejor en l

Diez Mandamientos. Sin embargo, hay otras leyes sobre la conducta moral y espiritual en la ley de Moisés. *La ley ceremonial* enseñaba a los judíos cómo adorar a Dios. Decía cómo hacer los sacrificios y las ofrendas, cuándo ir al templo, y cuáles días festivos debían ser observados por el pueblo judío. *La ley civil* decía cuáles eran las obligaciones públicas del pueblo. Tenía que ver con la construcción de las casas, el cuidado de los animales, cómo resolver los pleitos entre vecinos, el castigo por los robos y muertes, cómo tratar ciertas enfermedades, y cosas semejantes. La ley civil de los judíos era como las leyes de cualquiera nación de nuestros tiempos. **2.** Los primeros cinco libros de Moisés se llamaban la ley. El *pentateuco.* A estos libros se refiere Jesús en Mat. 22:40, cuando dice "la ley y los profetas". Este grupo de libros se llama así, porque forman la base de toda la religión hebrea. Aun la historia del Génesis tiene la fuerza de ley para el pueblo judío (Gál. 4:21-31). **3.** Todo el Antiguo Testamento, toda la Escritura del pueblo hebreo (1 Cor. 14:21). **4.** Cualquiera fuerza natural o espiritual. Por ejemplo: "la ley del pecado" (Rom. 7:21-23). "La ley del Espíritu de vida" (8:2).

íbano -- **1.** Cadena de montañas del norte de Palestina, que sigue la costa del mar Mediterráneo. Su extremo sur está entre las ciudades de Tiro y Sidón. Sigue hacia el norte por unos 160 kilómetros. Al oriente del Líbano está la cadena que se llama Anti-líbano. Sin embargo, en la Biblia Líbano incluía Anti-líbano. En las montañas del Líbano había bosques de cedros. De allí cortaron árboles para la construcción del templo y la casa de Salomón. Ahora existen muy pocos de aquellos cedros famosos. Los picos más altos del Líbano estaban cubiertos con nieve todo el tiempo. En las montañas se formaban arroyos que regaban los valles, y los hacían muy fértiles. **2.** País moderno que comprende las montañas del Líbano. Mide unos 210 kilómetros. Su capital es la ciudad de Beirut. Estaba bajo el dominio de Francia entre 1918 y 1943. Luego recibió su independencia.

libertador -- Militar u hombre valiente de los tiempos de los jueces, que libró al pueblo de Israel de sus enemigos. Servía como juez o gobernador de los israelitas. Estos libertadores fueron levantados por Dios para salvar al pueblo (Jue. 2:11-19).

libertinaje -- Libertad que no reconoce límites ni obligaciones. Conducta moral sin frenos.

libertos -- Grupo de hombres que vivían en Jerusalén y tenían su sinagoga (Hch. 6:9). Probablemente eran judíos que fueron tomados como esclavos en guerra con Roma y fueron puestos en libertad (*libertos*, libertados). Eran muy celosos de la ley de Moisés. Ellos eran enemigos de Esteban.

libra -- Peso antiguo variable. La libra de los tiempos de Esdras, pesaba unos 450 gramos (Esdras

2:69). La libra romana (Jn. 12:3), pesaba 327,5 gramos.

libro -- **1.** Rollo escrito en pergamino o papiro. Los extremos del rollo estaban fijados a dos palos. Para leer se iba desenrollando de un palo mientras se enrollaba en el otro. Todos los libros mencionados en la Biblia eran de este tipo. **2.** Cada uno de los Escritos de la Biblia. Por ejemplo, el libro del Génesis, del Exodo, de Levítico, y los demás. Los sesenta y seis *libros* forman *un solo libro,* que es la Biblia.

Licaonia -- Distrito de Asia Menor central, hacia el sur. Pablo predicó en tres ciudades: Iconio, Derbe y Listra (Hch. 14:6). Hablaban en su propia lengua *licaónica* en aquel tiempo (v. 11).

Lida -- Ciudad al noroeste de Jerusalén, cerca del puerto de Jope (Jaffa). Hoy día lleva el mismo nombre que en el Antiguo Testamento, Lod (1 Crón. 8:12). Pedro sanó a Eneas, un hombre paralítico, de esa ciudad. Los habitantes de Lida y de Sarón, fueron convertidos cuando vieron este milagro (Hch. 9:32-35).

Lidia -- Mujer de Tiatira que vivía en Filipos de Macedonia. Era vendedora de telas teñidas de púrpura. Se había convertido al judaismo. Oyó la predicación de Pablo y el Señor le abrió su corazón. Después de ser bautizada, recibió a los apóstoles en su casa (Hch. 16:12-15). Su casa llegó a ser el primer centro de reunión para la iglesia en Europa (v. 40).

lícito -- Legal, permitido por la ley. Correcto.

límite -- Lindero, frontera.

limpio -- Según la ley de Moisés, todas las cosas eran o limpias o inmundas. Las cosas limpias eran aceptables o permitidas para el pueblo judío. Las inmundas no eran aceptables ni permitidas para ellos. Si el hombre tocaba lo inmundo, él ya estaba inmundo por cierto tiempo. Tenía que limpiarse según la ley. De esta manera Dios enseñaba al antiguo pueblo la diferencia entre lo malo y lo bueno delante de él. Ciertas carnes eran inmundas (Hch. 10:12-16). El judío no las podía comer. Pero por la palabra de Cristo, todos los alimentos ya son limpios (Mar. 7:1-4, 14-19). Para el creyente evangélico, no existen comidas inmundas delante de Dios. Puede el cristiano comer lo que quiera, dando gracias a Dios él (1 Tim. 4:3-5). Vea *inmundo.* Sin embargo, no todas las comidas son buenas por razones de salud. La ley evitaba a los judíos algunas enfermedades por las carnes prohibidas.

linaje -- Casa, familia, línea de padres o hijos.

lirios -- Flores del campo, no de una sola clase. Entre las flores llamadas lirios, están el jacinto, el tulipán, y varias clases de anémone (Can.

2:1; Mat. 6:28).

.isias, Claudio -- El tribuno romano que salvó a Pablo de los judíos (Hch. 21:31, 32; 23:26, 27). Después, lo envió a Cesarea para ser examinado por el gobernador Félix.

isonjear -- Alabar demasiado, envanecer.

.istra -- Ciudad de Galacia y Licaonia, de Asia Menor. Pablo predicó en esa ciudad en su primer viaje misionero (Hch. 14:6, 7). Sanó a un hombre cojo (vv. 8-10). La gente quiso adorar a Pablo y a Bernabé, como si fueran los dioses Júpiter y Mercurio. Sólo con dificultad pudieron evitar que lo hicieran. Luego llegaron algunos enemigos judíos y volvieron al pueblo en contra de ellos. Apedrearon a Pablo y lo dejaron creyendo que estaba muerto. El día siguiente Pablo salió de la ciudad (vv. 11-20). En su segundo viaje misionero, Pablo encontró en Listra a Timoteo, creyente joven, y lo llevó consigo como ayudante en el evangelio (16:1-3). Hoy día Listra es solamente un montón de ruinas.

tigar -- Hacer pleito o discusión. Luchar por alguna causa en la corte civil.

turgia -- Servicio religioso público. La música y rezos usados por la congregación, especialmente cuando éstos siguen una regla fija.

od -- Ciudad antigua (1 Crón. 8:12), cerca del puerto de Jope. Vea *Lida*.

ogos -- Palabra griega que significa *verbo, palabra* o razón (Jn. 1:1, 14; 1 Jn. 1:1). En la antigua filosofía griega, el verbo era la razón que gobernaba al mundo. El apóstol Juan usó esta palabra *(logos Verbo)* para hablar del Hijo de Dios. En efecto decía que Jesucristo es la razón que gobierna al mundo, junto con el Padre celestial. Muchos prefieren entender la palabra *Verbo* como la Palabra de Dios en acción.

Loida -- Abuela de Timoteo, madre de Eunice (2 Tim. 1:5). Mujer judía que conservó la fe en su hija y nieto, enseñándoles las Sagradas Escrituras (3:14, 15).

lomos -- Las caderas, abdomen y parte inferior de las espaldas. "Cinto de sus lomos" (Is. 11:5) era una banda o ropa interior, usada junto a la carne. Este texto dice que la justicia debe estar tan cerca de la persona como el cinto. "Ceñidos vuestros lomos con la verdad" (Ef. 6:14) es cosa semejante. La verdad debe estar tan cerca de uno como la ropa interior. En Luc. 12:35, "ceñidos vuestros lomos" significa que uno debe estar preparado para una vida activa. Los antiguos usaban ropa larga y floja, que no permitía correr, pelear o trabajar con facilidad. Para hacerlo, tenían que recoger la ropa floja debajo del cinturón y apretarlo. Cristo decía que sus discípulos debían estar preparados siempre para trabajar.

Lot -- Sobrino de Abraham, hijo de Harán, su hermano (Gén. 11:27). Acompañó a Abraham cuando salió de la ciudad de Harán (12:4). Tenía gran cantidad de ganado (13:1, 5) y el pasto no era suficiente para el ganado de los dos hombres.

Para evitar dificultades entre los pastores, Abraham y Lot se separaron. Lot fue a vivir en la llanura del río Jordán (vv. 10, 11). Puso sus tiendas cerca de la ciudad de Sodoma (vv. 12, 13). La maldad de Sodoma trajo el juicio de Dios sobre ella. Primero, Lot y su familia fueron llevados presos en una batalla. Abraham fue con sus siervos a librarlo (14:11-16). Después, Dios destruyó la ciudad con fuego. Dos ángeles sacaron a Lot y familia de allí (19:12-25). La mujer de Lot fue muerta cuando fue desobediente a la palabra de los ángeles (vv. 17, 26). Lot y sus dos hijas se escaparon a una cueva (v. 30). Las hijas de Lot querían tener hijos, y engañaron a Lot para tener hijos de él (31-38). Una de ellas dio a luz a Moab, padre de los moabitas. La otra dio a luz a Ben-ammi, el padre de los amonitas.

Lucas -- **1.** Médico cristiano (Col. 4:14), compañero de Pablo en algunos de sus viajes misioneros. Era griego. Se cree que era nativo de Antioquía de Siria, según una tradición antigua. Es casi seguro que fue el autor del Evangelio de Lucas, y los Hechos de los Apóstoles, aunque estos libros no llevan su nombre. Una tradición lo afirma. Pero también, los dos libros usan palabras de medicina, que no eran comunes entre el pueblo. En el texto de Hechos (16:10-17; 20:5-–21:18; 27:1-28), el autor habla de sí mismo, usando palabras como "procuramos, vinimos, estuvimos" y otras muchas. Entendemos que Lucas estaba con Pablo en Troas y Filipos en su segundo viaje misionero. En su tercer viaje, estaba con Pablo entre Filipos y Jerusalén. Parece que se quedó en Palestina por dos años, mientras Pablo estaba en la cárcel de Cesarea. Es posible que durante ese tiempo Lucas encontró datos que puso en su Evangelio. Mientras Pablo estaba preso en Roma, Lucas estaba con él (2 Tim. 4:11). No se sabe nada del lugar ni del tiempo de la muerte de Lucas. **2.** El Evangelio de Lucas, el tercero de los Evangelios *sinópticos*. Este libro, como también los Hechos de los Apóstoles, fue escrito para Teófilo (Luc. 1:3). Se supone que Teófilo era persona de dinero y autoridad, porque Lucas le llama "excelentísimo". No sabemos si Teófilo era su verdadero nombre, o solamente un nombre cristiano. (Teófilo significa "Amador de Dios"). Algunos piensan que Teófilo pagó los gastos de viaje de Lucas, y que él pidió que Lucas escribiera esta historia. El Evangelio de Lucas es el más completo de todos. Es el único que relata la historia del nacimiento de Juan el Bautizador. Relata también más detalles del nacimiento de Jesús que los otros Evangelios. Al final del libro habla de la ascensión de Jesús. La historia de este Evangelio fue escrita especialmente para los gentiles. Usa expresiones mejor entendidas por ellos. Por ejemplo, dice "el reino de Dios" en lugar de "el reino de los cielos", como dice Mateo. Habla de Jesús más como "el Hijo del Hombre" que los otros evangelistas. Aunque también le llama "el Hijo de Dios" (Luc. 1:32; 4:3; 22:70). Este Evangelio contiene la mayor parte de las enseñanzas de Jesús, especialmente las parábolas. Lucas relata catorce de ellas.

Lucero -- Portador de luz, nombre de la estrella de la mañana (Is. 14:12). En este texto el rey de Babilonia es llamado Lucero, pero como burla. Muchos entienden que el rey de Babilonia representa a Satanás, porque las palabras de los versículos 13, 14 parecen ser de él. El nombre *Lucero* es *Lucifer* en algunas versiones de la Biblia.

Lucifer -- Vea *Lucero*.

lugar alto -- Lugar usado para el culto de dioses falsos. Los cananeos y los moabitas los tenían, pero los israelitas debían destruirlos (Núm. 33:52). Algunas veces los israelitas adoraban al Dios verdadero en los lugares altos. Pero fue prohibido, (Lev. 17:8, 9) excepto cuando no había templo (1 Reyes 3:2). Comúnmente, los cultos de los lugares altos eran acompañados por actos inmorales (Oseas 4:12-14). El rey Jeroboam hizo altares en los lugares altos, creyendo adorar a Jehová (1 Reyes 12:25-33). Pero este culto fue condenado (13:1-3). Algunos de los reyes adoraron a los dioses falsos en los lugares altos; Salomón, por ejemplo (11:7, 8).

Lugar Santísimo -- El departamento del templo y tabernáculo donde solamente el sumo sacerdote podía entrar. El entraba solamente una vez al año (Lev. 16:2), llevando la sangre de una ofrenda (v. 14). Este lugar se llamaba también el santuario (v. 2). En él estaban un incensario de oro y el arca del pacto (Heb. 9:4). Dentro del santuario estaba la presencia de Dios de una manera especial. Vea la *Shekina*. Junto al Lugar Santísimo estaba el *Lugar Santo*, que no debe confundirse con el santuario (Ex. 26:33; Heb. 9:6). En este lugar entraban los sacerdotes continuamente para hacer su culto.

lunático -- Loco (Mat. 17:15). La palabra griega significa "le afecta la luna". Sin embargo, esta palabra no indica que así creyeran. Más bien, significa que el muchacho sufría alguna enfermedad de la mente. La Versión Popular dice solamente, "le dan ataques y sufre terriblemente".

LXX -- Número romano que significa "setenta". Así se escribe muy brevemente al referirse a la Versión griega del Antiguo Testamento, *septuaginta*, que también quiere decir "setenta". Vea *septuaginta*.

llaga -- Herida abierta, que no sana fácilmente.

llaves -- **1.** Las llaves del oriente no eran como las de hoy. Las llaves modernas abren un candado o cerradura de varias clases. La llave oriental era una vara de madera con otras varitas de madera en la punta. Estas entraban en los agujeros del cerrojo, para abrir la puerta (Jue. 3:25). **2.** Palabra que representa autoridad. Jesucristo tiene las llaves de la muerte y del Hades (Apoc. 1:18). Es decir, él tiene autoridad o poder sobre la muerte. En Mat. 16:19, "Las llaves del reino de los cielos" significa la autoridad o poder para abrir o cerrar la puerta. Esta autoridad fue dada a Simón Pedro, pero no sólo a él. Los demás discípulos recibieron la misma autoridad (18:18).

lluvia tardía -- Lluvia de primavera, en el mes de abril. El año hebreo comenzaba en este mes, y las lluvias de primavera eran las últimas antes de la sequía. Santiago (5:7) compara la paciencia del cristiano con la del agricultor. El espera "la lluvia temprana y tardía". Luego dice: "Tened también vosotros paciencia, . . . porque la venida del Señor se acerca" (v. 8).

lluvia temprana -- Las primeras lluvias del año hebreo vienen en octubre. Este es el principio del invierno o tiempo de lluvias. Vea *lluvia tardía.*

M

macabeos -- Una familia judía, que comenzó con los cinco hijos de Matatías, sacerdote que murió en el año 166 antes de Cristo. El nombre *macabeo* se dio primero a Judas, su tercer hijo. Se cree que el nombre significa "martillo". Se refiere a los duros golpes que dio a sus enemigos cuando peleaba contra ellos. Sin embargo, algunos explican el nombre de otras maneras difíciles de entender. En el año 164 antes de Cristo, Antíoco Epífanes, rey de Siria, quiso obligar a los judíos a dejar su religión para adorar a dioses paganos. Entró al templo y sacrificó un cerdo sobre el altar. Matatías le resistió y huyó a las montañas. Le acompañaron algunos que eran fieles a Dios. Dos años más tarde, Matatías murió, y dejó su ejército en manos de Judas. Judas encabezó una lucha de tipo guerrilla y tuvo mucho éxito. Libró la ciudad de Jerusalén, limpió el templo y lo dedicó de nuevo a Dios. Se recuerda esa fecha con la fiesta de la Dedicación (Jn. 10:22). Judas murió en una batalla en el año 160 antes de Cristo. Entonces Jonatán, el hermano menor de Judas, que era sumo sacerdote, tomó la dirección del ejército. Los dos hermanos mayores habían muerto ya. Durante el gobierno de Jonatán, Israel vivió en paz con Siria. Pero fue asesinado en el año 143 antes de Cristo. La dirección entonces pasó a Simón, el único hijo de Matatías que había quedado. Durante el gobierno de Simón, Israel ganó su independencia. Simón y dos hijos fueron asesinados en el año 135 por un yerno. Uno de sus hijos, Juan, tomó el poder. Fue conocido como Juan Hircano. Gobernó con vigor, y dominó a los edomitas. El los hizo formar parte del pueblo judío. La muerte de Juan fue natural, y un hijo, Aristóbulo, gobernó en su lugar. Este fue un hombre malo, mató a su madre y a su hermano. Hasta su tiempo, el gobierno de Israel fue una *teocracia.* Pero Aristóbulo la cambió en un reino. El mismo se hizo rey. Al mismo tiempo se quedó como sumo sacerdote. Gobernó solamente un año, y su hermano, Alejandro Janeo, reinó en su lugar. Este gobierno duró veintisiete años. Cuando murió, su viuda, Alejandra, reinó en su lugar por nueve años. Sus dos hijos, Hircano y Aristóbulo, pelearon por el gobierno. Hircano llegó a ser sumo sacerdote y Aristóbulo tomó el poder civil. Hubo una guerra civil, y los romanos entraron en el pleito. Ellos llevaron preso a Roma a Aristóbulo. Hircano, el sacerdote, quedó como rey. Sin embargo, el regidor verdadero era Antipater, *idumeo*, gobernador nombrado por los romanos. Siguió un tiempo de dificultades entre Hircano y los romanos. Al final, los macabeos perdieron el favor de Roma. Herodes, un hijo de Antipater, fue coronado como rey de Judea. Herodes se casó con Mariamna, que era de la familia de los macabeos. Este rey fue Herodes el Grande, que reinó en el tiempo del nacimiento de Jesús.

Macedonia -- En el Nuevo Testamento, Macedonia era provincia romana. Estaba al norte de Grecia, en el continente de Europa. Desde el siglo VI antes de Cristo, fue país independiente, pero de poca importancia. Llegó a ser más importante durante el gobierno de Felipe de Macedonia, en el siglo cuatro antes de Cristo. Su hijo, Alejandro el Grande, que vivió entre los años 336 y 323 antes de Cristo, conquistó el mundo entero. Así se formó el imperio griego. Sin embargo, este imperio fue dividido entre cuatro de sus generales. Macedonia fue conquistada por los romanos en el año 168 antes de Cristo. En el año 148, fue hecha una provincia romana. Durante su segundo viaje misionero, Pablo vio la visión de un hombre de Macedonia, llamándole (Hch. 16:6-10). En Filipos, ciudad de Macedonia, Pablo predicó el evangelio por primera vez en Europa. Hoy día Macedonia está dividida entre Grecia, Bulgaria, Yugoeslavia y Albania.

Macpela -- La cueva y campo que Abraham compró a Efrón heteo, para enterrar a su familia (Gén. 23:7-20). Esta cueva está cerca de Mamre o Hebrón, al suroeste de Jerusalén, a unos veintitrés kilómetros. Sara, Abraham, Isaac, Rebeca, Lea y Jacob fueron enterrados allí. Quizá también otros de quienes no sabemos nada (Gén. 49:31).

Madián -- **1.** Un hijo de Abraham y Cetura (Gén. 25:2). Sus hijos, los *madianitas*, siempre fueron enemigos de los judíos. Comerciantes de esta tribu compraron a José y lo llevaron a Egipto (37:28). Los madianitas se unieron a Amalec para traer mal sobre Israel. Pagaron a Balaam para maldecirlos (Núm. 22:4, 6). Más tarde los israelitas pelearon contra ellos y los vencieron (31:1-18). Durante el tiempo de Gedeón, los madianitas robaban y molestaban a los israelitas. Gedeón los derrotó para siempre (Jue. 6—8). **2.** La región sur de Canaán, ocupada por los madianitas. El lugar estaba cerca del golfo de Akaba, en el desierto de Arabia. Todavía esa región se llama Madyán.

maestro -- **1.** Enseñador del pueblo de Israel. Todos los líderes de Israel eran considerados como maestros. En las sinagogas, los rabíes enseñaban al pueblo. Llamaban al maestro, Rab (maestro), Rabí (maestro mío, Jn. 1:38), Raboni (respetado maestro mío, Jn. 20:16). Hoy día, el *rabino* es el ministro del culto judío, y actúa como los antiguos sacerdotes, aunque no sacrifica nada. **2.** Título dado a Jesús durante su ministerio.

Magdala -- Pueblo situado cerca de la ribera del mar de Galilea, al extremo occidental. El hogar de María Magdalena. En Mat. 15:39, donde dice Magdala, los mejores textos de este Evangelio dicen Magadán. Este lugar parece incluir el pueblo de Magdala.

magistrado -- Autoridad civil, con poder de juez o administrador.

magnificat -- El canto de María, la madre de Jesús (Luc. 1:46-55). La palabra *magnificat*, es latina, y significa "Magnifica o engrandece". Con esta palabra comienza el canto de María (v. 46). En la Iglesia Católica Romana, se usa este cántico al final de las vísperas.

mago -- **1.** Hechicero, brujo (Hch. 13:6). **2.** Hombre del grupo religioso de Media, al norte de Persia antigua. Los magos eran *astrólogos*, y creían conocer el futuro por sus estudios de las estrellas. No deben confundirse con los magos de la definición número 1. Un número desconocido de estos magos, visitó al niño Jesús en Belén (Mat. 2:1-12). La tradición que afirma que eran tres "reyes magos" está basada en los tres regalos que le dieron: oro, incienso y mirra (v. 11). Pero esta idea no tiene ninguna validez. Por supuesto, los nombres de los magos no se conocen.

Magog -- Vea *Gog y Magog.*

Mahanaim -- El lugar donde Jacob vio a algunos ángeles de Dios (Gén. 32:1, 2). Dijo Jacob, "Campamento de Dios es este", y llamó aquel lugar, Mahanaim. Este nombre significa "Dos campamentos." Quizá los dos campamentos eran el de los ángeles de Dios y el de su propia familia. Mahanaim estaba en el lindero entre las tribus de Gad y Manasés (Jos. 13:26, 30), pero no se conoce el lugar exacto. Al principio, Mahanaim era solamente un lugar sagrado. Después, llegó a ser ciudad con muros y torres. Is-boset, un hijo de Saúl, reinó brevemente en esa ciudad (2 Sam. 2:8, 9). David fue a protegerse allí cuando su hijo Absalón se hizo rey (17:24).

Maher-salal-hasbaz -- Un hijo del profeta Isaías. El nombre le fue dado por Dios, y era un mensaje para el pueblo de Israel. Este nombre significa "El despojo se apresura, la presa se precipita" (Is. 8:1-4).

Mahlón -- Hijo de Elimelec, el primer esposo de Rut (Rut 4:9). Murió en Moab, diez años después de casarse con Rut.

majestad -- **1.** Dignidad real. Gloria, grandeza. **2.** Título o nombre de Dios (Heb. 1:3; 8:1).

Malaquías - **1.** Profeta que vivió cerca del año 450 antes de Cristo. Después del cautiverio, Judea era una provincia pequeña. Así, es probable que Malaquías viviera en o cerca de Jerusalén, la capital. Su nombre significa "Mi mensajero."

Por esto, algunos creen que Malaquías no era su nombre, sino un título o sobrenombre. Pero lo más probable es que sí era su nombre, porque los nombres de los otros profetas aparecen al principio de sus libros. **2.** El último de los libros del Antiguo Testamento, y el último de los "Profetas Menores". En su libro, Malaquías dice que Israel no había amado a Dios como debiera. Ellos ofrecían sacrificios imperfectos a Dios. Los varones traicionaban a la nación. Dejaban a sus esposas y se casaban con mujeres paganas. Dijo que el juicio de Dios estaba cerca. Pronto vendría el mensajero de Dios, que era el Señor mismo (3:1-5). Entonces Malaquías llamaba al pueblo a arrepentirse y a volver a la ley de Dios. En los últimos versículos del libro, dijo que vendría el profeta Elías antes de aquel día terrible de Jehová. (Según las palabras de Cristo, este Elías era Juan el Bautizador, (Mat. 11:14). Dijo que si no se arrepentían, Dios traería la maldición sobre la tierra.

Malco -- El siervo del sumo sacerdote que estaba con los soldados que fueron a tomar preso a Jesús (Jn. 18:10). Pedro le cortó la oreja, tratando de defender al Señor. Pero Jesús sanó a Malco en seguida (v. 10; Lucas 22:51).

maldición -- Palabras que expresan el deseo de que algo malo suceda a otra persona (Rom. 3:14). Advertencia de parte de Dios que algún mal vendrá sobre alguna persona (Deut. 11:26-28).

malhechor -- Criminal. Persona que quiebra alguna ley.

malicia -- Maldad. Deseo de hacer cosa mala. Odio, desprecio.

Malta -- Isla del mar Mediterráneo, entre Sicilia y Africa. País independiente desde 1964. En su historia, fue gobernada por España, Italia, Turquía, Francia e Inglaterra. El barco en que viajaba el apóstol Pablo naufragó en Malta (Hch. 28:1). Mientras estaba allí con los otros viajeros y presos, Pablo fue mordido por una víbora, y se salvó (vv. 3-6). Cuando el padre de Publio, el hombre principal de la isla, se enfermó, Pablo lo sanó (vv. 7, 8). Sanó a otros de sus enfermedades también. Entonces los nativos trataron con bondad a todos los viajeros, por gratitud a Pablo (9, 10). Pablo y los demás estuvieron en Malta por tres meses, antes de partir para Italia (v. 11).

Mamón -- **1.** Riquezas injustas. Dinero usado con fines malos (Luc. 16:9, margen). **2.** Nombre de un dios pagano de riquezas (Mat. 6:24, margen).

Mamre -- Lugar donde Abram y su familia acamparon (Gén. 13:18). Allí había muchos árboles de encino o roble. Abram hizo allí un altar al Señor. Mamre está cerca de Hebrón y de la cueva de Macpela.

maná -- Alimento o pan que Dios dio al pueblo de Israel, en el desierto (Ex. 16:11-18). Era "cosa menuda, redonda . . . como una escarcha sobre la tierra" (v. 14). El pueblo preguntó: "¿Qué es esto?" En el idioma hebreo, esta pregunta se expresaba con la palabra *¿Maná?* Por esto, le dieron el nombre de Maná (v. 31). En el Nuevo Testamento, Jesús se comparó con el maná (Jn. 6:31-35). Dijo: "Yo soy el pan de vida."

Manaén -- Uno de cinco profetas y maestros de la iglesia de Antioquía (Hch. 13:1). Se había criado junto con Herodes el tetrarca. Es decir, era el hijo o el hermano de crianza de Herodes.

Manasés -- **1.** Hijo mayor de José, y su esposa egipcia (Gén. 41:51). Manasés significa "El que hace olvidar". Lo llamó así, porque cuando Manasés nació, José pudo olvidar el pasado. Jacob lo reconoció como uno de sus propios hijos, para honrar a José (48:5). Fue contado entre las tribus de Israel, y recibió tierras como ellas (Jos. 13:29; 17:6-18). La tribu formada por los hijos de Manasés era muy grande (vv. 14, 15, 17) y ocupaba más espacio que las otras tribus. La mitad de la tribu recibió tierras al oriente del río Jordán, entre el río Jaboc y el mar de Galilea. La otra mitad de la tribu, ocupó las tierras al lado occidental del río Jordán, entre el monte Carmelo y cerca del puerto de Jope. Este territorio corresponde más o menos a la región de Galilea. **2.** Rey de Judá, hijo del rey Ezequías (2 Reyes 20:21). Su reino comenzó cuando tenía sólo doce años de edad. Esto fue cerca del año 693 antes de Cristo. Gobernó cincuenta y cinco años, más que cualquier otro rey de Judá. En la primera parte de su gobierno, estableció de nuevo los lugares altos. Adoró a Baal, y Asera. Dentro de los atrios del templo, edificó altares para "el ejército del cielo". Hizo a su hijo "pasar por fuego", y permitió las actividades de encantadoras y adivinos. El mismo fue agorero (21:1-7). Fue reprendido, pero no quiso oir. Como castigo, Dios envió contra él, el ejército de los sirios. Lo llevaron preso a Babilonia. Pero Manasés se arrepintió y oró a Dios. Luego Dios le permitió volver a Jerusalén para ser rey otra vez. Quitó los dioses ajenos y sus altares, y edificó de nuevo el altar del Señor. Hizo más fuerte la ciudad de Jerusalén, con muros más altos. Murió a los sesenta y siete años de edad (2 Crón. 33:1-20), cerca del año 638 antes de Cristo. **2.** Otros dos hombres llevaron este nombre (Esdras 10:30, 33).

mandamiento -- Decreto, mandato, ley, reglamento. Enseñanza de Dios. Vea *Diez Mandamientos.* Los mandamientos incluyen toda la enseñanza de la Biblia, los de Jesucristo y de los apóstoles (Sal. 19:8; 119:35; Jn.13:34; 2 Ped. 3:2).

mandrágoras -- Planta silvestre que da flores y fruta. Desde tiempos muy antiguos, la gente creía que esta planta podía estimular el amor (Gén. 30:14-16). La raíz se parece en algo al cuerpo humano. La palabra hebrea traducida *mandrágora,* suena como la palabra *amor* o *amado,* en ese idioma.

manifestación -- Demostración, evidencia, prueba (1 Cor. 12:7).

Revelación (Rom. 8:19). La segunda venida de Cristo (1 Cor. 1:7).

manifiesto-Visible, evidente, claro.

Manoa -- El padre de Sansón (Jue. 13:2-23). Un ángel apareció a él y a su mujer, avisándoles del nacimiento de Sansón.

manso, mansedumbre -- Humilde, apacible. Domesticado, cuando se trata de un animal. *Mansedumbre* es el carácter manso del hombre (Ecl. 10:4; 1 Cor. 4:21; Gál. 5:23).

manuscrito -- **1.** Escritura hecha a mano. Es decir "mano-escrito". Algo escrito en pergamino o papiro. **2.** Copia antigua de las Sagradas Escrituras, aunque no sea completa. Vea *códice*.

manzana -- En tiempos antiguos, la manzana crecía especialmente en las montañas del Líbano. Los romanos las cultivaban en los tiempos del Nuevo Testamento. Hoy día, cultivan la manzana en la costa del Mediterráneo, usando injertos. También, se cultiva en las montañas de Israel moderno. Las manzanas de Prov. 25:11, pueden ser naranjas u otra fruta cítrica. O bien, pueden ser solamente *figuras* de la manzana, hecha con fibras de oro montadas en un marco de plata, o quizá con decorado de plata.

Maón -- **1.** Pueblo de Nabal (1 Sam. 25:2). Está a unos catorce kilómetros al sur de Hebrón. Cerca de este pueblo, David y sus hombres acamparon, cuando huía de Saúl (23:24). **2.** Hombre de la tribu de Judá. Hijo de Samai, y padre de Bet-sur (1 Crón. 2:45). **3.** Pueblo que luchaba en contra de Israel en el tiempo de los jueces (Jue. 10:12).

maquinar -- Preparar, planear una cosa mala.

mar Grande -- El mar Mediterráneo (Núm. 34:6).

mar Muerto -- El mar Salado (Gén. 14:3) al sureste de Canaán. Mide setenta y cinco kilómetros de largo, y unos dieciséis de ancho. En Deut. 3:17, se llama el mar de Arabá. En Ez. 47:18, se llama el mar oriental. Los griegos le dieron el nombre mar Muerto en el siglo II antes de Cristo. Hoy día conserva el mismo nombre. Se cree que no hay nada vivo en este mar, pero es un error. Tiene pocas plantas excepto donde el río Jordán y otros arroyos tiran sus aguas en el mar. Al sur de la pequeña península al sureste del mar, llamada el Lisán, hay pequeñas cantidades de peces. El agua es sumamente salada, más que la de ningún otro mar o lago del mundo. Contiene muchos minerales, y hay industrias que explotan esta riqueza. El mar está a 417 metros bajo del nivel del Mediterráneo. El clima al nivel del agua, es tropical.

mar Rojo -- El gran mar al oriente de Egipto. Se extiende desde el norte del golfo de Suez y termina al sur de Arabia Saudita. Incluye también el golfo de Akaba, al oriente de la península de Sinaí. Mide unos 2410 kilómetros de norte a sur. De ancho, tiene unos 240 kilómetros. Se llama el mar Rojo porque el historiador griego Heródoto así lo llama. En hebreo, el nombre es el mar de Carrizo o de Caña. Pero el nombre mar Rojo, es adecuado porque se ve rojo a la luz de la tarde. Los israelitas cruzaron el mar Rojo en seco, en el golfo de Suez, probablemente en el punto angosto entre el golfo y el lago al norte (Ex. 14:1-3, 21, 22).

mar Salado -- Vea *mar Muerto*.

Mara -- Aguas en el desierto de Shur, de la península de Sinaí. Los israelitas habían caminado buscando agua por tres días. Cuando las encontraron no las podían beber, porque eran amargas. Les pusieron el nombre *Mara*, que quiere decir Amargura (Ex. 15:23). El pueblo se quejaba, y Moisés oró a Dios. El le mostró un árbol y le dijo que lo pusiera en el agua. El agua se hizo dulce y el pueblo la pudo beber.

maran-ata -- Palabra del arameo que significa "el Señor viene" (1 Cor. 16:22, margen).

Marcos -- **1.** Joven seguidor de Jesús (Mar. 14:51), con el nombre de Juan (Hch. 12:12). Sobrino de Bernabé (Col. 4:10). Acompañó a Pablo y Bernabé en parte de su primer viaje misionero (Hch. 12:25; 13:1, 5). Se separó de ellos en Perge (v. 13). Por este motivo, hubo discordia entre Pablo y Bernabé al principio del segundo viaje misionero (15:37-39). Bernabé y Marcos fueron a Chipre. Más tarde Marcos ayudó a Pablo en Roma (2 Tim. 4:11). También fue compañero de Pedro en Babilonia (1 Ped. 5:13). Fue el autor del segundo Evangelio, el que lleva su nombre. **2.** El segundo Evangelio, el más corto de los cuatro. La mayor parte de los estudiantes de la Biblia, creen que Marcos fue escrito antes que los otros. Fue escrito por el año 65 o 68 después de Cristo. Posiblemente fue escrito antes. Este Evangelio sigue los eventos de acuerdo al tiempo cuando sucedieron. (Los otros no trataron de seguir ese orden con tanta exactitud, sino según los temas.) Marcos escribe más de las obras de Jesús, y poco de sus enseñanzas. Sólo un discurso largo está en este Evangelio (Mar. 13). Fue escrito especialmente para los gentiles, porque hace explicaciones de las costumbres de los judíos. También, ocupa algunas palabras del latín, el idioma de los romanos. Los últimos doce versículos del Evangelio no eran parte del Evangelio escrito por Marcos. Los dos *códices* más antiguos no los tiene. Sin embargo, este trozo parece venir del siglo II después de Cristo, y relata las cosas correctamente. Quizá el final del Evangelio se perdió. O quizá Marcos no pudo terminarlo por razones que no sabemos.

Mardoqueo -- **1.** Hombre de la tribu de Benjamín, hijo o descendiente de Jair. Mardoqueo o sus padres llegaron a Babilonia como cautivos de Nabucodonosor (Ester 2:5, 6). Ahora vivía en Susa, ciudad principal de Persia. Su hija de crianza era Hadasa (v. 7). Mardoqueo era oficial en la corte del rey Asuero (Jerjes). El "se sentaba a la puerta del rey Asuero (Jerjes) (v. 21). Cuando Vasti, la reina, fue quitada, Hadasa (llamada Ester por los persas) fue escogida en su lugar (v. 17). Mardoqueo supo de un complot contra el rey, y dio aviso por medio de Ester (vv. 19-

23). Amán, otro oficial del rey, recibió un puesto de mucha importancia (3:1). Quería que todos se hincaran delante de él. Mardoqueo, por ser judío, no lo hacía y Amán se enojó. Quiso destruir a todos los judíos (v. 6). Cartas del rey ordenaron que esto se hiciera (v. 12). Mientras llegaba la fecha para la destrucción de los judíos, el rey supo que nada se había hecho para honrar a Mardoqueo. Amán fue escogido para honrarlo públicamente. Ester presentó una petición al rey para salvar a su nación. En un banquete que ella preparó para el rey, denunció a Amán. Amán fue ahorcado y Ester recibió todos los bienes de este hombre rico. Mardoqueo fue subido para estar delante del rey (8:1). Entonces escribió cartas a todos los judíos en todas partes, dándoles permiso de defenderse en el día antes señalado. Al final de la historia, Mardoqueo fue honrado aun más. Recibió una corona, y fue el gobernador segundo al rey (vv. 15; 9:4; 10:3). La fiesta de Purim recuerda estos eventos. Vea *Purim*. **2.** Un judío que regresó con Zorobabel a Jerusalén (Neh. 7:7).

marfil -- El hueso que se usa para hacer artículos de valor. Viene del colmillo del elefante, y de los dientes de otros animales.

María -- **1.** La hermana de Aarón y Moisés (Ex. 15:20). Es probable que ella fue quien vigiló la arquilla de Moisés en el río Nilo (2:4-8). Después de que Israel cruzó el mar Rojo, ella guió a las mujeres en un canto de triunfo (Ex. 15:20, 21). Era profetisa, pero se rebeló contra Moisés, y fue castigada. Dios la castigó con lepra (Núm. 12:10). Moisés oró por ella, y fue sana (vv. 11-16). María murió en Cades, y fue enterrada allí (20:1). **2.** La Virgen María, la madre de Jesús (Luc. 1:27). Era hija de Elí, si entendemos bien Luc. 3:23. En este caso, era de la familia de David (v. 32). Era parienta de Elisabet, la madre de Juan el Bautizador (1:36). Fue reconocida públicamente como mujer de José, antes que se casaran (v. 27). Un ángel apareció con ella y le dijo que tendría un hijo (26-38). En seguida, María fue a visitar a Elisabet, y estuvo con ella tres meses, probablemente hasta el nacimiento de Juan (39-56). Poco antes del nacimiento de su propio hijo, una orden de César obligó a José a llevarla a Belén. Allí tuvieron que registrarse para un censo (2:1-7). Estando en Belén, llegó el tiempo en que debía nacer el niño Jesús. Lo envolvió en telas y lo acostó en un pesebre, porque no pudieron hallar alojamiento en un mesón. Este fue el único lugar adecuado para María y el niño. Aquella noche unos pastores de aquel lugar les visitaron. Dijeron que habían visto ángeles que anunciaban la venida de Cristo. Después de algunos días José, María y el niño Jesús, se cambiaron a una casa del pueblo (Mat. 2:11). Después de cuarenta días, fueron todos al templo de Jerusalén para presentar al niño a Dios, según la ley de Moisés (Luc. 2:22-24; Lev. 12:1-8). Después de regresar a Belén, recibieron la visita de los magos del Oriente (Mat. 2:9-11).

José fue avisado en un sueño que llevara a su familia a Egipto, porque el rey quería matar al niño (13, 14). Allí estuvieron algunos meses, hasta que Herodes murió (v. 15). Entonces volvieron a Israel y fueron a vivir en Nazaret (2:23). Cuando Jesús tenía doce años de edad, la familia fue a Jerusalén para celebrar la pascua (Luc. 2:41, 42). Al tercer día, salieron de Jerusalén, dejando atrás a Jesús. Se dieron cuenta al fin del día, y regresaron el día siguiente, a buscarlo (vv. 43-46). Lo encontraron hasta el tercer día, entre los maestros judíos en el templo. Jesús regresó y estaba sujeto a ellos (v. 51). Al principio del ministerio de Jesús, María no entendió que su autoridad sobre Jesús ya había terminado. Quiso ordenarle durante unas bodas, pero él no se lo permitió (Jn. 2:3-5). En otra ocasión, ella y sus hijos oyeron decir que Jesús estaba "fuera de sí" (Mar. 3:21), y fueron a llamarlo (vv. 31-35). No comprendían a Jesús. María estuvo presente junto a la cruz durante la crucifixión (Jn. 19:25). Jesús la entregó a Juan, para que la cuidara (vv. 26, 27). Desde entonces, ella vivió en la casa de Juan. Después de la resurrección, ella estuvo con los apóstoles en el aposento alto (Hch. 1:14). No se sabe más de ella. La tradición que dice que su cuerpo fue llevado al cielo después de su muerte, no tiene base ninguna en la Biblia. Tampoco la doctrina de la "*inmaculada concepción*", que afirma que nació sin pecado. María dio a José otros cuatro hijos, y varias hijas. Los nombres de los varones eran: Jacobo, José, Judas y Simón (Mar. 6:3). **3.** María Magdalena, del pueblo de Magdala. Jesús había echado de ella siete demonios (Mar. 16:9 y Luc. 8:2). Es posible que estos "siete demonios" signifiquen solamente "toda clase de pecado y maldad". No es muy seguro que ella fuera mujer de mala fama, como afirma una tradición. La Biblia no dice tal cosa. Muchos creen que es la misma que ungió los pies de Jesús con ungüento (Luc. 7:36-50). María Magdalena vio a Jesús desde lejos durante la crucifixión (Mar. 15:40), vio dónde lo pusieron (v. 47), y fue a la tumba el día de la resurrección (16:1). Ella fue la primera que lo vio cuando resucitó (Jn. 20:11-18). **4.** María la hermana de Marta y Lázaro de Betania (Luc. 10:38-42). En una cena que hicieron para Jesús, María se sentó a los pies de Jesús, escuchando sus enseñanzas (v. 39). Jesús aprobó su buen juicio (v. 42). Cuando Lázaro murió después de una enfermedad, ella y su hermana enviaron a llamar a Jesús. Cuando Jesús llegó, María le reprochó suavemente por no llegar a tiempo para salvar a Lázaro (Jn. 11:32). Según parece, María tenía un carácter más amable que su hermana (v. 45; Luc. 10:39-42). Después de que Lázaro volvió a la vida (Jn. 11), las dos hermanas hicieron una cena para darle las gracias a Jesús (12:2). María ungió sus pies con ungüento de nardo puro (v. 3). Judas Iscariote se ofendió por este acto, y comenzó a pensar en entregarlo a los sacerdotes. Jesús aprobó este sacrificio de María (vv. 7, 8; Mar. 14:6-9). **5.** La madre de Juan Marcos (Hch. 12:12). En su casa los cristianos se reunieron para orar cuando Pedro estuvo en la cárcel. **6.** Otras personas con el nombre de María, no se distinguen bien: La madre de Jacobo (Mar. 16:1), y la esposa o hija de Cleofas (Jn. 19:25). Esta se llama solamente "María de Cleofas".

Marta -- La hermana de María y Lázaro de Betania (Jn. 11:1). Es probable que era la mayor de las dos. Luc. 10:38 dice que la casa era suya. También, ella se preocupaba por el éxito de la comida (v. 40). Cuando Jesús llegó después de la muerte de Lázaro, ella salió a recibirlo (Jn. 11:20). Marta se preocupaba demasiado por la casa. Se cree que esto estaba a su favor. Jesús no lo pensó así (Luc. 10:41, 42).

mártir -- Testigo de Cristo. Es palabra griega no traducida. *Mártir* quiere decir testigo solamente. Sin embargo, llegó a significar aquel cristiano que había muerto por su fe. Esteban fue el primer mártir cristiano. Es decir, fue el primero que murió por su fe (Hch. 7:59, 60).

Masah -- Lugar en el desierto de Sin donde los judíos pusieron a prueba a Dios. La palabra *masah* significa prueba. Cuando faltó el agua, el pueblo se quejó, y Moisés oró a Dios. El le dijo que diera golpes a cierta roca. De esa roca salió agua para el pueblo. La murmuración del pueblo era un pecado, porque dudaban de Dios. Decía: "¿Está, pues, Jehová entre nosotros, o no?" (Ex. 17:1-7).

masonería -- Sociedad secreta que se encuentra en muchas partes del mundo. Su nombre correcto es *Francmasonería*. Existe para ayuda mutua y fines humanitarios. Se ocupa también de la política. Se considera como religión por muchos de sus adeptos, porque usa ritos basados en la Biblia. Admite como miembros personas de cualquier religión, si creen en Dios. Parece que comenzó entre un grupo de constructores (*masones* o albañiles) del siglo ocho después de Cristo. Por esto, su símbolo contiene el compás, la escuadra y el mandil (delantal de albañil). Los miembros alcanzan grados, desde aprendiz y compañero, hasta el grado 33 y maestro. Cada grupo local se llama logia. La Gran Logia de Londres se estableció en el año 1717.

masón -- Miembro de la organización de Francmasones. Vea *masonería*.

masoretas -- Grupo de estudiantes judíos de los siglos VII al X después de Cristo. Editaron el texto del Antiguo Testamento, agregando vocales al texto hebreo. Esto lo hacían para no perder la forma de pronunciar las palabras, según la tradición. La palabra "tradición" en hebreo, es *masoret*, y de ella viene la palabra *masoretas*. El texto que ellos preparaban es el *masorético*. El texto hebreo del Antiguo Testamento no tenía vocales. Escribían ese idioma usando consonantes solamente. Con el paso del tiempo, ya no hablaban el hebreo como lengua popular y existía el peligro de olvidar cómo pronunciarla. Los masoretas inventaron algunas señas y las escribían debajo de las consonantes. Estas se llaman "puntos vocálicos". Algunas palabras cambian de sentido con vocales diferentes. Por esta razón, se puede entender el texto hebreo en forma diferente en algunos casos. La tradición de los masoretas no era siempre correcta. Los hebreos siempre destruían los rollos viejos cuando ya estaban muy gastados. Así es que nuestra Biblia está basada en textos del hebreo no muy viejos. El más viejo era del año 916 después de Cristo. Pero en el año 1947 descubrieron los rollos del mar Muerto en una cueva cerca de Qumrán, junto al mar Muerto. Estos rollos vienen del segundo siglo antes de Cristo. Es decir, son más de mil años más viejos que los textos masoréticos. Estos nos ayudan a saber lo que decía el Antiguo Testamento, mejor que el texto masorético. Vea *rollos del mar Muerto*.

Mateo -- **1.** Uno de los doce apóstoles (Mat. 9:9; 10:3). Era publicano o cobrador de impuestos. Trabajaba para los romanos o para el gobierno de Herodes. Jesús lo encontró sentado al banco de los impuestos públicos y lo llamó. Según Mar. 2:14 y Luc. 5:27, su nombre era Leví. Es posible que éste era su nombre al principio, o que tuviera dos nombres. Es posible también, que el nombre Mateo le fue dado después de ser convertido. El nombre Mateo significa "Don de Jehová". Fue el autor del Evangelio de Mateo. Mateo-Leví hizo una cena en su casa en honor de Jesús (Mat. 9:10-13; Luc. 5:29-32). Muchos escribas y fariseos estaban presentes y criticaron a Jesús por comer con un publicano. Jesús explicó el carácter de su misión: "Los que están sanos no tienen necesidad de médico, sino los enfermos. No he venido a llamar a justos, sino a pecadores al arrepentimiento" (Luc. 5:31, 32). Después de la resurrección (Hch. 1:13), Mateo estaba en el aposento alto. No sabemos más de él. La tradición afirma que predicó entre los judíos, y esto es muy probable. **2.** El Evangelio de Mateo, el primer Evangelio. Es decir, es primero entre los libros del Nuevo Testamento. Muchos piensan que fue escrito después del Evangelio de Marcos. El obispo Papias de Hierópolis, vivió y escribió en el siglo II después de Cristo. El dijo que Mateo había coleccionado los dichos de Jesús en el idioma hebreo, los que ellos llamaban la "*lógia*" (expresión griega que significa dichos de Jesús. Entonces Mateo los escribió en arameo. Después, escribió su Evangelio, usando esta "logia". Sin embargo, tal documento nunca se ha encontrado, y no podemos comprobar lo que escribió Papias. Este Evangelio fue escrito especialmente para los judíos. Presenta a Jesús como el verdadero Rey de los judíos. Comienza con la genealogía de Jesús (Mat. 1:1-17). Demuestra cómo Jesús cumplió las profecías del Antiguo Testamento. Cita como cien textos con este fin. Pero el Evangelio fue escrito también para los gentiles, porque hace explicaciones para ellos. Mateo pone gran énfasis en las enseñanzas de Jesús. Contiene como dieciséis parábolas, y los grandes discursos de Jesús. Se puede estudiar este Evangelio según las siguientes partes: (1) El nacimiento y niñez de Jesús (Caps. 1—2). (2) Juan el Bautizador y el bautismo de Jesús (Caps. 3—4:17). (3) El ministerio en Galilea (4:18—9:35). (4) La misión de los apóstoles (9:36—10:42). (5) Oposición a Jesús (11—15:20). (6) El ministerio de Jesús en retiro (15:21—18:35). (7) El ministerio en Perea y Judea (Caps. 19—20). (8) La última semana (Caps. 21—28).

Matías -- Uno de los primeros creyentes. Había estado con Jesús desde su bautismo hasta la resurrección (Hch. 1:22). Cuando Judas se apartó del Señor, Matías fue escogido para tomar su lugar (vv. 23-26).

matrimonio -- Vea *casamiento*.

matriz -- El útero. El órgano dentro de la mujer donde crece el feto o el embrión del niño antes de nacer.

Matusalén -- El hombre que vivió más tiempo que ningún otro. Fue abuelo de Noé, y murió a los 969 años (Gén. 5:27-29). Este fue el año del Diluvio.

mayordomía -- Cargo o responsabilidad de *mayordomo*. La obligación de usar bien, delante de Dios, todo lo que uno tiene. Vea *mayordomo*.

mayordomo -- Administrador o encargado de los bienes de otra persona. El mayordomo goza de gran confianza de parte del dueño. José fue hecho mayordomo en la casa de Potifar (Gén. 39:3-6). En el Nuevo Testamento, el mayordomo es mencionado en la parábola de los obreros de la viña (Mat. 20:8). También se menciona en la parábola del mayordomo infiel (Luc. 16:1-13). Todo cristiano también es mayordomo, y no el dueño de lo que tiene, porque Dios es Dueño de todo. Vea vv. 9-13.

Media -- País de Asia, al norte de Persia antigua, y al sur del mar Caspio. Se conoce algo de su historia del siglo IX antes de Cristo. Fue conquistada por los reyes de Asiria a través de los años, hasta el siglo VII antes de Cristo. Llegó a ser una nación fuerte cuando Fraortes era su rey. Su hijo, Ciaxares, acabó con el imperio de Asiria cuando destruyó la ciudad de Nínive. Para lograr esto, se unió con Nabopolasar de Babilonia. Esto fue en el año 612 antes de Cristo. En el año 550, los persas se rebelaron contra Media. Entonces el rey Ciro, de Persia, llegó a ser rey de los dos países. En el año 330 antes de Cristo, Media llegó a formar parte del imperio de Alejandro el Grande. En la Biblia, Media es mencionada en Is. 13:17, y en el libro de Daniel (5:28; 6:8; y 8:20).

mediador -- Intermediario, medianero, intercesor. Persona que está entre otras dos, para poner paz, o unirlas. Job deseaba tener tal mediador para hablarle de Dios (Job 33:23). Los sacerdotes de la religión hebrea, estaban entre Dios y el pueblo para representar las dos partes. Oraban a Dios por el pueblo, y hablaban al pueblo de parte de Dios. Hoy día, Jesucristo es el único *mediador* entre Dios y los hombres (1 Tim. 2:5; Heb. 12:24). La doctrina que enseña que los santos son mediadores de los cristianos, no tiene base en la Biblia.

medicina, médico -- Los antiguos egipcios tenían conocimientos de la medicina. Había *médicos* o doctores de medicina para cada enfermedad. Ellos embalsamaban los cuerpos para enterrarlos (Gén. 50:2). Algunas mujeres eran parteras (Ex. 1:15). Había cirujanos que operaban los ojos y el cerebro, usando lancetas o cuchillos de bronce. Había médicos entre los hebreos desde el tiempo del Exodo. Como medicina, usaban aceite, vino, ungüento, masas, raíces y hojas de plantas. A veces cauterizaban las heridas y las vendaban con telas. Muchos rabinos recomendaban otros tratamientos poco efectivos y aun peligrosos. Había médicos buenos y malos, y no siempre merecían la confianza. El "médico amado" era Lucas, que atendía al apóstol Pablo (Col. 4:14).

mediodía -- El sur. Los antiguos usaban la posición del sol para saber la dirección. Al mediodía, el sol estaba en el sur. Gén. 12:9, en la Versión antigua, dice "mediodía" en lugar de Neguev. El Neguev estaba al sur. Vea *Neguev*. Para decir este u oriente, decían *saliente* (del sol). El oeste o el occidente, era el *poniente* (del sol).

meditar -- Pensar, reflexionar.

medo -- Habitante de Media. Vea *Media*.

Mefi-boset -- **1.** Hijo del rey Saúl y Rizpa, su concubina (2 Sam. 21:8). Uno de siete varones que fueron ahorcados a petición de los gabaonitas (vv. 1-9). **2.** Un hijo de Jonatán, que era lisiado de los dos pies (2 Sam. 4:4). A la edad de cinco años, su nodriza lo dejó caer durante una huida. Quedó lisiado de los pies por esta razón. Vivió por mucho tiempo en Lodebar, al este del río Jordán. Después de la muerte de Jonatán, David quiso demostrar su amor para él de alguna manera. Cuando supo que vivía Mefi-boset, el hijo de Jonatán, lo trajo a Jerusalén. Desde entonces, Mefi-boset comía a la mesa del rey. Al mismo tiempo le devolvió los bienes y las tierras de su padre, Saúl (9:1-13). Más tarde fue acusado de rebelión contra David. El rey quitó las propiedades de Mefi-boset y se las dio a Siba, el hombre que lo acusó. Pero Mefi-boset se defendió contra la acusación. David le ofreció la mitad de sus bienes, quizá por las dudas. Pero Mefi-boset no los aceptó (16:1-4; 19:24-30).

Meguido -- Antigua ciudad, fundada como en el año 3500 antes de Cristo. Tenía gran importancia militar. La ciudad estaba en el valle de Jezreel, cerca del paso entre las montañas que separaban las llanuras de Sarón y Esdraelón. Se debía su gran importancia militar a esta posición. Josué mató al rey de Meguido, entre otros muchos, cuando entró a Canaán (Jos. 12:21). Meguido perteneció a la tribu de Manasés (17:11). Salomón hizo más fuertes las defensas de la ciudad (1 Reyes 9:15). El rey Ocozías huyó de Jehú, y murió en Meguido de su herida (2 Reyes 9:27). Cerca de esta ciudad, el rey Josías quiso pelear con Faraón-Necao y murió en la batalla (23:29). Se han hecho muchas excavaciones en Meguido. Estas indican mucho acerca de la vida de la antigua ciudad. Hay una ciudad en ese lugar todavía, y lleva el mismo nombre de siempre.

Melita -- El nombre anterior de Malta. Vea *Malta.*

Melquisedec -- Rey de la antigua ciudad de Salem (Jerusalén), y sacerdote del Dios Altísimo (Gén. 14:18). Abram supo que algunos reyes habían atacado la ciudad de Sodoma, y que Lot y familia estaban presos. Abram salió a salvarlos. El y sus soldados derrotaron a los reyes, salvaron a Lot y recobraron todo lo que los reyes habían robado. Melquisedec salió a recibir a Abram y a darle de comer, pan y vino (v. 18). Bendijo a Abram, y éste le dio la décima parte de todo (v. 20). Nada más se sabe de Melquisedec. La historia no dice quiénes eran sus padres, ni cómo llegó a ser sacerdote, ni nada de su nacimiento y muerte. Por lo que *no dice* la Biblia, *parece* que Melquisedec era persona eterna. Pero no lo era en realidad. Era un hombre como todos. Sin embargo, David y el autor de la Carta a los Hebreos, dan mucha importancia a la *falta* de estos detalles. David dice que su Señor (Cristo) tenía un sacerdocio eterno como el de Melquisedec (Sal. 110:4). El autor de Hebreos dice que Melquisedec (aparentemente), no tuvo ni padre, ni madre, ni principio de días, ni fin de vida. Por esto, era como el Hijo de Dios (Heb. 7:3). Este autor de Hebreos nota otros puntos de semejanza entre Melquisedec y el Hijo de Dios (vv. 2-21). Pero todo está basado en *la falta de detalles* de la vida de Melquisedec, y *no en la realidad.*

mene -- Palabra hebrea que significa *contado.* El rey Belsasar de Babilonia, vio una mano que escribía en la pared, estas palabras: "Mene, mene, tekel, uparsin" (Dan. 5:5-28). Daniel se las interpretó. "Mene, mene" (Contado, contado) quería decir que Dios había visto el gobierno de Belsasar y le había puesto fin. *Tekel* significa *pesado.* Dios había pesado a Belsasar en su balanza, y le faltaba algo. *Peres* es una forma del verbo *uparsin,* que significa *roto.* El reino de Belsasar fue roto, y dado a los medos y persas.

menospreciar -- Despreciar, tener en poca estimación.

Merab -- Hija mayor de Saúl (1 Sam. 18:17-19). Saúl la prometió a David como esposa, pero no cumplió su promesa. Se la dio a Adriel. Cosa semejante sucedió con Mical, su segunda hija (v. 20). Vea *Mical.*

mercader -- Comerciante, vendedor.

Mercurio -- **1.** Esta palabra se usa de varias maneras que no están en la Biblia. Es el nombre de un líquido metálico, muy pesado, como el plomo. Este metal se llama también, azogue. Se usa en algunos termómetros. También, es el nombre de uno de los planetas. Este es el que está más cerca del sol. **2.** En la Biblia, Mercurio es un dios de los antiguos romanos, mensajero de los otros dioses (Hch. 14:12). Los hombres de Listra creían que Pablo era Mercurio, porque él tenía la palabra. Los griegos llamaban a Mercurio con el nombre de Hermes. Este nombre aparece en el texto griego donde nuestra versión dice, Mercurio.

Mesac -- Uno de los tres jóvenes hebreos que fueron echados al horno de fuego (Dan. 3:12). Este nombre le fue puesto por el jefe de los eunucos de Babilonia. Su nombre en hebreo era Misael (1:6, 7).

Mesías -- Palabra hebrea que significa *Ungido*. Se refiere al Cristo prometido (Jn. 1:41; 4:25). Mesías o Ungido era el título del Rey y Salvador esperado, no su nombre. La palabra *ungido* se usa cuando se refiere al rey de Israel. En el Antiguo Testamento la palabra *Mesías* se encuentra poco (Dan. 9:26). *Ungido* se encuentra muchas veces: 1 Sam. 2:10; Sal. 2:2 se refieren al Cristo. Otros textos, como 1 Sam. 26:9 y Sal 20:6, se refieren al rey de Israel.

Mesopotamia -- Nombre de toda la tierra entre los ríos Tigris y Eufrates. Este nombre significa "entre los ríos". En el tiempo de Abraham, Mesopotamia incluía los reinos de Acad (Gén. 24:10) y Sinar. Más tarde era la región de Babilonia y Asiria. Se llamaba Caldea también. El nombre Mesopotamia le fue dado a esta región en el segundo siglo antes de Cristo. Esteban usó este nombre en Hch. 7:2.

metáfora -- Figura de lenguaje. Oración que tiene significado figurado, como la poesía, o lenguaje elevado. Es metáfora cuando se hace una comparación entre dos cosas muy diferentes, llamando una cosa con el nombre de la otra. Ejemplo: Dijo Jesús: "Yo soy la luz del mundo" (Jn. 8:12). El no *es* luz, sino que *se compara* con luz. Otro ejemplo: "Vosotros sois la sal de la tierra" (Mat. 5:13). Los cristianos son comparados con la sal. En algunos textos, la metáfora es muy larga, como en Jn. 10:1-16. Cuando la metáfora es larga, se llama una *alegoría*. Vea *alegoría*.

metal -- Cualquiera de varios cuerpos duros, como hierro, cobre o plata. En la Biblia, especialmente en la Versión antigua, el metal era latón o bronce (Núm. 21:9; 1 Cor. 13:1). En tiempos bíblicos conocían el oro, la plata, el fierro, el cobre, el estaño y el antimonio. El bronce o latón de hoy día es una combinación de cobre y cinc. En tiempos bíblicos, lo hacían de cobre y estaño.

Micaías -- Profeta del tiempo del rey Acab del reino del norte (2 Crón. 18:7). Sin temor, habló la palabra del Señor al rey (vv. 6-27). La primera vez, Micaías le dijo una mentira (v. 15), sólo porque sabía que eso era lo que el rey quería oir. Cuando le reprochó por esta mentira, Micaías le dijo la verdad. Micaías profetizó cerca del año 850 antes de Cristo.

Mical -- Hija menor del rey Saúl (1

Sam. 18:20). Cuando Saúl no cumplió su promesa de dar a David a su hija mayor por esposa, le ofreció a Mical. Para ganarla, David tenía que matar a 100 filisteos (v. 25). Saúl dijo esto porque quería que David fuera muerto por ellos (v. 21). Pero David mató a 200 filisteos y llevó los prepucios a Saúl para comprobar las muertes (v. 27). Entonces Saúl cumplió su promesa. Más tarde, Saúl quiso matar a David, y le tiró su lanza (19:9, 10). Mensajeros de Saúl fueron a buscar a David. Pero Mical le avisó, y él se escapó. Entonces puso una estatua en su cama, y una almohada de pelo de cabra, para hacer creer que él estaba en la cama, enfermo. Cuando los mensajeros llegaron, Mical dijo que David estaba enfermo, y les enseñó su cama. Llevaron la cama a Saúl, y entonces supieron la verdad (vv. 11-16). David huyó de Saúl desde aquel tiempo, y Saúl dio a Mical como esposa a Palti o Paltiel (25:44). Después de la muerte de Saúl, Is-boset, hijo de Saúl, reinó por un breve tiempo. Abner, el general de Is-boset, quiso devolver el reino a David. El aceptaba con la condición que le dieran otra vez a su esposa, Mical. Is-boset aceptó, y Mical volvió a estar con él (2 Sam. 3:15). Cuando David trajo el arca del pacto a Jerusalén, David danzó delante del arca, vestido en un efod de lino, que era el que usaban los sacerdotes comunes (2 Sam. 6:14). Mical lo vio por la ventana y no le gustó. El lenguaje del v. 20 parece decir que David danzaba sin ropa adecuada. Pero la respuesta de David (vv. 21, 22) indica que a Mical le molestó que David no se comportara como ella quería. David le reprochó, y ella nunca tuvo hijos (v. 23).

miembros -- **1.** Cualquier parte del cuerpo del hombre, como brazos, piernas, ojos, boca, lengua y otras (Stg. 3:5, 6). **2.** Hermanos creyentes son *miembros* del cuerpo de Cristo (1 Cor. 12:12-27). Por esta razón se llaman también miembros de la iglesia, que es su Cuerpo (Ef. 5:23).

Miguel -- Un arcángel. Contendía con el diablo sobre el cuerpo de Moisés (Jud. 9), aunque nada dice sobre esto en Deut. 34:5, 6. Sus luchas a favor del pueblo de Dios se mencionan en Dan. 10:13, 21; 12:1; y en Apoc. 12:7.

milagro -- Un poderoso acto de Dios, fuera de lo natural, usualmente por medio de algún profeta, y especialmente por Jesucristo. Se le dan varios nombres en la Biblia: *señal* (Deut. 11:3), *maravilla* (29:3), *obra de Dios* (Sal. 78:7), *milagro* (Mar. 9:39), y *prodigio* (Hch. 2:22). Propiamente, el milagro es sólo lo que Dios hace para dar testimonio de sí mismo, de su palabra, o de sus mensajeros. Dios hace muchas cosas grandes cuando contesta las oraciones de su pueblo. Se pueden llamar milagros, pero no correctamente. No son milagros si Dios no los hace para dar testimonio de sí mismo. En el Antiguo Testamento, Moisés hizo milagros delante del pueblo (Ex. 4:30, 31) y delante de Faraón (7:10-13). Las diez plagas que Moisés trajo sobre Egipto, eran milagros. Otros también hicieron milagros: Josué, Samuel, Elías, Eliseo, y varios de los otros profetas. En el Nuevo Testamento, Jesús fue el principal obrador de milagros. Se mencionan treinta y tres milagros de él y otros muchos, pero no en detalle. (Mar. 1:32-34; Jn. 21:25). Los apóstoles Pedro y Pablo hicieron milagros, siempre en el nombre de Cristo. En Mar. 16:17, 18, 20 se habla de las señales milagrosas que hicieron los mensajeros de Cristo. El apóstol Pablo escribió de los dones del Espíritu, siendo uno de ellos el hacer milagros (1 Cor. 12:10). Por estos textos, podemos saber que no solamente los profetas y los apóstoles los hacían. Debemos aceptar que se hacen milagros hoy día, cuando Dios los hace con el fin de dar testimonio de sí mismo. Hay, sin embargo, milagros falsos. Pablo dijo que "aquel inicuo" haría "señales y prodigios" para engañar a los que no creen (2 Tes. 2:8-12).

milenario, milenarista -- Persona que cree que los mil años de Apoc. 20, son un período real o literal aquí en la tierra. Vean *amilenario, amilenarista.*

milenio -- Palabra latina que significa *mil años.* El período de mil años de paz y prosperidad en la tierra. En el Antiguo Testamento se habla muchas veces de tal período de paz en el futuro (Miqueas 4:1—5; Isaías 65:17-25, y otros). Se habla de los mil años solamente en Apoc. 20:2-7. Se puede entender que este período será real o aproximadamente mil años de paz en la tierra. O bien, se puede entender como *para siempre* aquí en la tierra. Algunos entienden que este período de mil años se refiere solamente a la paz eterna *en el cielo.*

Mileto -- Puerto del mar Egeo, al sur de Efeso unos sesenta kilómetros. Pablo llegó allí en su camino hacia Jerusalén. No quería detenerse en Efeso, pero se reunió con los ancianos de Efeso en Mileto, en la playa (Hch. 20:15, 16). Pablo dejó a Trófimo enfermo en Mileto una vez (2 Tim. 4:20).

milla -- La milla romana medía 1480 metros. La ley romana permitía a los soldados obligar a un judío llevar su carga por una milla, sin pagarle nada. Jesús enseñaba que el cristiano debiera llevarla otro tanto, voluntariamente (Mat. 5:41).

mina -- Moneda griega y romana de cien dracmas. En el tiempo de Cristo, esta moneda valía unos dieciséis dólares. Los *judíos* tenían una mina de plata que valía 32.00 dólares. Existía también una mina judía de *oro.* Según el valor del oro, esta mina valdría entre 500 y 1000 dólares. La Versión Popular la llama "una moneda de mucho valor" (Luc. 19:13).

Miqueas -- **1.** Profeta de Judá, el reino del sur, que vivió en los tiempos de los reyes Jotam, Acaz y Ezequías, cerca de los años 750 a 700 antes de Cristo. Miqueas era del pueblo de Moreset (Miqueas 1:1), o Moreset-gat (v. 14). Miqueas se preocupaba por los problemas del pueblo (Caps. 2—3). **2.** El libro escrito por Miqueas, uno de los Profetas Menores.

Contiene siete capítulos. Este libro es mejor conocido por la profecía del reino universal de Dios (4:1-5), y por la profecía acerca de Belén Efrata (5:2). Cuando Herodes preguntó a los sacerdotes dónde había de nacer el Cristo, usaron este texto para contestar (Mat. 2:4-6).

mirra -- **1.** Goma olorosa usada como perfume y medicina, y para embalsamar los cuerpos de los muertos. Los magos regalaron mirra al niño Jesús, entre otras cosas (Mat. 2:11). Ofrecieron a Jesús vino mezclado con mirra cuando estaba en la cruz (Mar. 15:23). Sin duda, se lo ofrecieron para calmar el dolor de su agonía, pero él no lo aceptó. Luego cuando prepararon su cuerpo para enterrarlo, usaron una mezcla de mirra y áloes (Jn. 19:39). La mirra verdadera viene de un pequeño árbol. La madera y la corteza tienen el olor de la mirra. Las ramas tienen espinas, y el árbol da una fruta como la ciruela. **2.** Una resina olorosa producida por varias clases de la flor llamada *estepa*. El nombre correcto de esta "mirra" es *láudano*. Se usa como la mirra verdadera, pero no es tan costosa. En algunos textos donde dice *mirra*, debe decir *láudano* (Gén. 37:25; 43:11).

misericordia -- Piedad, compasión. Sentimiento que hace a uno perdonar las ofensas de otros. El amor y bondad de Dios hacia los pecadores y personas necesitadas.

Misia -- La región al extremo noroeste de Asia Menor o Turquía Moderna. Pablo y sus compañeros pasaron por Misia antes de llegar a Troas (Hch. 16:7). Las ciudades de Troas, Asón (20:13), Pérgamo (Apoc. 2:12) y Tiatira (2:18) eran de Misia.

misiones domésticas -- Obras misioneras dentro del país del misionero, o de la sociedad misionera.

misiones foráneas -- Obras misioneras en países extranjeros. Es decir, en países donde la sociedad misionera no tiene su sede.

misterio -- **1.** En el lenguaje moderno, un *secreto*. Algo que la mente humana no puede comprender. **2.** En la Biblia, una verdad no revelada en tiempos anteriores, pero ahora sí. Por ejemplo, los misterios del reino (Mat. 13:11); el endurecimiento de Israel (Rom. 11:25); el evangelio y la predicación de Jesucristo (16:25); Cristo viviendo en el creyente (Col. 1:26, 27), y otros. También, algunas doctrinas difíciles de entender. Ejemplos: la Trinidad, la soberanía de Dios y la libertad del hombre, la naturaleza de Jesucristo (Dios y hombre en una sola Persona), y otras.

mito -- Fábula, leyenda, cuento. Relato que viene de tiempos antiguos, sin ser verdad. Sin embargo, a veces el mito es basado en algo histórico. La *mitología* es la colección de los mitos. Por ejemplo, la mitología griega relata lo que hicieron los dioses de los griegos.

mitra -- Sombrero que usaba el sumo sacerdote (Ex. 28:4). La usan ahora los obispos católico-romanos. También la usaban los antiguos persas.

Mizpa -- **1.** El majano, o montón de piedras que sirvió de recuerdo del pacto entre Jacob y Labán (Gén. 31:44-49). Dieron a este majano dos nombres: Galaad, y Mizpa. Este último significa *atalaya*. Dijo Labán: "*Atalaye* Jehová entre tú y yo" (v. 49). Este lugar estaba en el monte de Galaad, al este del río Jordán y al norte del río Jaboc. El lugar exacto no se conoce. **2.** Otros cinco lugares, con situaciones no muy bien conocidas. Uno de ellos, el pueblo Mizpa de Galaad (Jue. 11:29) y Ramot en Galaad (Deut. 4:43), puede ser el lugar donde Jacob y Labán pusieron el majano. Vea definición número 1.

Moab, moabitas -- **1.** Hijo de Lot y su hija mayor (Gén. 19:37). **2.** Los moabitas eran la tribu de los hijos de Moab. Cuando los israelitas cruzaron el mar Rojo, los moabitas ya eran muchos (Ex. 15:15). Moisés pidió que les permitieran pasar por Moab (Deut. 2:26-30), pero su rey no quiso. Sin embargo, Dios no les permitió hacer guerra contra ellos (v. 9). El rey de Moab quiso pagar al profeta Balaam para maldecirlos (Núm. 22:17, 18). Por esto, los israelitas nunca podrían aceptarlos (Deut. 23:3-6). Mientras estuvieron cerca de ellos, los israelitas fornicaron con los moabitas, y sacrificaron a sus dioses (Núm. 25:1, 2). Pero Dios los castigó (vv. 3-9). A través de la historia, Israel tuvo problemas con Moab. Rut la moabita llegó a formar parte de Israel (Rut 4:13-22). Nabucodonosor los destruyó como nación. Sin embargo, existían algunos moabitas después del regreso de Israel del cautiverio (Esdras 9:1). **3.** La región ocupada por los moabitas, estaba al este del mar Muerto. Especialmente desde el río Arnón hasta el extremo sur del mar. Sin embargo, durante algún tiempo ocuparon tierras mucho más al norte del río Arnón.

mofar -- Hacer burla, burlarse.

Moisés -- El gran líder del pueblo de Israel. Sacó al pueblo de Israel de Egipto. Recibió la ley de Dios en el monte Sinaí, y se la dio al pueblo. Moisés era de la tribu de Leví, hijo de Amram y Jocabed, y era hermano de Aarón y María (Ex. 6:20; 15:20). Su madre desobedeció la orden del rey y no mató al niño cuando nació (1:22—2:2). Lo puso en una arquilla de juncos y lo escondió entre los carrizos del río Nilo. La hija de Faraón lo encontró y lo tomó por hijo. Le dio el nombre Moisés. En el idioma de Egipto, Moisés quiere decir: "hijo". Pero en hebreo, Moisés significa: "sacado (del agua)". Moisés creció en la casa del rey y recibió la mejor educación de los egipcios (Hch. 7:21, 22). A la edad de 40 años, vio que uno de los egipcios maltrataba a un judío. Mató al egipcio creyendo que nadie le veía. Pero huyó a Madián cuando supo que lo habían visto. En Madián, vivió otros cuarenta años. Cuidó las ovejas de Reuel y se casó con Séfora, su hija. Le nació un hijo, Gersón, mientras vivía allí. Estando en el campo vio que una zarza ardía, pero que no era destruida por el fuego. Moisés se acercó para ver esa maravilla, y Dios le habló del sufrimiento de Israel en Egipto. Dios envió a Moisés a sacarlos de allí. Al principio, Moisés tenía temor de hablar delante de Faraón. Pero Dios envió a Aarón para ayudarle. Prometió librar al pueblo de Israel, por medio de Moisés (Caps. 3—4). En Egipto, los dos hermanos fueron a hablar con Faraón. Le dijeron que Jehová, el Dios de los hebreos, mandaba que dejaran ir a los hebreos. Faraón no conocía a Jehová y no aceptó. Para convencerlo, Moisés le enseñó algunas señales milagrosas que Dios le había dado. Pero no fue suficiente. Faraón ordenó aumentar el trabajo del pueblo. Entonces, Dios envió la primera plaga: el río Nilo y toda el agua de Egipto, se convirtió en sangre (Ex. 7:14-25). Siguieron las otras nueve plagas (Caps 8—10; 12:29-30). Entonces Faraón echó fuera de Egipto a los israelitas. Cuando estaban cerca del mar Rojo, Faraón cambió de parecer, y envió sus soldados detrás de ellos, para traerlos otra vez. Moisés alzó su vara y Dios separó las aguas del mar para que el pueblo pasara. Los israelitas cruzaron en seco. Cuando los egipcios les siguieron, las aguas los cubrieron y ellos murieron. Moisés llevó al pueblo al monte de Sinaí, donde recibieron la ley de Dios. Tiempo después envió espías para reconocer la tierra de Canaán, a donde Dios les enviaba. Con excepción de Josué y Caleb, los espías tuvieron miedo de los cananeos. El pueblo no quiso entrar en Canaán. Entonces Dios les hizo andar en el desierto por 40 años, hasta que murieran todos los mayores de edad. Sólo Josué y Caleb no murieron. Al cabo de este tiempo, Moisés supo que iba a morir. Josué fue escogido para guiar al pueblo y llevarlo a la tierra prometida. Moisés llamó al pueblo y les habló por última vez. Este discurso ocupa la mayor parte del libro de Deuteronomio. En él, Moisés repitió la ley para ellos. Entonces subió a la cumbre de Pisga, en el monte Nebo. Desde allí, Dios le permitió ver la Tierra Prometida. Después murió, y el Señor lo enterró en el valle, en un lugar que nadie conoce (Deut. 34:1-6). Tenía Moisés 120 años cuando murió. La historia de Moisés se encuentra a través de los libros del Exodo, Levítico, Números y Deuteronomio. Para Israel, nunca hubo otra persona tan grande como Moisés (Jn. 5:45; 9:28, 29; Heb. 3:3-5). Fue el autor del *pentateuco,* los primeros cinco libros de la Biblia. Ningún otro escritor de la Biblia escribió tanto como él. Sólo Pablo escribió casi tanto como Moisés. Los libros de Moisés forman la base de toda la religión del Antiguo Testamento.

molino -- Aparato sencillo para moler grano. Los molinos antiguos del O ente eran de varios tipos. Siempre tenían dos piedras, una encima de la otra. La piedra de encima era movida por la mano. Si el molino era grande, la piedra era movida por un burro. El tipo más común de molino casero, era de dos piedras redondas, de unos cincuenta centímetros de diámetro. La piedra de abajo estaba fija. La de encima tenía un agujero en el centro, y giraba en un eje, sobre el grano. El grano molido salía a la orilla y caía en una tela. Otro tipo de molino era de piedras rectangulares. La de encima se movía de atrás para adelante sobre la de abajo. El trabajo de moler era de las mujeres(Mat. 24:41), esclavas (Ex. 11:5), y presos (Jue. 16:21). Lo hacían mujeres de todo nivel social, cada mañana. Era prohibido por la ley, tomar empeñada una de las piedras de molino, "porque sería tomar en prenda la vida del hombre" (Deut. 24:6).

Moloc -- Dios de los amonitas (1 Reyes 11:7). Se llamaba también Milcom (v. 5). Moloc no era nombre propio, sino título. La palabra significa *rey*. Lo peor del culto de Moloc, era la costumbre de quemar a los hijos en fuego. Era costumbre muy antigua. La ley de Moisés castigaba con la muerte al hombre que hacía tal cosa (Lev. 20:5). Sin embargo, algunos de los reyes permitieron este culto: Salomón, Acaz y Manasés.

monoteísmo -- La doctrina y culto de un solo Dios. No solamente las religiones judía y cristiana son *monoteístas*. También lo es la religión de Mahoma en la gran parte del Medio Oriente y Africa del norte.

morada -- Vivienda, casa.

Moríah -- Región montañosa donde Abraham fue a sacrificar a Isaac, su hijo (Gén. 22:2). En la misma región, y quizá en el mismo lugar se hizo el templo más tarde. Los samaritanos decían que Moríah estaba más bien en el monte Gerizim. Los samaritanos confundían Moríah con More, donde Abraham hizo otro altar (Gén. 12:6, 7). Moríah es también el lugar donde Ornán el jebuseo tenía su molino. David compró este lugar para hacer un altar al Señor (2 Crón. 3:1). En ese lugar los seguidores de Mahoma tienen su templo hoy día.

mortal -- Lo que muere. El ser humano.

mortandad -- Muchas muertes por una sola causa. Cuando el pueblo se quejó contra Moisés y Aarón, Dios los castigó con una gran *mortandad* (Núm. 16:41-49).

mostaza -- Planta que tiene una semilla muy menuda. La semilla tiene sabor picante, y se usa para dar sabor a algunos alimentos. Se usa también como medicina. La planta puede llegar a ser muy grande, como árbol, donde las aves pueden descansar (Mar. 4:32). Las semillas son de las más pequeñas, especialmente entre las plantas conocidas en la Tierra Santa.

mosto -- Jugo de uva, antes de fermentar. En Hch. 2:13, algunos se burlaban de los discípulos de

Cristo, diciendo que estaban "llenos de mosto". Daban a entender, no el jugo fresco, sino el vino fermentado. Por esto dice la Versión Popular "están borrachos".

mota -- Pequeña basurita, como la que se pega a la ropa, o molesta en el ojo. Defecto pequeño, detalle sin importancia.

motín -- Disturbio público. Levantamiento contra la autoridad.

mujer -- La Biblia no hace diferencia entre la mujer del hombre, y su esposa. Vea *esposa*.

mula -- La hembra del mulo. Cuando el caballo y el asno se cruzan, el hijo es mulo o mula. Sin embargo, este animal no puede tener hijos. La mula es más común que el mulo, porque es mejor para la silla.

multitud -- Gentío, gran número de personas reunidas.

mundo -- Esta palabra significa muchas cosas, tanto en el lenguaje común, como en la Biblia. **1.** La tierra, el globo en que vivimos (Sal. 93:1; Jn. 9:5). **2.** El universo. Toda la creación (Sal. 50:12; Hch. 17:24). **3.** Las gentes del mundo. La gente no convertida. "De tal manera amó Dios al mundo . . ." (Jn. 3:16). **4.** El mundo conocido en cualquier tiempo de la historia (Col. 1:6; 1 Jn. 4:1). **5.** La gente en general, como en las palabras "todo mundo" (Jn. 12:19). **6.** El mundo antiguo. Es decir, antes de Cristo. O bien, antes del diluvio (2 Ped. 2:5). **7.** Las costumbres del mundo, no cristianas. "No améis al mundo, ni las cosas que están en el mundo" (1 Jn. 2:15, 16).

N

Naamán -- General del ejército de Siria, del rey Ben-adad (2 Reyes 5). Estaba leproso, y buscó su curación. Por medio de una muchacha judía, esclava en su casa, supo del profeta Eliseo en Samaria. El rey envió una carta al rey de Israel, pidiendo que sanara a Naamán. El rey de Israel se ofendió, creyendo que Ben-adad quería pelear con él. Eliseo mandó decir que enviara a él el leproso. Naamán llegó con muchos regalos valiosos. Eliseo no aceptó nada. Le dijo solamente que fuera al río Jordán y que se metiera en el río siete veces. Ahora Naamán se ofendió, porque el Jordán tenía agua lodosa. Los ríos de Siria eran más limpios. El siervo de Naamán le rogó que aceptara esta orden sencilla. Cuando lo hizo, quedó limpio. Sin duda creyó en el Dios verdadero después de esta curación, pero pidió permiso de Eliseo para acompañar a Ben-adad cuando entrara en el templo de Rimón para adorar. Eliseo dijo: "Ve en paz." Jesús mencionó la curación de Naamán cuando hablaba a la gente de Nazaret. Era ejemplo del cuidado de Dios para los gentiles (Luc. 4:27).

Nabal -- Rico ganadero de Maón (1 Sam. 25:2). Su nombre significa "insensato", y así se comportó. David envió mensajeros para pedir alimento para sus hombres, pero él se negó. No quiso reconocer a David como el próximo rey de

Israel. Cuando los mensajeros se fueron, Abigail preparó alimentos para los hombres y encontró a David que venía por el camino. Así evitó que David matara a su esposo. Nabal estaba borracho cuando Abigail llegó a casa. El día siguiente le dijo lo que había hecho. Nabal se enfermó por la noticia, y murió diez días después. Entonces David mandó por Abigail y la tomó por esposa.

Nabot -- Dueño de una viña en el valle de Jezreel, junto a la casa del rey Acab. El rey quiso comprar su viña, pero Nabot sabía que la ley no le permitía vender la herencia de sus padres. Acab estaba triste, pero su esposa Jezabel le prometió obtener la viña. Por medio de testigos falsos, Nabot y sus hijos fueron acusados de blasfemia. Estos fueron muertos a pedradas. Entonces Jezabel entregó la viña a Acab. Dios castigó este acto de Jezabel y Acab, y los dos murieron con violencia (1 Reyes 21:1-24; 22:34-38; 2 Reyes 9:30-37).

Nabucodonosor -- Rey de Babilonia entre los años 605 y 562 antes de Cristo. Fue el más famoso de los reyes de Babilonia. Durante su reino, Nabuzaradán destruyó la ciudad de Jerusalén y el templo, y llevó cautivo al pueblo (2 Reyes 24--25; 2 Crón. 36:5-21; Jer. 39 y 52). Construyó el gran muro alrededor de Babilonia, y un gran palacio para sí mismo. Hizo también los famosos jardines colgantes para su esposa. Vea *Babilonia*. Daniel (Cap. 4) relata la locura del rey por su gran poder. Vivió en el campo y comió pasto como los animales. Después confesó su orgullo, y Dio le permitió reinar otra vez. Muri de una corta enfermedad despué de ser rey por cuarenta y tres años

Nabuzaradán -- Capitán de l guardia de Nabucodonosor (Reyes 25:8-21). La ciudad de Jeru salén y el templo fueron destruido por él. Destruyó los muros de l ciudad y llevó cautiva a la gent Llevó también todo el metal d templo: bronce, oro y plata.

nacer otra vez -- Nacer de arriba, d Dios (Jn. 3:3-8). El nuev comienzo de vida que result cuando el hombre se arrepiente d su pecado y confía en Jesucristo. E nuevo nacimiento, la regeneración Es un acto del Espíritu de Dios e el corazón del hombre. Es un "la vamiento" espiritual (Tito 3:5). Si el nuevo nacimiento, nadie pued ser salvo (Juan 3:3-5). El nuev nacimiento no viene por medio de bautismo, como algunos enseñan Esta es la doctrina llamada "l regeneración bautismal". El bau tismo es correctamente el testi monio del nuevo nacimiento. La palabras "nacer de agua" (v. 5) n se refieren al bautismo. Pero su sig nificado exacto es dudoso. Alguno entienden que significan e nacimiento físico del niño, que e acompañado por el "agua" de vientre de la madre. Otros entien den que se refiere al bautismo de Espíritu. (Vea las palabras "nace del agua y del Espíritu".) Otro todavía entienden que las palabra "nacer de agua" significan e lavamiento espiritual del creyente Es decir, la limpieza por el arre pentimiento.

Nacor -- **1.** El abuelo de Abram (Gén. 11:25, 26). **2.** Hermano de Abram y Harán (Gén. 11:26). **3.** Ciudad donde vivía Nacor, el hermano de Abraham (Gén. 24:10). Estaba en Mesopotamia, probablemente al sur de la ciudad de Harán, en el valle del río Belik.

Nadab -- **1.** El mayor de cuatro hijos de Aarón (Ex. 6:23). Junto con Aarón y los otros tres hermanos, fue nombrado sacerdote (28:1). Más tarde, Nadab y Abiú ofrecieron "fuego extraño" en el altar del Señor, cosa que él no había mandado. Entonces salió fuego del Señor y los mató. Este fuego podría salir del altar, o quizá fue un rayo (Lev. 10:1, 2). Nadab y Abiú murieron sin tener hijos (Núm. 3:4). **2.** Rey de Israel, hijo de Jeroboam el Primero (1 Reyes 14:20). Reinó solamente dos años, más o menos entre los años 913 y 911 antes de Cristo. Siguió el mal ejemplo de su padre. Fue asesinado por Baasa, y éste reinó en su lugar (1 Reyes 15:25-28). **3.** Otros dos hombres llevaban este nombre (1 Crón. 2:28; 8:30).

Nahum -- **1.** Profeta de Judá, el reino del sur. Profetizó cerca de los años 623 y 612 antes de Cristo. **2.** El libro escrito por Nahum, de los Profetas Menores. Contiene sólo tres capítulos. Capítulo 1, habla de la grandeza de Dios, que envía su castigo sobre sus enemigos. Capítulos 2—3 hablan del juicio de Dios sobre la ciudad de Nínive, la capital de Asiria. El libro fue escrito en poesía.

Naín -- Pueblo al sureste de Nazaret unos ocho kilómetros. Allí Jesús devolvió la vida al único hijo de una viuda, en el camino al cementerio (Luc. 7:11-17). Hoy día, se llama Neín y tiene pocas casas.

nardo -- Planta olorosa con flores blancas, que crece en los montes Himalaya de Asia. Desde tiempos muy antiguos la usaban para hacer perfume, ungüento, y medicina. Se llama también *espicanardo*. En Palestina su costo era muy alto, porque tenían que traerla desde muy lejos. María rompió un vaso de alabastro con ungüento de nardo puro, y ungió el cabello y los pies de Jesús con él (Mar. 14:3, 5; Jn. 12:3). El valor del nardo era de 300 denarios, o unos cuarenta y ocho dólares.

Natán -- **1.** Profeta que vivió en el tiempo del rey David. David le dijo que quería hacer un templo para el Señor. Natán lo aprobó, pero después le habló de parte del Señor. Le dijo que su hijo tendría que hacer el templo, no David (2 Sam. 7:1-7). Más tarde, cuando David pecó con Betsabé, Natán le reprendió (2 Sam. 11; 12:1-15). Cuando David estaba muriendo, nombró a Salomón como rey en su lugar. Junto con Sadoc el sacerdote, Natán ungió al nuevo rey (1 Reyes 1:28-39). También escribió una historia de lo que sucedió en su tiempo (1 Crón. 29:29; 2 Crón. 9:29). **2.** Otros cinco hombres llevaban este nombre en el Antiguo Testamento.

Natanael -- Uno de los doce apóstoles. Era nativo de Caná de Galilea. Felipe le habló de Jesús, pero Natanael dudaba que nada bueno podría ser de Nazaret (Jn. 1:46). Cuando lo conoció, fue convencido. Jesús dijo de él, que era "verdadero israelita" que no era engañador (v. 47). Desde ese primer encuentro, supo que Jesús era "el Hijo de Dios, el rey de Israel" (v. 49). Su nombre no aparece entre los apóstoles en los Evangelios sinópticos. Pero es probable que sea el mismo que Bartolomé.

natividad, Navidad -- Nacimiento. El nacimiento de Jesús, la fiesta cristiana que recuerda su nacimiento.

naufragar -- Irse a pique o perderse un barco en el mar. El barco en que viajaba Pablo, *naufragó* en la isla de Malta (Hch. 27:39-44). Todos los pasajeros se salvaron del *naufragio*.

nave -- Barco. También, la parte central de un templo. Se llama así, porque tiene la forma de los barcos antiguos. Los católico-romanos llaman a la Iglesia "la nave de San Pedro" La llaman así, porque dicen que solamente dentro de la Iglesia se salva una persona del juicio de Dios.

nazareato -- Voto de nazareo. El tiempo que dure este voto. Vea *nazareo*.

nazareno -- **1.** Habitante del pueblo de Nazaret (Mat. 2:23). **2.** Jesús de Nazaret, llamado a veces "el Nazareno" (Mat. 26:71). La profecía cumplida de Mateo 2:23, se basa en la semejanza entre el nombre *Nazaret* y la palabra *vástago* de Is. 11:1. (Vástago= Retoño, rama, hijo). Vástago en hebreo es la palabra *NeZeR*. **3.** Un seguidor de Jesús el Nazareno (Hch. 24:5). En este texto, los cristianos son llamados la secta nazarena de los judíos.

nazareo -- Persona que se dedica al servicio del Señor, con un voto especial (Núm. 6:1-8). El nazareo no podía comer ni beber ningún producto de la viña. Tampoco podía cortar su pelo. El nazareo mejor conocido del Antiguo Testamento fue Sansón. El no guardó su *nazareato* con fidelidad (Jue. 13-14). En el Nuevo Testamento, Juan el Bautista era nazareo (Luc. 1:15).

Nazaret -- El pueblo nativo de María, la madre de Jesús (Luc. 1:26, 27; 2:4). Quizá también, el pueblo nativo de José. El lugar donde Jesús vivió desde su niñez hasta los treinta años de edad (2:39-52; 3:23). Nazaret está en Galilea, medio camino entre el monte Carmelo y el mar de Galilea.

Neápolis -- El puerto de la ciudad de Filipos de Macedonia, en el mar Egeo. Está al extremo norte del mar (Hch. 16:11).

Nebo -- Monte al oriente del mar Muerto, a unos trece kilómetros de donde desemboca el río Jordán en el mar. Desde allí Moisés, antes de morir vio la Tierra Prometida (Deut. 32:49; 34:1).

Necao -- Faraón Necao, rey de Egipto. Cuando fue en contra del rey de Asiria, el rey Josías de Judá lo encontró en Meguido y se le opuso. Josías fue muerto (2 Reyes 23:29).

necio -- Ignorante, tonto. Duro de cabeza.

Neftalí -- **1.** Sexto hijo de Jacob y Bilha, la sierva de Raquel (Gén. 30:8). **2.** La tribu formada por los hijos de Neftalí (Gén. 46:24). La tierra ocupada por la tribu de Neftalí, estaba al occidente del río Jordán. Se extendía desde la ciudad de Dan, hasta el extremo sur del mar de Galilea (Jos. 19:32-39). Las ciudades de Corazín, Capernaum y Tiberias eran del territorio de Neftalí.

negligente -- Descuidado. Persona que no atiende sus deberes.

Neguev -- El desierto al sur de Canaán. Comienza cerca de Hebrón, y llega hasta el golfo de Akaba. En textos como Gén. 12:9, Neguev significa el sur. El nombre en sí, quiere decir *seco* o *árido*. El Neguev es una mesa alta, útil especialmente para el ganado, la tierra es fértil. Pero para cultivarla, los antiguos tenían que regarla, usando el agua de lluvia que habían guardado en pozos.

Nehemías -- **1.** Oficial del rey Artajerjes de Persia, que le servía el vino (Neh. 2:1). Fue nombrado como gobernador de Judea en el año 445 antes de Cristo. Levantó de nuevo los muros de Jerusalén. Los gentiles que eran los habitantes de Canaán, se opusieron al trabajo. Pero no pudieron pararlo. El muro fue terminado en cincuenta y dos días (6:15). Después, comenzaron a enseñar al pueblo (Cap. 8) y el pueblo volvió a Dios. Nehemías gobernó en Judea por doce años y luego regresó a Susa (13:6). Parece que más tarde el rey le dio permiso de volver a Jerusalén (v. 8). Según Josefo el historiador, Nehemías murió en Jerusalén a una edad avanzada. **2.** El libro escrito por Nehemías el gobernador. Contiene trece capítulos, y relata la historia de sus hechos. Este libro es del grupo llamado "las escrituras". Los judíos contaban los libros de Esdras y Nehemías, como uno solo. **3.** Uno de los hombres principales que volvieron a Jerusalén con el gobernador Zorobabel (Esdras 2:2; Neh. 7:7). No debe confundirse con Nehemías el gobernador (Neh. 2:1-9), de la definición número 1.

neófito -- Principiante. Cualquier adepto nuevo. Persona recién convertida al cristianismo.

Nicodemo -- Un fariseo, miembro del sanedrín (Jn. 3:1, 2). Sabiendo de los milagros de Jesús, le visitó de noche (vv. 1-15). Jesús le habló del nuevo nacimiento. En una reunión del sanedrín, Nicodemo no quería juzgar a Jesús sin escucharlo (7:45-52). Para preparar el cuerpo de Jesús para el entierro, Nicodemo llevó a la tumba unas 100 libras de mirra y áloes (Jn. 19:39).

nicolaíta -- Miembro de una secta de cristianos del primer siglo después de Cristo (Apoc. 2:6, 15). Tenemos datos de esta secta por algo que escribió Ireneo, cerca del año 175 después de Cristo. Parece que los nicolaítas eran seguidores de un maestro falso con el nombre de Nicolás. Enseñaban que los cristianos eran libres para comer carnes ofrecidas a los ídolos. Cometían fornicación, y hacían tropezar a los cristianos para que cayeran en pecado (2:14, 15). Algunos creen que este Nicolás era el diácono nombrado en Hch. 6:5. Pero no hay pruebas de esto.

Nicópolis -- Ciudad antigua en la costa occidental de Macedonia, o Grecia continental. César Augusto edificó la ciudad en el año 30 antes de Cristo. Herodes el Grande construyó algunos de sus edificios. Cuando Pablo escribió su Carta a Tito (3:12) dijo que esperaba pasar el invierno allí. Las ruinas de Nicópolis están en el pueblo moderno de Prevesa.

Nilo -- El río de Egipto (Ex. 1:22). Comienza el Nilo en el lago Victoria de Uganda (Africa). Atraviesa Sudán y Egipto. Desemboca en el mar Mediterráneo. En este punto, ha formado una gran región de tierra muy fértil. El río tiene más de 5900 kilómetros de largo. Los habitantes de Egipto siempre han confiado en este río para regar sus tierras. Hasta tiempos recientes, el Nilo inundaba la tierra cada año. En el tiempo de los faraones, los egipcios consideraban el Nilo como uno de sus dioses. Hoy día, han construido una gran presa en Asuán, una de las más grandes del mundo. Ahora el agua será usada con mejor provecho, para regar las tierras, y para dar corriente eléctrica al pueblo.

Nimrod -- Hijo de Cus (Gén. 10:8). Era gran cazador, y el primer rey de Babel y otras ciudades en la tierra de Sinar. Vea *Babel*.

Nínive -- Antigua ciudad y capital del reino de Asiria. Sus ruinas están en el río Tigris, frente a la ciudad de Mosul, en el norte de Irak moderno. Los hebreos incluían a todos los pueblos cerca de Nínive como parte de la ciudad (Gén. 10:11, 12; Jonás 1:2; 3:3). Pero la ciudad misma era más pequeña. En un principio, la ciudad de Asur era la capital. Pero entre los años 1280 y 1260, el rey Salmanasar hizo su palacio en Nínive. Desde entonces, Nínive era la ciudad más importante de Asiria. Con tiempo, Nínive llegó a ser la capital. Cerca del año 650 antes de Cristo, Asurbanipal hizo allí una famosa biblioteca. Sus "libros" eran placas de barro cocido, escritas con signos antiguos. Estas placas trataban asuntos de historia, religión, astronomía y matemática. El profeta Nahum llamó a la ciudad de Nínive, "ciudad sanguinaria". Es decir, que gustaba derramar sangre (Nahum 3:1). Por ejemplo, el rey Asurnasirpal cortaba a sus cautivos las manos, los pies, narices, orejas y sacaba los ojos. También, levantaba montones de cabezas humanas. Los enemigos de Nínive se rebelaron en el año 612 antes de Cristo, y destruyeron la ciudad. Al mismo tiempo, el río Tigris inundó la ciudad. Las ruinas eran tan completas que por muchos años nadie creía que Nínive había existido. Pero durante el siglo XIX algunos estudiantes excavaron allí y hallaron la ciudad. En el tiempo de Jeroboam el Segundo, Jonás el profeta predicó en Nínive. Su rey y el pueblo se arrepintieron (Jon. 3:5-10). Esto sería cerca del año

750 antes de Cristo.

Nisán -- El primer mes del año hebreo. Corresponde al mes de marzo de nuestro calendario. Vea *año.*

Nob -- Una ciudad de sacerdotes, en la tierra de Benjamín (1 Sam. 22:19; Neh. 11:32). Estaba muy cerca al norte de Jerusalén (Is. 10:32). El lugar exacto no se conoce. El tabernáculo estaba allí cuando Ahimelec era sacerdote (1 Sam. 21:1-10).

Noé -- El que construyó el arca. Hijo de Lamec (Gén. 5:28, 29), y padre de Sem, Cam y Jafet (v. 32). Noé era "varón justo" y caminó con Dios (6:9). Tenía 500 años de edad cuando le nacieron sus tres hijos, quizá trillizos. Por la maldad de todos los hombres (6:6), Dios determinó destruir al mundo. Sólo Noé y familia serían salvos (vv. 12, 13). Con este fin, ordenó a Noé construir el arca, un barco grande. En el arca, Noé y familia, y animales de toda clase, vivirían durante el diluvio (vv. 14-22). Es posible que Noé duró 100 o 120 años haciendo el arca (6:3). Cuando Noé tenía 600 años de edad vino el diluvio (7:6). Llovió por 40 días (v. 17) y hubo agua sobre la tierra por 150 días (v. 24). El arca descansó sobre los montes de Ararat (8:4). Después de más de un año, Noé y familia salieron del arca (v. 14). Entonces Noé hizo ofrenda a Dios, sacrificando animales y aves limpios (v. 20). Entonces Dios señaló el arco iris a Noé. Dijo que el arco sería señal de un pacto entre Dios y Noé: prometió no destruir más al mundo por diluvio (9:8-17). Noé plantó una viña, y se emborrachó con el vino (v. 21). Cam, el segundo hijo, lo miró desnudo en su tienda. Noé maldijo a Canaán el hijo de Cam, por este acto (18-27). Noé murió a los 950 años.

Noemí -- Mujer de Elimelec, hombre de Belén (Rut 1:2). Por motivo de un hambre en Canaán, esta familia fue a vivir en Moab. Allí sus dos hijos se casaron con mujeres moabitas. Elimelec y sus hijos murieron, y Noemí volvió a su tierra. Rut, una de sus nueras, la acompañó. En Belén, Rut conoció a Booz, pariente de su esposo muerto, y se casó con él. De este matrimonio, nació Obed, el abuelo de David. Noemí fue aya o niñera de este niño.

nueva -- Noticia. La buena nueva, o las buenas nuevas, son el evangelio de Cristo.

Nueva Jerusalén -- La santa ciudad que viene del cielo (Apoc. 21:2, 10). La ciudad del Dios vivo (Heb. 12:22). Juan la vio en una visión (Apoc. 21—22:5). Sin duda su descripción es simbólica. En esta ciudad, está el trono de Dios y de Cristo, el Cordero (22:3). Entrarán en esta ciudad los que tienen sus nombres escritos en el libro de la vida (21:27). Allí los siervos de Dios le servirán para siempre (22:3-5).

nueva luna -- El principio de cada mes del calendario hebreo. Fiesta de cada mes, observada como los sábados de cada semana. En ese día ofrecían más sacrificios (Núm. 28:11). Tocaban trompetas (Núm.

10:10). Descansaban de sus labores (Amós 8:5). Lo guardaban con gozo y festividad (1 Sam. 20:5). Cuando llegaba el séptimo mes, la nueva luna fue observada como un sábado especial (Lev. 23:24, 25). Cuando se acercaba la luna nueva, ponían a un grupo de hombres para esperarla. Cuando la veían, daban aviso al público que ya comenzaba el nuevo mes, o la fiesta. Durante muchos años, encendían una fogata para dar la señal. Pero sus enemigos comenzaron a poner fogatas falsas para confundir a los judíos. Entonces, daban el aviso enviando mensajeros.

nuevo nacimiento -- La conversión del hombre a Cristo. La *regeneración.* Este nuevo comienzo de la vida se compara con el nacimiento del niño (Jn. 3:3-6). Es obra del Espíritu Santo. Vea *nacer de nuevo.*

Nuevo Testamento -- **1.** El nuevo pacto o arreglo entre Dios y su pueblo. El pacto evangélico. Es nuevo, porque el anterior ya no está en vigor (Heb. 8:13). Es mejor que el primer pacto, porque el primero tuvo sus defectos (vv. 7-9). Está basado en mejores promesas (v. 6). **2.** La segunda parte de la Biblia. Los 27 libros que relatan la vida y ministerio de Jesús, la historia de la primera iglesia, las enseñanzas de los apóstoles, y las visiones y profecías del tiempo futuro de la iglesia. Se llama el Nuevo Testamento, porque todo el contenido de esta parte de la Biblia, trata asuntos del Nuevo Testamento que Dios hizo para su pueblo.

nulo -- Cancelado, sin fuerza ni valor.

Números -- El cuarto libro del Antiguo Testamento, escrito por Moisés. Uno de los cinco libros de la ley de Moisés, o del pentateuco. El nombre del libro se debe a los dos censos del pueblo. El primer censo se hizo en Sinaí, en el segundo año después de salir de Egipto (Núm. 1:1-3). El segundo censo se hizo en el río Jordán, frente a Jericó (26:3, 4), en el año 40 después de salir de Egipto (Caps. 26—27). El libro relata además, algunos eventos de importancia en la historia del pueblo, mientras andaban en el desierto.

nutrido -- Bien alimentado. Pablo escribió a Timoteo " . . . serás buen ministro de Jesucristo, *nutrido* con las palabras de la fe . . ." (1 Tim. 4:6).

Obed -- Hijo de Booz y Rut, abuelo del rey David (Rut. 4:17).

Obed-edom -- Hombre que recibió el arca del pacto en su casa (2 Sam. 6:10, 11). Cuando David llevaba el arca desde Baala hasta Jerusalén, la llevaba en un carro nuevo (v. 3). En el viaje, Uza tocó el arca para que no cayera al suelo. Dios lo mató, porque no era permitido a nadie tocarla. Aun los sacerdotes tenían que llevarla usando las varas que tenía el arca (Ex. 25:14, 15). David se enojó y dejó el arca en la casa de Obed-edom. El arca quedó allí tres meses, y Dios bendijo la casa de este hombre(2 Sam. 6:8-11

obispo -- **1.** Pastor, anciano, líder

cristiano (Hch. 20:28; Fil. 1:1; Tito 1:7). Jesucristo es llamado el "Pastor y Obispo" de nuestras almas (1 Ped. 2:25). **2.** En la Iglesia Católica Romana y algunas iglesias evangélicas, el obispo es el jefe espiritual de un número de iglesias. Tiene más autoridad que el pastor o cura.

blación -- Ofrenda o sacrificio que no sea animal. Ofrenda de tortas (Lev. 2:1, 4).

dre -- Antigua botella hecha del cuero de un animal. Guardaban agua, vino y aceite en odres (Gén. 21:14; Mat. 9:17).

fir -- Una tribu formada por los hijos de Ofir, hijo de Joctán (Gén. 10:29). La tierra que ocupaban los hijos de Ofir. Esa tierra era famosa por el oro que traían de allí (1 Reyes 9:28). No se sabe dónde estaba la tierra de Ofir. Se supone que estaba en la India. Pero quizá en Arabia o la costa oriental del Africa.

fni -- Uno de los dos hijos del sacerdote Elí (1 Sam. 2:34). No conocían al Señor (2:12). Pecaban grandemente como sacerdotes, y Dios los castigó con la muerte (v. 34; 4:11).

frenda -- Lo que se ofrece a Dios por cualquier motivo. Sacrificio. Vea *sacrificio* y otros artículos sobre *ofrendas*. Las ofrendas podían ser de cosas diferentes. Caín ofreció "fruto de la tierra" (Gén. 4:3). Abel ofreció una oveja (v. 4). La ley ordenó ofrendas cocidas de flor de harina (Lev. 2:1), tortas (v. 4), y masa cocida (v. 5). La ofrenda podía ser *holocausto*, es decir, ofrenda de animales, quemados (Gén. 8:20). Podía ser de dinero, ofrecido según las demandas de la ley (Ex. 30:12-16), o voluntario (2 Reyes 12:18). En el Nuevo Testamento la ofrenda es de dinero principalmente (1 Cor. 16:1-3), y siempre voluntaria (2 Cor. 8). Los sacrificios espirituales, son la alabanza de los creyentes, buenas obras, y ayudas mutuas (Heb. 13:15, 16). No es correcto que los cristianos hagan ofrendas o sacrificios por sus pecados (Heb. 9:9, 10), porque Cristo mismo es el Sacrificio eterno (vv. 26-28).

ofrenda de expiación -- La mayor parte de las ofrendas eran para *expiar* el pecado. Es decir, para arreglar las cuentas con Dios (Lev. 4:1-4).

ofrenda mecida -- Ofrenda dada al Señor, mecida delante del altar. Esto se hacía cuando la ofrenda no era del todo quemada. A veces el sacerdote comía la ofrenda. Vea los casos de la ofrenda de paz (Lev. 7:29-32), la ofrenda del primer grano de la cosecha (23:10, 11), la ofrenda por la culpa del leproso (14:12) y la ofrenda de celos (Núm. 5:25).

ofrenda de paz -- Ofrenda de gratitud a Dios por cualquier favor recibido, como voto u ofrenda voluntaria. Podía ser de varios animales: de vaca o toro, oveja, o cabra. El animal era sacrificado con fuego (Lev. 3). Algunas partes del animal eran comidas por el sacerdote, y a veces por el adorador (7:11-18).

Og -- Amorreo, rey de Basán. Gobernaba al oriente del río Jordán desde el monte Hermón en el norte, hasta el río Jaboc. Era gigante. Su cama medía unos 4.3 metros de largo, por 1.9 de ancho. Los israelitas lo derrotaron y mataron, y su tierra fue dada a la media tribu de Manasés (Deut. 3:1-13).

óleo -- Aceite.

Olivos, monte de los -- La cadena de montes al oriente de Jerusalén, con tres o cuatro picos. El segundo del norte es el que lleva este nombre. El torrente de Cedrón está entre esta cadena de montes, y la ciudad. Al oriente del monte de los Olivos, estaban los pueblos de Betania y Betfagé. Al occidente, estaba el jardín llamado Getsemaní, probablemente en el costado de este monte. El monte de los Olivos es mejor conocido por los eventos de la vida de Jesús. Lo visitaba con frecuencia, pasando sus noches allí (Luc. 21:37; 22:39). Pasó sobre este monte en la *entrada triunfal* (19:29). En su cumbre lloró sobre Jerusalén (vv. 41-44). Allí habló de la destrucción de la ciudad (Mat. 24:3). Getsemaní era su lugar favorito para orar (Jn. 8:1, 2). Desde el segundo pico, según la tradición, Jesús ascendió al cielo (Luc. 24:50; Hch. 1:12). En el Antiguo Testamento, David adoró a Dios allí (2 Sam. 15:30-32). Allí también, la gloria de Dios (la *shekina*) resposó después de abandonar la ciudad (Ez. 11:23).

olor de suavidad -- Frase que aparece en las versiones antiguas de la Biblia; significa: Olor grato para Dios (Gén. 8:21). En este texto, Dios se agradó con el sacrificio de Noé.

omega -- Vea *Alfa* y *Omega*.

omnipotente -- Que tiene todo poder. Dios Omnipotente, el Dios Todopoderoso (Ex. 6:3; Apoc. 19:6).

Omri -- Rey de Israel, el reino del norte, entre los años 890 y 874 antes de Cristo. Durante los primeros cuatro años, reinó solamente sobre la mitad del reino. Su capital estaba en la ciudad de Tirsa. Tibni reinaba sobre la otra mitad. Cuando Tibni murió, Omri fue reconocido como rey de todo el reino del norte. Entonces compró el monte de Samaria y edificó la ciudad de Samaria. Esta ciudad fue hecha la nueva capital del reino. Omri era un rey malo, peor que los otros antes de él. Las naciones lo conocieron por rey valiente. Murió en el año 874 antes de Cristo, y Acab, su hijo, reinó en su lugar (1 Reyes 16:15-28).

Onán -- El segundo hijo de Judá y Súa, mujer cananea (Gén. 38:4). Er, el primer hijo de Judá, fue malo, y Dios le quitó la vida. Su esposa, Tamar, quedó sin hijos. Era el deber de Onán tomarla por esposa y darle hijos. Estos serían contados como hijos de su hermano muerto. Onán no quería esto, y no daba a Tamar su simiente. Por esta maldad, Dios le quitó la vida a él también (vv. 8-10).

Onesíforo -- Varón cristiano que vivía, según parece, en Efeso (2

Tim. 1:16-18). Cuando Pablo estaba en Roma, Onesíforo lo buscó y lo cuidó (1:17). Pablo le envió saludos en su Segunda Carta a Timoteo (4:19).

)nésimo -- Esclavo que se escapó de Filemón (Filem. 15, 16). Pablo lo ganó para Cristo (v. 10) y lo envió otra vez a Filemón (v. 12), llevando la Carta de Pablo a Filemón.

primir -- Afligir. Dominar a otra persona con violencia.

probio -- Deshonra, afrenta.

ración modelo -- La oración de Jesús, llamada "El Padrenuestro" (Mat. 6:9-13). Sus discípulos pidieron que les enseñara, como Juan el Bautizador había enseñado a los suyos (Luc. 11:1, 2). Podemos orar usando estas mismas palabras. Pero también, debemos orar siguiendo las ideas, y quizá la forma de esta oración.

rar -- Hablar con Dios. Adorarle, darle gracias, pedirle algo. Semejante a *rezar*. Pero rezar significa más bien, *repetir* palabras, como de una oración escrita, o de memoria.

rdenanza -- Algo *ordenado* por Dios. Ley, mandamiento, enseñanza. Jesús ordenó que se observara el bautismo (Mat. 28:19), y la cena del Señor (1 Cor. 11:23-26). La Iglesia Católica Romana y algunas otras iglesias, llaman a estas ordenanzas "sacramentos". Vea *sacramento*.

rfa -- Mujer moabita, esposa de Quelión y nuera de Noemí (Rut 1:4). Cuando murieron su esposo e hijos, Noemí regresó a Belén, en Judá. Rogó a sus dos nueras que se quedaran en Moab para que se casaran otra vez. Orfa aceptó esta recomendación de Noemí (vv. 8-14).

órgano -- Instrumento de música llamado así en la Versión antigua (Sal. 150:4). La Versión de 1960, lo llama flauta. Vea *flauta*.

Orión -- Grupo de estrellas que se parece a un cazador. Según la *mitología* griega, Orión era cazador grande y hermoso. En esa mitología, Artemisa mató a Orión, y él se cambió en una constelación, o grupo de estrellas.

oruga -- Larva de algunos insectos después de salir de los huevitos (Sal. 78:46; Joel 1:4).

osadía -- Atrevimiento, audacia, valor.

ósculo -- Beso. El "ósculo santo" que daban los cristianos del primer siglo (Rom. 16:16; 1 Tes. 5:26), se daba sobre la mejilla o la mano. Se usaba especialmente entre personas del mismo sexo, y en familia entre los dos sexos. Se hacía para demostrar el amor. Vea también, "ósculo de amor" (1 Ped. 5:14).

Oseas -- **1.** Profeta del reino del norte, que predicó durante los gobiernos de Uzías, Jotam, Acaz y Ezequías, reyes de Judá. Predicó también durante el gobierno de Jeroboam el Segundo, de Israel. Esto era cerca de los años 760 y 720 antes de Cristo. Si entendemos bien, Oseas tomó como esposa a una mujer de mala conducta (Oseas 1:2). Ella le dio un hijo, Jezreel, y una hija, Lo-ruhama. Sus nombres eran mensajes para el pueblo de Israel. Después, le dio otro hijo con el nombre de Lo-ammi, otro mensaje para Israel.

Entonces, su esposa le fue infiel, y Oseas fue a comprarla, porque se había hecho esclava (3:1, 2). Esta vez la tuvo en casa sin vivir con ella. Esta condición era también mensaje para Israel. Oseas fue el autor del libro que lleva su nombre. **2.** El libro escrito por Oseas, el primero de los Profetas Menores. La primera parte del libro (Caps. 1—3) relata la triste experiencia de Oseas y su esposa. Relata también los mensajes que Dios tenía para el pueblo. La segunda parte del libro (Caps. 4—14), contiene los varios mensajes que predicó en diferentes ocasiones. En todos ellos, Oseas da énfasis al amor de Dios para el pueblo, a pesar de sus pecados.

ostentoso -- Demasiado bello o hermoso. Algo que se ve muy aparatoso. Los apóstoles Pablo y Pedro enseñaban que la mujer no debía usar "peinado ostentoso" (1 Tim. 2:9; 1 Ped. 3:3).

Otoniel -- Hijo de Cenez, y sobrino de Caleb. Caleb dijo que daría su hija, Acsa, por esposa al que tomara la ciudad de Quiriat-sefer. Otoniel la tomó, y Acsa llegó a ser esposa (Jos. 15:16, 17).

otorgar -- Conceder, consentir, dar.

P

pábilo -- Mecha o cuerda torcida de la vela o candela.

Pablo -- El apóstol Pablo. Su nombre hebreo era Saulo, pero entre los de habla griega, decían Pablo. El usaba este nombre casi siempre, desde su primer viaje misionero (Hch. 13:9). Pablo era de la tribu de Benjamín, criado como judío desde su niñez (Fil. 3:5). Vivía en la ciudad de Tarso de Cilicia, en Asia Menor. Se educó bajo el maestro Gamaliel en Jerusalén (Hch. 22:3). Vivía de acuerdo con la ley de Moisés, según la tradición de los fariseos (Fil. 3:5). Nunca se casó, o quizá era viudo)1 Cor. 7:7). Perseguía a los cristianos y estaba de acuerdo cuando mataron a Esteban, a pedradas (Hch. 7:58, 59; 8:1). Es probable que fue miembro del sanedrín (26:10). Unos tres o cuatro años después de la muerte y resurrección de Cristo, fue convertido. Mientras iba a Damasco para apresar a los cristianos, el Señor se le apareció en el camino. Quedó ciego por la visión, y le llevaron a la ciudad. Al tercer día, Ananías de Damasco le visitó y le puso las manos encima. Pablo recibió la vista y fue bautizado. Comenzó luego a predicar en esa ciudad (Hch. 9:1-22). Esto sucedió entre los años 30 y 35 después de Cristo. Durante su tiempo en Damasco, fue a Arabia por un tiempo breve (Gál. 1:17). Después de tres años visitó a Pedro en Jerusalén, y a Jacobo, el hermano de Jesús (v. 18). Parece que después, volvió a Damasco y predicó allí por muchos días (Hch. 9:23). Los judíos entonces procuraban matarlo, pero los discípulos lo bajaron por el muro en una canasta (vv. 24, 25). Los discípulos en Jerusalén no conocían a Pablo personalmente, y Bernabé se lo presentó. Allí predicó con mucho poder, y otra vez lo querían matar. Entonces los discípulos lo enviaron a Tarso, su propia ciudad (vv. 26-31). Durante los próximos años, Pablo siguió en Tarso, quizá predicando el evangelio. En el año 44 ó 45 después de Cristo, Bernabé fue a buscar a Pablo, y lo llevó a Antioquía. Allí sirvieron como pastores en la iglesia de esa ciudad (11:19-26). Ya tenían un año allí cuando el Espíritu Santo los envió a predicar a los gentiles (13:1-4). Así comenzó el primer viaje misionero. Aquel primer viaje los llevó a la isla de Chipre, y por algunas ciudades de Asia Menor. Entonces regresaron a Antioquía y estuvieron allí por mucho tiempo (Caps. 13—14). La doctrina de Pablo causó mucha división entre los judíos. Algunos insistían en que era necesario obligar a los gentiles cristianos a aceptar la ley de Moisés. Pablo, Bernabé y algunos más, fueron a Jerusalén para tratar este asunto con la iglesia. El apóstol Pedro dio su opinión,y también Jacobo, el pastor de la iglesia en Jerusalén. Estaban de acuerdo con Pablo. Luego escribieron una carta a las iglesias, avisándoles que no era necesario guardar la ley. Esto sucedió cerca del año 51 después de Cristo (Gál. 2:1-10). El segundo viaje misionero de Pablo comenzó poco tiempo después (Hch. 15:36). Hubo una discusión fuerte entre Pablo y Bernabé sobre Juan Marcos. Pablo no quiso llevarlo en el viaje, porque los había abandonado la primera vez (15:37, 38). Entonces se separaron los dos, y Pablo empezó el viaje. En esta ocasión encontró a Timoteo en Listra, y lo llevó consigo como compañero de trabajo. Corto tiempo después fueron a Filipos en Macedonia. Este fue el comienzo del evangelio en Europa. Predicó también en Tesalónica, Atenas y Corinto, ciudades principales de Macedonia y Grecia. Después, cruzó el mar Egeo y llegó a Efeso en Asia Menor. De allí,regresó a Antioquía, pasando por Jerusalén (Caps. 16—18:22). El tercer viaje misionero de Pablo comenzó después de poco tiempo. Fue primero a Efeso, y estuvo allí por más de dos años. Durante ese tiempo el evangelio fue predicado en toda Asia (Menor), y muchos creyeron. Es probable que las siete iglesias de Apoc. 2—3, comenzaron en ese tiempo. Pero después de un alboroto grande en Efeso, Pablo salió de la ciudad y fue a Macedonia y Grecia. Pasó poco tiempo en aquellos lugares, y regresó. Quería llegar a Jerusalén a tiempo para la fiesta de Pentecostés. Se detuvo en Mileto solamente para hablar con los pastores de la iglesia de Efeso, y para despedirse de ellos. Después, entró en el barco para ir a Jerusalén. Llegando allí, terminó el tercer viaje misionero (18:23—21:17). En Jerusalén, los hermanos avisaron a Pablo que tuviera mucho cuidado con los judíos. Le dijeron que debiera tomar un voto judío para demostrar que lo que decían de él eran mentiras. Pero en el templo, hubo un alboroto y Pablo fue tomado preso por los soldados romanos. En esta ocasión, Pablo pudo hablar a los judíos y explicar su trabajo. Pero no aceptaron sus palabras. Pablo se defendió delante del concilio (el sanedrín). Después, le enviaron a Cesarea, donde se defendió delante de Félix el gobernador. Pero Félix esperaba que Pablo le diera dinero, y no lo puso en libertad. Pablo siguió en la cárcel por dos años. Luego llegó otro gobernador, y Pablo se defendió delante de Festo y Herodes Agripa. Cuando vio que no iba a salir libre, Pablo usó su derecho de defenderse delante de César, el emperador romano. Pronto encontraron un barco que iba a Italia, y un centurión llamado Julio, acompañó a Pablo. En el viaje, hubo una tormenta, y el barco se perdió. Sin embargo, Pablo dio consejos importantes, y nadie perdió la vida. Pasaron el invierno en la isla de Malta. Después de tres meses, partieron otra vez para Roma, en otro barco. En Roma, Pablo pudo alquilar su propia casa y vivir con mucha libertad, hasta ver a César. Allí predicó el evangelio por dos años, sin que nadie le dijera nada (Hch. 21:17—28:30, 31). Mientras estaba allí, escribió las Cartas a los Colosenses, los Efesios y a Filemón. No sabemos mucho más de Pablo. Parece que fue puesto en libertad después de defenderse delante de César. Según Fil. 1:21-26, Pablo esperaba ser puesto en libertad. Si fue así, fue hecho preso más tarde. Según los escritos de Clemente de Roma, Pablo visitó España. Después, fue encarcelado la segunda vez. Desde allí escribió las dos Cartas a Timoteo y otra a Tito. La tradición afirma que Pablo murió como mártir en Roma. Pablo fue el autor de trece Cartas y posiblemente también de la Carta a los Hebreos. Si no, fue escrita por alguna persona que siempre estaba cerca de él. Los escritos de Lucas (el Evangelio y Hechos) indican mucha influencia de Pablo. La mayor parte de Hechos trata su ministerio. Pablo fue el misionero principal de la iglesia apostólica. Por su trabajo, el evangelio fue llevado al mundo gentil. El éxito del evangelio se debe a su obra más que a la de ningún otro.

pacer -- Comer hierba en los prados. El ganado *pace* en los prados.

paciencia -- Virtud de soportar los males sin quejas. En el Nuevo Testamento, la paciencia es la disposición de seguir llevando alguna carga. La firmeza. *Paciente* significa sufrido.

pacto -- Acuerdo, testamento. En la Biblia hay dos pactos importantes: el antiguo y el nuevo. El antiguo existió entre Dios y su pueblo. En pocas palabras, Dios cumpliría su parte, si Israel cumplía la suya. Pero no fue así (Heb. 8:9), y el pacto quedó sin efecto. El nuevo pacto está basado sobre mejores promesas que las primeras (v. 6). Dios se comprometió a hacer bien al pueblo sin contar con ellos (vv. 8-12). Dios juró que Jesús era sacerdote y fiador del mejor pacto (7:19-22). Es decir, de él depende nuestra salvación (4:14-16).

Padan-aram -- La llanura donde vivió Abraham, antes de llegar a Canaán (Gén. 28:5). Tierra de los arameos, Mesopotamia (24:10).

padecer -- Sufrir. Sentir un gran

dolor. Ser víctima de algo.

padre -- **1.** Hombre que tiene hijo según la carne. **2.** Dios, el Padre espiritual de los cristianos (Heb. 12:9), y el Padre de Jesucristo (Jn. 20:17). **3.** El Padre celestial, Creador de todos los hombres (Mal. 2:10). **4.** Cualquier antepasado de uno, su abuelo, bisabuelo u otro (Gén. 4:20). Comúnmente se usa en plural: "Nuestros padres" (Jn. 6:31,49). **5.** Título de honor (1 Sam. 24:11). Maestro reconocido. **6.** El fundador de algo, u hombre principal. Abraham fue el padre de los fieles (Rom. 4:11, 12). **7.** El papa romano y los sacerdotes usan este título. Sacerdote, confesor, el que dirige la conciencia. En este sentido, va en contra de Mat. 23:9.

Padres de la Iglesia -- Escritores cristianos importantes de los primeros siglos. Vea *padre*, definiciones 5 y 6. Algunos de los más conocidos "padres de la Iglesia" eran Ireneo, Eusebio, Tertulio, y Agustín.

Pafos --Pueblo al extremo suroeste de la isla de Chipre. Pablo visitó este lugar en su primer viaje misionero (Hch. 13:6). En ese tiempo era la capital de Chipre. Hoy día se llama Bafo.

paje de armas -- Ayudante o sirviente de otro soldado o guerrero. Cargaba algunas armas, su escudo y quizá partes de su armadura. A veces, el paje de armas iba a la batalla con su amo (1 Sam. 14:1, 12, 13). En un principio, David fue paje de armas del rey Saúl (16:21).

palabra -- **1.** Sonido, o grupo de sonidos que representan una idea. Se escribe una palabra usando letras que representan los sonidos de la palabra. **2.** Mensaje. Mensaje de Dios por medio de un profeta o predicador (Oseas 1:1). **3.** La Palabra de Dios, la Biblia. El Antiguo Testamento (Sal. 119:105). **4.** El evangelio (1 Tes. 1:8, 2:13). **5.** Jesucristo se llama la Palabra en Jn. 1:1, de la Versión Popular. Vea *Verbo*.

palabrería -- Exceso de palabras, mucho hablar (Mat. 6:7). Pláticas o discusiones sin valor (2 Tim. 2:16).

Palestina -- La Tierra Santa, Tierra Prometida, Israel, Canaán. El nombre Palestina no se usa en la Biblia, sino *Filistea*, que es otra forma del mismo nombre (Is. 14:29, 31). Palestina o Filistea era de los *filisteos*. Vea *Canaán*.

palmo -- Una medida de longitud. El ancho de la mano con los dedos extendidos. Unos 21 centímetros, o hasta 26.

pámpano -- Rama tierna de la vid.

pan de la proposición -- Doce panes sin levadura eran puestos cada semana en el Lugar Santo del templo (Ex. 25:30). Eran doce por las doce tribus de Israel. Cada sábado ponían pan fresco, y los sacerdotes comían el viejo (Lev. 24:5-9). Había una mesa especial para este pan, cubierta de oro (Ex. 25:23-30). El nombre "pan de la proposición" significa "pan de la *presencia* (de Dios)". Este pan hace pensar de Jesucristo, que decía de sí mismo: "Yo soy el pan de vida" (Jn. 6:32-35).

pan mojado -- Bocado de pan, mojado en alguna salsa. El acto de dar el pan mojado a otra persona en la mesa, le honraba. (Jn. 13:26)

En este texto, sirvió también para indicar a Juan, quién era el traidor.

pandero -- Tamborín, o tambor pequeño, usado en las danzas antiguas (Jue. 11:34).

panes sin levadura, fiesta de -- Fiesta que seguía a la Pascua. Comenzaba la Pascua el 14 del primer mes. Desde el día 15 hasta el 21, celebraban la fiesta de los panes sin levadura (Lev. 23:5-8). En esta fiesta, recordaban *la prisa* con que salieron sus padres de Egipto (Ex. 12:39), y la *maldad* que dejaban atrás (1 Cor. 5:7, 8). En realidad, esta fiesta era parte de la Pascua. En la Versión antigua, se llama la fiesta de los *ázimos* (Lev. 23:6).

papiro -- **1.** Planta que crecía en abundancia en el río Nilo. Hoy día quedan muy pocas plantas de papiro. Es planta con tallo triangular, y crece hasta unos tres metros de altura. La madera del papiro se usaba para construir barcos, grandes y pequeños. La arquilla del niño Moisés era de papiro (Ex. 2:3). Hacían papel del papiro. Vea definición número 2. **2.** El antiguo papel hecho del tronco del papiro. Para hacer el papel, cortaban tiras del centro blando del tronco. Entonces hacían hileras de ellas, poniendo la mitad en sentido vertical. La otra mitad la ponían encima de las primeras tiras, en sentido horizontal. Las machacaban y las prensaban para formar una hoja. Este material era el más usado para cartas y otros escritos del mundo antiguo. Los documentos del Nuevo Testamento fueron escritos en este papel. Se han encontrado antiguos escritos en este papel en las tumbas de Egipto. Algunos contienen partes del Nuevo Testamento, pero copias, no originales. Estos *papiros* contienen mucha información sobre la vida diaria de Egipto del mundo antiguo.

parábola -- Ejemplo que usaba Jesús en sus enseñanzas. Una corta historia dada con el fin de enseñar algo. "Parábola" quiere decir *comparación*. Hay parábolas en el Antiguo Testamento, aunque pocas. Vea, por ejemplo, la de Natán en 2 Sam. 12:1-6. Los rabinos las usaban en el tiempo de Jesús. Pero las parábolas del Señor son muy superiores. Hay unas 34 parábolas de Jesús en los Evangelios. Aparte de ellas, hay muchos dichos cortos que se llaman enseñanzas *parabólicas*. La parábola tiene una enseñanza principal, como los ejemplos que usan los predicadores de hoy día. Muchas veces tienen otras enseñanzas de menor importancia. La mayor parte de las parábolas tienen tres partes: la *razón* de la parábola, la *historia*, y la *enseñanza*. Para entenderlas, se debe recordar que no son enseñanzas directas, sino comparaciones. Una doctrina no debe ser basada en una parábola, a menos que haya otras enseñanzas que la confirmen.

Paracleto -- Palabra griega que significa Consolador, Abogado y Ayudador. Las versiones comunes del Nuevo Testamento en español, no la usan. En el texto original, se usa del Espíritu Santo donde dice *Consolador* (Jn. 14:16, 26 y otros).

Se usa de Jesucristo donde dice *Abogado* (1 Jn. 2:1).

paraíso -- **1.** Jardín (Is. 51:3). **2.** El cielo de Dios (Luc. 23:43; Apoc. 2:7).

paralítico -- Persona que no tiene el uso de algún miembro de su cuerpo, por enfermedad. Sufre de *parálisis*.

Parán -- Región al sur y sureste de Canaán. El desierto donde anduvieron los israelitas por 40 años (Núm. 10:12, 12:16). Está entre el monte Sinaí y el mar Muerto. En gran parte es una mesa alta, unos 700 y 800 metros sobre del nivel del mar.

parcialidad -- Preferencia injusta. Favoritismo.

parousía - Palabra griega que significa *venida* o *presencia*. Se usa de la venida de personas como Estéfanas (1 Cor. 16:17), Tito (2 Cor. 7:6), y Pablo (Fil. 1:26). Se usa especialmente de la segunda venida de Cristo (Mat. 24:3, 27; 1 Cor. 15:23). Esta palabra no aparece en las versiones comunes del Nuevo Testamento en español.

partícipe -- Participante, el que tiene parte en algún asunto. Pablo nos aconseja que no seamos *partícipes* con los demonios (1 Cor. 10:20). Debemos hacer *partícipe* de toda cosa buena, a aquel que nos instruye. Es decir, debemos *compartir con él* toda cosa buena (Gál. 6:6).

Pascua -- La primera de tres fiestas muy importantes (Ex. 12:14). Se celebra cada año el día 14 del primer mes (abib o nisán) del año hebreo. Es un recuerdo de la salvación de los hijos primogénitos de los hebreos. El Angel del Señor pasó por alto a los hebreos cuando castigó a los egipcios. En esta fiesta, los hebreos mataban un cordero, rociaban la sangre en la puerta de su casa, y comían la carne. Durante los seis días siguientes, comían pan sin levadura. Esta parte de la fiesta la llamaban la fiesta de *panes sin levadura*. Hoy día los judíos no usan el cordero ni rocían la sangre en la Pascua. En el Nuevo Testamento, Jesucristo es llamado nuestra pascua (1 Cor. 5:7). La antigua pascua era *tipo* o *símbolo* de la muerte de Cristo para nuestra salvación.

pasión -- Los sufrimientos y la muerte de Jesucristo (Hch. 1:3). La palabra *pasión* aparece solamente en la Versión antigua.

pastor -- **1.** El que cuida un rebaño de ovejas (Luc. 2:8). **2.** El guía espiritual de una iglesia o grupo de creyentes. Obispo, anciano (Ef. 4:11; Heb. 13:7). **3.** Jesucristo se llama el *Buen Pastor* (Jn. 10:11), el gran *Pastor de las ovejas* (Heb. 13:20), el *Pastor* y *Obispo de nuestras almas* (1 Ped. 2:25) y el *Príncipe de los pastores* (5:4).

Pasur -- **1.** Un hijo de Malquías que se opuso a las profecías de Jeremías en contra de la nación (Jer. 21:1). **2.** Sacerdote, hijo de Imer, que puso a Jeremías en el cepo por sus profecías (Jer. 20:1-6). **3.** El padre de Gedalías, un enemigo de Jeremías (Jer. 38:1). **4.** El padre de una familia de sacerdotes que regresaron del cautiverio (Esdras 2:38). **5.** Uno de los que firmaron un acuerdo en el tiempo de Nehemías. El acuerdo decía que no se casarían los príncipes ni los levitas ni los sacerdotes, con mujeres gentiles (Neh. 10:3).

Patmos -- Una isla del mar Egeo, a unos 30 kilómetros de la costa suroeste de Asia Menor. El apóstol Juan estaba en esa isla como castigo por su testimonio cristiano (Apoc. 1:9). Allí recibió las visiones del Apocalipsis y las escribió en un libro (vv. 9-19).

patriarca -- **1.** Hombre anciano que gobierna como rey en su casa o tribu. **2.** Abraham, Isaac y Jacob fueron los patriarcas más importantes de la nación de Israel. Los doce hijos de Jacob o Israel fueron también patriarcas (Hch. 7:8, 9). Tambien David (2:29) y otros líderes importantes de Israel. **3.** Varios grupos religiosos usan esta palabra como título. Obispo católico romano, segundo al papa. Obispo de la Iglesia Católica Griega, en cuatro ciudades principales. Sacerdote mormón.

pecado -- **1.** Cualquier falta delante de Dios. Desobediencia a la enseñanza de la Biblia. Cualquier acto, palabra o pensamiento que sea contrario a la voluntad de Dios. **2.** La condición natural en que nace el hombre (Sal. 51:5; Rom. 5:12-14). Esta condición se llama "el pecado original". Es la culpa general de la humanidad, en que todos tienen parte. Es así, aun cuando el individuo no haya cometido pecado personal, por ser muy pequeñito. Sin duda que ninguno se pierde solamente por el pecado original. La bondad de Dios acepta a los pequeños (Mat. 18:10). Pero cuando el niño crece, es responsable por su pecado (Gál. 6:7, 8).

pecado de muerte -- Alguna falta que trae la muerte física como castigo de Dios (1 Jn. 5:16, 17). No significa la muerte espiritual (1 Cor. 5:5).

pecado imperdonable -- La blasfemia contra el Espíritu Santo (Mar. 3:28-30). Los escribas dijeron que Jesús echaba fuera a los demonios por Beelzebú, el príncipe de los demonios (v. 22). Ellos cometían este pecado al decir que Jesús tenía espíritu inmundo (v. 30). Parece que cuando una persona cree y afirma que lo de Dios es del diablo, comete este pecado.

pectoral -- Ropa como chaleco, que usaba el sumo sacerdote. Este pectoral tenía colores hermosos y piedras preciosas. Había en él doce piedras diferentes. Cada piedra tenía el nombre de una tribu grabado en ella. El sacerdote llevaba estos nombres delante de Dios en su corazón, cuando entraba al santuario (Ex. 28:4-30).

pedernal -- Un cuarzo común. Piedra muy dura.

Pedro -- **1.** El apóstol, Simón Pedro. El hijo de Jonás (Jn. 1:42), y hermano de Andrés (v. 44). Eran pescadores junto con su padre, y vivían en Betsaida. Como todos los apóstoles, era hombre casado (Mar. 1:30; 1 Cor. 9:5). Jesús encontró a

Andrés primero, y éste fue a traer a su hermano (Juan 1:40-42). El nombre arameo de Pedro era Simón. Cuando Jesús lo vio por primera vez, le dio un nuevo nombre, Cefas. Este nombre significa *piedra*. De ahí viene el nombre griego, Pedro. Notamos algún progreso en el llamamiento de Pedro. Se hizo creyente en su primer encuentro con Jesús (Jn. 1:41, 42). Después, Pedro reconoció su poca fe, y Jesús lo llamó para ser pescador de hombres (Luc. 5:3-10). Más adelante Jesús lo llamó, junto con otros once, para estar con él, para predicar el evangelio, y para sanar a los enfermos; en fin, para ser apóstol (Mar. 3:14-16). Después de la resurrección, el Señor lo llamó para pastorear a sus ovejas (Jn. 21:15-19), y a morir por él. En el monte de la ascensión, Jesús lo llamó, junto con todos los discípulos, a llevar el evangelio al mundo (Mat. 28:19). Pedro tenía carácter arrojado. Hablaba fácilmente, y muchas veces decía cosas que no debiera. Pero también fue el primero en confesar que Jesús era el Cristo, el Hijo del Dios viviente (Mat. 16:15, 16). Por esto, el Señor le honró, dándole las "llaves del reino" (v. 19), y el poder de "atar y desatar". Los otros también recibieron este poder (18:18-20). La Iglesia Católica Romana entiende que las palabras de Cristo a Pedro, lo hicieron jefe de la Iglesia y el primer papa. El nuevo Testamento no apoya esta enseñanza. Aunque sí, Pedro era siempre el primero mencionado entre los apóstoles. Por otra parte, Pedro fue llamado "Satanás" después de su gran confesión (Mat. 16:22, 23). Más tarde, Pedro negó al Señor tres veces, aun con maldiciones (Mar. 14:66-72). Era uno de los tres discípulos más cercanos al Señor. Estos tres (Jacobo, Cefas y Juan) eran considerados "columnas" de la iglesia (Gál. 2:9). Pedro tomó la palabra en el día de Pentecostés y fueron convertidas como tres mil personas (Hch. 2:41). En los primeros años después de Pentecostés, Pedro vivió en Jerusalén con los demás apóstoles (Hch. 8:1). En los primeros días de la iglesia, Pedro y Juan curaron a un cojo en la Puerta Hermosa del templo (3:1-10). Cuando se juntaron muchas personas para ver al cojo ya sano, Pedro predicó otra vez. Fueron convertidos ese día otros cinco mil varones (4:4). Delante del sanedrín, Pedro y Juan dieron fiel testimonio. En dos ocasiones dijeron que era necesario obedecer a Dios antes que a los hombres (4:19; 5:29). Cuando Ananías y Safira mintieron al Espíritu de Dios, cayeron muertos delante de Pedro (5:1-11). Leemos también de la curación de Eneas en Hch. 9:32-35. Pedro oró sobre el cuerpo muerto de Tabita, y ella volvió a la vida (vv. 36-41). El Señor dio a Pedro una visión importante cuando estaba en Jope. Por ella, entendió que los gentiles eran aceptables para Dios, así como los judíos (10:28). Por esta enseñanza, Pedro fue y predicó en la casa de Cornelio, centurión romano. El y toda su familia fueron convertidos. De esta manera Dios abrió la puerta de la fe a los gentiles (11:18). En otra ocasión Pedro fue puesto en la cárcel para ser muerto. Pero un ángel le abrió las puertas y Pedro salió libre (12:1-19). Pero Pedro no era perfecto. En una ocasión no quiso comer con los gentiles de Antioquía (Gál. 2:11-16), y Pablo le reprendió delante de todos. En el concilio de la iglesia en Jerusalén, Pedro apoyó la enseñanza de Pablo (Hch. 15:7-11). Es probable que Pedro fue más tarde a predicar entre los judíos de Babilonia (1 Ped. 5:13). Sin embargo, la Iglesia Católica Romana enseña que "Babilonia" quiere decir "Roma". Pedro escribió dos Cartas Generales a los creyentes, tanto gentiles como judíos (1 Ped. 1:1; 2 Ped. 1:1). Es probable también, que guió a Marcos cuando escribió el Evangelio. Las palabras de Cristo indican que Pedro tendría que morir crucificado (Jn. 21:18, 19). La tradición dice que fue crucificado en Roma con la cabeza hacia abajo. No se creía digno de morir como su Señor.**2.** Las dos Cartas Generales de Pedro. La Primera fue escrita a los cristianos, tanto gentiles como judíos, de Asia Menor. Dice "Ponto, Galacia, Capadocia, Asia y Bitinia" (1:1). Estos creyentes eran de las iglesias fundadas por Pablo. La palabra "dispersión" indica que escribía también a los judíos. Pedro escribió esta Carta probablemente de Babilonia, donde había una colonia grande de judíos (5:13). Sin embargo, desde muy temprano, llamaron a Roma con el nombre simbólico de Babilonia. Es posible que la escribiera desde Roma. En esta Primera Carta, Pedro llama a los cristianos a una vida santa. Habla de los deberes de los casados y del sufrimiento cristiano. Recomienda a los pastores, cómo cuidar a sus congregaciones. En la Segunda Carta les advierte acerca de los maestros falsos. Habla también de la segunda venida de Cristo. En 3:15, 16, reconoce las Cartas del apóstol Pablo, como parte de las Sagradas Escrituras, aunque a veces difíciles de entender. Algunos dudan que Pedro escribiera esta Segunda Carta. Pero todo lo que dice en ella, confirma que él fue el escritor

Peka -- Hijo de Remalías, rey de Israel, (reino del norte), cerca de los años 749-730 antes de Cristo. Cuando era capitán del ejército del rey Pekaía, lo asesinó y reinó en s lugar. El texto dice que rein veinte años, pero la historia es difícil de comprender (2 Reyes 15:23-27). Hizo alianza con Rezín, rey de Siria, para pelear contra Acaz, re de Judá. Los habitantes de Jud tuvieron mucho miedo, e Isaías le aconsejó confiar en Dios (Is. 7:1-12). Acaz no aceptó su consejo, hizo alianza con Tiglat-pileser, re de Asiria. Este rey echó fuera a ejército de Peka, pero Peka se llev muchos presos del reino de Judá (Reyes 15:29). Después, el profet Obed logró que fueran enviado otra vez a sus hogares (2 Crón. 28:9-15). En el año 730 antes c Cristo, Oseas, hijo de Ela, mató Peka y reinó en su lugar.

pendenciero -- Persona que le gus reñir o pelear.

endón -- Bandera.

eniel -- El lugar junto al río Jaboc, donde Jacob luchó con el ángel de Dios (Gén. 32:30). *Peniel* significa *El rostro de Dios*. El lugar exacto es desconocido.

entateuco -- Es palabra griega que significa "cinco libros". Los cinco libros de Moisés: Génesis, Exodo, Levítico, Números y Deuteronomio.

entecostal -- Iglesia pentecostal, movimiento e iglesia cristiana. Enseña que los cristianos de hoy deben recibir los dones del día de Pentecostés.

entecostés -- Palabra griega que significa *cincuenta*. La fiesta de Pentecostés que se celebra 50 días después del principio de la cosecha, o el primer día de la fiesta de los panes sin levadura (Ex. 34:22; Lev. 23:15, 16). También se le llama en estos textos: "la fiesta de las semanas". Era la segunda de tres fiestas importantes entre los judíos. En la iglesia cristiana, el Espíritu Santo fue dado en este día (Hch. 2:1-4). Se observa ahora como recuerdo de aquella fecha importante.

ñasco -- Peña o roca grande e empinada.

rdiz -- Una de varias clases de ave que se cazan. Vea *codorniz*.

rea -- Región al este del río Jordán, entre el mar de Galilea y el mar Muerto. Jesús anduvo en Perea durante su última visita en Jerusalén. Este nombre no se encuentra en el Nuevo Testamento.

recer -- Morir.

rfecto -- Lo que no tiene falta ni equivocación. Sin embargo, muchas veces significa *justo* o *imparcial* (Mat. 5:48). Otras veces significa *adulto* o *maduro* (Ef. 4:13). El hombre "perfecto" no puede ser un hombre sin pecado. Más bien, significa *recto, justo, aceptable* delante de Dios (Job 1:1).

pergamino -- La piel de oveja o cabra, usada para escritos de varias clases, en lugar de papiro. Comenzaron a usar el pergamino cuando se hizo escaso el papiro. El nombre pergamino viene de la ciudad de Pérgamo, donde lo preparaban. Era más fuerte que el papiro, y por esta razón lo usaban para las mejores copias del Nuevo Testamento. En el año 1947, descubrieron muchos rollos viejos de pergamino en una cueva junto al mar Muerto. Entre ellos, hay copias de todos los libros del Antiguo Testamento, menos del libro de Ester. Son muy importantes para el estudio del Antiguo Testamento.

Pérgamo -- Ciudad importante de Misia en el noroeste de Asia Menor. Está a unos 25 kilómetros del mar Egeo. Cerca del año 235 antes de Cristo, el rey Atalo el Primero hizo una famosa biblioteca allí. Era la más grande después de la biblioteca de Alejandría en Egipto. Más tarde, los 200 mil libros de esta biblioteca fueron agregados a la de Alejandría. En Pérgamo inventaron el *pergamino*, importante material para libros y documentos. Vea *pergamino*. En el Apocalipsis, el Señor envió una carta a la iglesia de Pérgamo (2:12-17). Esta ciudad era centro de idolatría. Hoy día, se llama Bergama.

Perge -- Ciudad en el suroeste de Asia Menor, a unos 20 kilómetros del mar Mediterráneo. Pablo pasó por Perge en su primer viaje misionero (Hch. 13:13, 14).

período intertestamentario -- El tiempo entre el Antiguo Testamento, y el Nuevo. Pasaron unos 400 años durante los cuales Dios no habló al pueblo por medio de profetas. Por esto, este tiempo se llama a veces: "Los Siglos de Silencio". La historia de este período está escrita en los libros de Josefo el historiador. Se llaman las *Antigüedades judaicas.*

perpetuo -- Lo que sigue sin fin. Eterno.

perplejo -- Dudoso, confuso. Uno está perplejo cuando no sabe resolver su problema.

perro -- En tiempos antiguos, pocas veces el perro era animal casero como hoy (Mat. 15:27). Más bien, andaba en las calles, comiendo basura y desperdicios. Sin embargo, los usaban para cuidar el ganado (Job. 30:1). Era gran insulto llamar perro a cualquier persona. Los judíos así llamaban a los gentiles (Apoc. 22:15).

perseverar -- Persistir, continuar en lo que uno trata de hacer. Ser constante, fiel. El que *persevera,* tiene *perseverancia.*

Persia -- Antiguo reino al oriente de Canaán. Desde unos 700 años antes de Cristo, Persia era la región al oriente del río Tigris, entre el mar Caspio y el golfo de Persia. Incluía los países modernos de Irak e Irán. Durante los siglos cuatro al seis antes de Cristo, el *imperio de Persia* era mucho más grande. Incluía toda la tierra entre la India y Grecia, y desde el mar Negro y el río Danubio en el norte, hasta los países del noreste de Africa (Ester 1:1; 10:1). Los habitantes se llamaban persas. En la Biblia leemos de Ciro el Grande, rey de Persia. El permitió a los judíos volver a su tierra en el año 538 antes de Cristo (Neh. 2:6). Darío el Primero reinó entre 521 y 465 antes de Cristo. (Este no es Darío el Medo, de Dan 5:31.) El templo fue construido de nuevo en su tiempo. Su hijo, Artajerjes, permitió a Esdras llevar un gran número de judíos a Jerusalén. El gobernó entre 465 y 424. El imperio de Persia terminó cuando Alejandro el Grande lo conquistó en el año 331 antes de Cristo.

persuadir -- Convencer con palabras.

perverso -- Persona que tiene costumbres malas. Vicioso. Obstinado, rebelde.

pervertir -- Corromper a otra persona. Cambiar la moral por algo que no sea aceptable.

pesebre -- Comedero de animales.

peste -- Enfermedad infecciosa. Plaga.

pestilencia -- Peste. En el lenguaje moderno, es un olor desagradable.

pez, (la) -- Brea. Esta palabra se encuentra sólo en la antigua Versión de Valera (Ex. 2:3).

pezuña -- Las uñas de la pata de un animal, como caballo, puerco, vaca.

piedad -- Cariño de los padres para sus hijos, o de Dios para los pecadores (Sal. 51:1; Oseas 6:4). Lástima para los pobres o necesita dos. Una vida de devoción hacia Dios (Hch. 3:12; 2 Ped. 1:3).

Pilato, Poncio -- El gobernador romano sobre Judea, entre los años 26 y 36 después de Cristo. Nuestro Señor fue juzgado por él (Jn. 18:28—19:22).

Pisga -- Una cumbre en el monte Nebo, al oriente de la punta norte del mar Muerto. Vea *Nebo*. Desde Pisga, Moisés vio la Tierra Prometida (Deut. 34:1).

plaga -- Calamidad, daño o enfermedad que ataca al pueblo en general o a una persona. Calamidad nacional, como las diez plagas de Egipto (Ex. 7:14—12:30).

platero -- Artesano que fabrica objetos de plata (Hch. 19:24). En Efeso, había gremio de plateros (vv. 25-27, 38).

Pléyades -- Grupo de estrellas de la constelación de Toro (Job 38:31).

plomada -- Pesa de plomo en el extremo de un cordón. Los albañiles la usan para fijar una línea vertical (Amós 7:8). En este texto y en Zac. 4:10, la plomada representa una regla para juzgar al pueblo de Israel.

poesía -- **1.** La poesía hebrea es diferente de la poesía clásica y moderna. La que conocemos ahora, tiene rima y ritmo. La poesía hebrea no tiene rima, y raras veces tiene un ritmo notable. Consiste más bien en la repetición de ideas semejantes. Lo que se dice en un renglón, se repite en el segundo, usando otras palabras (Prov. 6:2). A veces, se dice lo *contrario* en el segundo renglón (Prov. 14:34). En otros casos, las ideas se siguen repitiendo en tres o cuatro renglones (Sal. 1:1). Este tipo de poesía se llama *paralelismo* Hay *paralelismo sinónimo, antitético* y *constructivo*. **2.** Poesía, o libros poéticos, es un grupo de libros del Antiguo Testamento, que fueron escritos en poesía. Estos incluyen Job, Salmos, Proverbios, Eclesiastés, Cantar de los Cantares, y Lamentaciones. También, los profetas usaban mucha poesía en sus escritos.

politeísmo -- El culto a un número de dioses. Los hindúes son *politeístas*, porque tienen muchos dioses.

pollino -- El hijo de asna o burra (Mat. 21:2). En la *entrada triunfal*, Jesús entró en Jerusalén montado en un pollino (Mar. 11:1-7). El asna iba junto al pollino (Mat. 21:7), porque el pollino no podría separarse de ella.

poner las manos en la cabeza -- Este acto se hacía con varios motivos muy diferentes: **1.** Un pecador ponía las manos en la cabeza de un animal que iba a ser sacrificado (Lev. 4:4). Esto indicaba que sus pecados pasaban al animal, para que éste muriera en lugar del pecador. **2.** Un padre ponía las manos en la cabeza de su hijo para bendecirlo (Gén. 48:5-19). **3.** Los ancianos de la iglesia ponían sus manos en la cabeza de otro siervo de Dios para dedicarlo al servicio. Lo hacían para compartir con él su autoridad, o algún don espiritual. Era también un acto público, para que los creyentes lo reconocieran como siervo de Dios (Hch. 13:3; 2 Tim. 1:6).

pórtico de Salomón -- Corredor cubierto con un techo, al lado oriental del templo de Zorobabel o Herodes. El templo de Salomón fue destruido en el año 586 antes de Cristo. Posiblemente se llamaba "de Salomón" porque el piso de aquel templo existía todavía. En el tiempo de Cristo ya estaban quitando el viejo templo de Zorobabel, y construyendo el de Herodes. El pórtico de Salomón era parte del templo que estaba en uso. En este pórtico los judíos preguntaron a Jesús si era el Cristo (Jn. 10:23, 24). Allí Pedro predicó después de la curación del cojo (Hch. 3:11).

posteridad -- Hijos, descendencia.

postmilenario, postmilenarista -- El que cree en la doctrina del *postmilenarismo.* Esta doctrina enseña que Cristo vendrá a reinar sobre este mundo, solamente después de los mil años de paz y prosperidad (Apoc. 20).

postrado -- Humillado, arrodillado, o tendido sobre el suelo, boca abajo (1 Sam. 5:3; Sal. 44:25). Enfermo y en cama (Mat. 8:6). Es del verbo *postrar,* tender o arrodillar. Usualmente se postraban para adorar a Dios.

potaje -- Sopa espesa, o caldo.

Potifar -- Oficial de Faraón, capitán de la guardia. Compró a José por esclavo, y lo hizo mayordomo en su casa (Gén. 39:1-4).

pozo -- Hoyo en la tierra para recibir agua. Los pozos de la Biblia eran de varias clases: **1.** La *cisterna* era un hoyo, muchas veces con muro alrededor. Allí se conservaba el agua de lluvia, o la que llegaba de otra fuente, un poco distante. La ley indicaba que la caverna debía estar cubierta, para protección de hombres y animales (Gén. 29:2; Ex. 21:33). **2.** El *pozo con agua fresca* en el fondo. El agua entraba por un manantial en el fondo, o bien, filtrándose por la tierra. El que sacaba agua podría bajar al nivel del agua por unas gradas, y usar una olla para sacarla. Si era hondo, bajaban una cubeta con una soga para sacarla (Jn. 4:11). 3. La *fuente* o *manantial* también podría estar dentro de un pozo debajo de una roca o protegido de varias maneras. Canaán tenía muchas fuentes y manantiales (Deut. 8:7; Can. 4:15).

precepto -- Enseñanza. Regla de conducta.

precipitar -- Arrojar o tirar algo (Deut. 11:4). Lanzar desde un lugar alto, o de un *precipicio* (Mat. 8:32).

predestinar -- Determinar alguna cosa desde antes, o desde el principio del mundo. Es un acto de Dios, que ninguno puede saber, a menos que él se lo revele. La Biblia enseña que los cristianos fueron *predestinados* para ser como el Hijo de Dios (Rom. 8:29). También fueron predestinados para ser adoptados como sus hijos (Ef. 1:5) y esto de acuerdo con su voluntad (v. 11). La doctrina de la predestinación es bíblica. Pero uno puede equivocarse enseñando lo que la Biblia no enseña. Por ejemplo, la Biblia no enseña que alguien fue predestinado para el infierno. La predestinación debe animar a los creyentes, y no desanimar a los que no creen.

predicación -- El anuncio, o la explicación del mensaje de Dios.

sermón, el mensaje.

preeminencia -- Privilegio, o superioridad. Jesucristo tiene la preeminencia sobre todos los demás (Col. 1:18).

pregón -- Anuncio público.

premilenario, premilenarista -- Persona que cree en la doctrina *premilenaria*, o en el *premilenarismo*. Cree que Jesucristo vendrá la segunda vez, antes de los mil años de paz y prosperidad (Apoc. 20). Algunos entienden que Cristo vendrá para salvar a la iglesia y para establecer su reino al mismo tiempo. Otros entienden que vendrá *dos veces* en su segunda venida. Es decir, vendrá primero para salvar a la iglesia, antes de la Gran Tribulación. Siete años más tarde vendrá para establecer su reino en la tierra. Otros todavía, entienden que vendrá en medio de la Gran Tribulación. Luego, tres años y medio más tarde, vendrá para establecer su reino.

prenda -- Cosa personal, como ropa, o joya. Cuando se toma prestado algún dinero, se da prenda para asegurar la paga del préstamo (Job 24:3).

preparación, día de la -- El día antes del sábado, cuando el pueblo se preparaba para descansar aquel día (Mar. 15:42). El día antes de la Pascua (Jn. 19:42).

presbítero -- Anciano en la iglesia. Es palabra griega no traducida, que significa persona de edad, o de experiencia en la fe (Ex. 3:16; Hch. 14:23). Los antiguos maestros de Israel (Mat. 15:2). Eran ancianos todos los líderes de la iglesia: apóstoles y pastores. En una visión, Juan vio veinticuatro ancianos cerca del trono de Dios (Apoc. 4:4). La palabra *presbítero* se usa en la Versión antigua, no en la de 1960.

presunción -- Confianza que no tiene base suficiente. Confianza en sí mismo, y no en Dios. Es del verbo *presumir*.

pretexto -- Excusa falsa.

pretorio -- El lugar del juicio en la casa del gobernador. Era también un patio abierto en el palacio (Mar. 15:16). El palacio de Herodes (Hch. 23:35).

prevalecer -- Vencer sobre otra persona. Tener ventaja. Conseguir lo que uno busca, cuando otro se le opone.

prevaricación -- Una falta que se comete a sabiendas. Engaño. Maldad, pecado.

primicias -- La primera parte de la cosecha, o de las ganancias. Se ofrecían las primicias a Dios, según la ley (Ex. 22:29; 34:26). En 1 Cor. 15:20 y 23, Jesucristo es llamado las primicias de la resurrección. Es decir, él fue el primero y la garantía de que los demás podrían resucitar.

primogénito -- El primer hijo. Jesucristo fue el primer hijo de María, el primogénito (Mat. 1:25). Vea también, Mar. 6:3. Los primogénitos entre los animales, eran dedicados para sacrificarse a Dios (Ex. 13:2, 13). Pero el hijo de hombre y mujer era redimido con dinero. El primer hijo gozaba de ciertos privilegios, sobre los demás hijos. Estos derechos se llamaban la *primogenitura*.

primogenitura -- Los derechos especiales del primer hijo en la familia. El mayor se sentaba en el lugar más importante de la mesa (Gén. 43:33). Recibía por herencia el doble de lo que recibían los demás hijos (Deut. 21:17). Un hijo podría vender sus derechos de primogenitura, como lo hizo Esaú (Gén. 25:24-34). O la podría perder por su mala conducta (Gén. 49:3, 4; 1 Crón 5:1).

principados -- Seres espirituales. Pueden ser ángeles (Ef. 3:10), o espíritus malos (Rom. 8:38).

principal de la sinagoga -- El que dirigía el culto de la sinagoga. Crispo y Jairo eran principales (Hch. 18:8; Mar. 5:22).

Priscila -- La esposa de Aquila, obrera celosa (Hch. 18:2, 26). Este matrimonio acompañó a Pablo cuando fue a Siria (vv. 18, 19). En Efeso, enseñaron a Apolos el camino del Señor con más exactitud (v. 26). Tres veces Pablo menciona a Priscila antes que Aquila. Sin duda, ella era tan celosa como su marido.

privar -- Quitarle a uno lo que tiene.

proclamar -- Anunciar públicamente.

procónsul -- El gobernador de una provincia romana, bajo el control del senado romano. Vea *procurador*. Sergio Paulo era procónsul en la isla de Chipre (Hch. 13:7). Galión lo era en Acaya (18:12).

procurador -- Un administrador en una provincia imperial bajo el control del emperador, no del senado. Vea *procónsul*. Cuando Arquelao fue quitado de ser rey en Judea en el año 6 después de Cristo, Judea, Samaria e Idumea fueron gobernadas por procuradores.

prodigio -- Milagro. Una obra de Dios que llama la atención pública.

pródigo -- Persona que malgasta su dinero. Jesús relató la parábola del "hijo pródigo" en Luc. 15:11-32. Se le llama así en el título, no en el texto.

proeza -- Acto de valor o de gran poder.

profanar -- Ensuciar, corromper, contaminar. Tratar con desprecio algo sagrado.

profecía -- **1.** Mensaje de Dios, de parte de un profeta o predicador (1 Cor. 13:2; 14:1). **2.** Palabra de Dios que habla del futuro (2 Ped. 1:21). **3.** Grupo de libros del Antiguo Testamento, escritos por los profetas. Este grupo incluye los Profetas Mayores y Menores. Los judíos incluían los libros históricos, llamándolos Profetas Anteriores.

profeta -- Hombre que hablaba de parte de Dios (Deut. 18:18-20). Una mujer que así hablaba, era *profetisa* (Ex. 15:20). El profeta predicaba para su propio tiempo, y hablaba del futuro en muchos casos. Los primeros profetas se llamaron *videntes* (1 Sam. 9:9), por lo que *veían* en el mundo espiritual. En el Nuevo Testamento los profetas son los predicadores del evangelio. Pero éstos también hablaban del futuro a veces. Agabo tenía este don en forma notable (Hch. 21:10, 11).

prójimo -- Cualquier otro ser humano. Un semejante. La humanidad en general. Seis de los Diez Mandamientos enseñan cómo tratar al prójimo. La parábola del buen samaritano (Luc. 10:25-37) lo enseña en forma hermosa.

propiciación -- Sacrificio para calmar la ira de Dios. Jesucristo es la propiciación por nuestros pecados (1 Jn. 2:2).

propiciatorio -- La tapa del arca del testimonio (Ex. 25:17-21). Estaba cubierta con oro, como el arca. Tenía las figuras de dos querubines encima, uno frente al otro, mirando hacia abajo. Dios prometía hablar con Israel desde el propiciatorio. El sumo sacerdote rociaba la sangre del sacrificio sobre el propiciatorio una vez al año (Lev. 16:14; Heb. 9:5-7). Por medio de la sangre del sacrificio, Dios prometió ser *propicio* o favorable con Israel (Heb. 8:12).

proselitismo -- Acto o costumbre de hacer *prosélitos* para Israel. Vea *prosélito.*

prosélito -- Persona de cualquier otra religión, convertida a la religión de Israel (Mat. 23:15).

prostitución -- La venta del acto sexual. La mujer que la practica, es *prostituta.*

prostituir -- Usar algo bueno para fines malos o perversos. Deshonrar a una mujer, entregándola a la *prostitución.* La idolatría (Ez. 16:15-26; Oseas 2:5).

protestante -- Persona que protesta. Uno que sigue las enseñanzas de la Reforma evangélica del siglo XVI. Evangélico. El nombre fue dado cuando algunos luteranos *protestaron* delante del emperador Carlos Quinto. El *protestantismo* significaba la fe evangélica.

proverbios -- **1.** El proverbio es un dicho, adagio o refrán. Es palabra de sabiduría, especialmente un versículo del libro de Proverbios. **2.** El libro de Proverbios, escrito por Salomón y otros hombres sabios (Prov. 1:1; 25:1; 30:1). Los proverbios tocan muchos aspectos de la vida del hombre. Están escritos en poesía. Vea *poesía.*

provincia -- Una gran división de territorio, dirigido por un gobernador. Tierra conquistada por un imperio, tal como de Babilonia, Persia o Roma.

provisión -- Alimento. Lo que se *provee* para comer.

publicano -- Cobrador de rentas. Era un agente del gobierno romano, necesariamente rico. El gobierno ofrecía este trabajo a alguna persona que podría pagar una cantidad grande a la tesorería. Luego él cobraba a la gente los impuestos, con una pequeña ganancia. Sin embargo, muchos abusaban de su poder y cobraban mucho más de lo justo. Eran odiados por el pueblo por dos razones: por ser agentes de un gobierno extranjero, y por ser tan injustos y avaros. Para el pueblo judío eran iguales a cualquier pecador. Mateo y Zaqueo eran publicanos convertidos.

publicar -- Anunciar, dar a conocer públicamente.

Publio -- Oficial romano de la isla de Malta. Cuando el barco de Pablo naufragó allí, Publio recibió a Pablo y sus compañeros por tres días (Hch. 28:7).

pueblo de Dios, pueblo del Señor -- En el Antiguo Testamento era la nación de los hebreos. En el Nuevo, es la iglesia (1 Ped. 2:10). La familia de Dios (Ef. 2:19).

pudor -- Honestidad. Modestia.

puerta -- Toda ciudad antigua tenía sus puertas. Muchas veces la puerta principal era protegida con una torre de defensa. En esta puerta trataban negocios de varias clases (Gén. 23:10; Rut 4:1-11). El que se sentaba a la puerta, era oficial (Prov. 31:23; Ester 3:2). En los muros de una ciudad grande podía haber más de una puerta. La antigua ciudad de Jerusalén tenía por lo menos diez puertas. En Neh. 3, se mencionan éstas: la puerta de las Ovejas, del Pescado, la Vieja, la del Valle, del Muladar, de la Fuente, de la casa de Eliasib el sumo sacerdote, la de las Aguas, de los Caballos, la Oriental, y la del Juicio.

Puerta Hermosa -- La puerta principal del templo en los días de los apóstoles (Hch. 3:2). Medía 25 metros de ancho, y era de hechura hermosa.

Pul -- Rey de Asiria, el mismo que llevaba el nombre de Tiglat-pileser (2 Reyes 15:19). Es probable que Pul fuera su nombre original, y que tomara el nombre de Tiglat-pileser cuando llegó a ser rey. Hubo otros dos con este mismo nombre antes. Pul era Tiglat-pileser el Tercero, y reinó entre los años 745 y 727 antes de Cristo.

purgatorio -- Según la doctrina católica romana, es el lugar donde las almas de los justos acaban de purificar o *purgar* sus faltas. Se cree que esta *purgación* o limpieza, se hace por las llamas de ese lugar. En la Biblia no se menciona tal lugar. Ni es posible, porque todas las faltas de los hombres son purificadas por medio de Jesucristo mismo (Heb. 1:3), es decir, por su muerte en la cruz (9:26-28).

Purim -- La fiesta en que los judíos recuerdan la salvación del pueblo, en el tiempo de Ester (Ester 9:20-28). La palabra *purim* significa *suertes*. Amán había echado suertes para saber si iba a tener un buen día (3:7). La fiesta lleva este nombre para recordar el triunfo de Israel. La fiesta se celebra el día 14 de Adar, que corresponde al mes de marzo.

púrpura -- Tela fina, teñida de un color rojizo, o morado. El color venía de cierto animal pequeño del mar Mediterráneo. Cada animal rendía muy poca cantidad de este color, y por tanto era costoso. Solamente los ricos podían llevar ropa de esta tela, especialmente los reyes. Lidia de Tiatira, era vendedora de tela teñida de púrpura (Hch. 16:14).

Puteoli -- Puerto en la costa suroeste de Italia, en la bahía de Nápoles. En su viaje a Roma, el barco de Paulo se detuvo allí, y él visitó a algunos hermanos por siete días (Hch. 28:13, 14). Ahora ese puerto se llama Pozzuoli.

Quedorlaomer -- Rey de Elam, que gobernaba sobre Babilonia. En uno de sus viajes al mar Mediterráneo peleó contra cuatro reyes. Quedorlaomer conquistó las ciudades de Sodoma y Gomorra. Luego llevó toda la riqueza y muchos presos. Lot fue uno de ellos (Gén

14:5-12). Cuando Abram lo supo, fue detrás de ellos y los atacó de noche. Pudo librar a los presos y llevarse lo que habían robado (vv. 13-16).

Querit -- Un arroyo al este del río Jordán. Elías vivió allí durante una sequía (1 Reyes 17:3).

querubín -- Angel, o ángeles que guardaban la entrada al huerto de Edén (Gén. 3:24). Uno solo sería un *querub*, pero en la Biblia siempre se mencionan varios *querubín*, o *querubines*. Encima del arca del testimonio, había las figuras de dos querubines (Ex. 25:18). También las había en las cortinas del tabernáculo (26:1). En el templo de Salomón, había dos estatuas de querubines, unos tres metros de altura (1 Reyes 6:23). En las paredes del templo labraron figuras de querubines (v. 29). Ezequiel tuvo una visión de querubines junto al río Quebar (Ez. 10:1). Cada uno tenía cuatro caras. Por su apariencia, parecen ser iguales a los "seres vivientes" de Apoc. 4:6, 7.

Quiriat-jearim -- Ciudad a unos 14 kilómetros al occidente de Jerusalén. Los filisteos enviaron el arca del Señor a esta ciudad (1 Sam. 6). El arca estuvo allí por veinte años, antes de ir a Jerusalén (7:2).

Quislev -- El noveno mes del calendario hebreo. Corresponde a diciembre. Vea *año*.

R

Rabá -- Antigua capital de los amonitas. Está a unos 50 kilómetros al noreste de la punta norte del mar Muerto. El rey de esta ciudad hizo la guerra contra David. Pero él tomó la ciudad y la hizo parte de su reino (2 Sam. 12:26-31). Hoy se llama Amán. Es la capital de Jordania.

rabí -- Maestro entre los judíos. La palabra "rabí" significa "Mi maestro". Daban este título a Jesús (Jn. 1:38). Hoy llaman a los rabíes con el nombre de *rabinos*. Ocupan el lugar de los sacerdotes del Antiguo Testamento, aunque no sacrifican nada.

Rabsaces -- El título de un oficial militar de Senaquerib, rey de Asiria (2 Reyes 18:17, 19).

raer -- Destruir, quitar. Raspar la superficie de algo con una navaja.

Rahab -- Una mujer prostituta de Jericó que escondió a los dos espías judíos (Jos. 2). Cuando Josué tomó la ciudad, salvó la vida de Rahab y familia (6:25). Parece que se casó con Salmón (Mat. 1:5), y fue la madre de Booz, el esposo de Rut (Rut 4:21, 22).

Ramá -- **1.** Pueblo de la tierra de Benjamín (Jos. 18:25). Baasa, rey de Israel, puso defensas allí para que nadie entrara ni saliera de Judá (1 Reyes 15:17). No se conoce el lugar exacto de este Ramá. **2.** Ramataim de Zofim (1 Sam. 1:1, 19). El hogar de Samuel. Allí nació, tenía su casa, murió y fue sepultado (7:17; 25:1; 28:3). No se conoce el lugar exacto de la ciudad de Samuel. **3.** Otros cuatro pueblos llevan el mismo nombre.

Ramataim de Zofim -- Vea *Ramá*, definición número 2.

Ramesés -- Ciudad de Egipto, llamada así por Ra, el dios del sol. Estaba en tierra muy fértil (Gén. 47:11), la tierra de Gosén (v. 4). Allí vivió la familia de Jacob. Ramesés el Segundo, faraón de Egipto, hizo una ciudad en el límite oriental de Egipto, y le dio su propio nombre. Es posible que sea la misma ciudad de almacenaje mencionada en Ex. 1:11. Cuando los israelitas salieron de Egipto, partieron de esta ciudad (12:37).

ramera -- Prostituta.

Ramot de Galaad -- Fortaleza a unos 160 kilómetros al oriente del río Jordán (2 Reyes 8:28, 29).

rapaz -- Se dice del animal que roba para alimentarse. En Mat. 7:15, los falsos profetas se comparan con "lobos rapaces".

rapiña -- Robo violento. Se dice del robo cometido por los hombres (Amós 3:10), y de los animales (Ez. 34:22).

Raquel -- Hija menor de Labán (Gén. 29:16). Esposa de Jacob y madre de José y Benjamín. Jacob quería casarse con ella, y sirvió a Labán siete años para tenerla. Pero Labán le engañó en la noche de las bodas, y le dio a Lea, la hermana mayor. Jacob entonces sirvió a Labán otros siete años por Raquel (29:10-28). Ella tardó mucho en darle hijos, y murió cuando Benjamín nació (30:22-24; 35:16-19). Fue sepultada cerca de Belén Efrata. El profeta Jeremías habló de la muerte de los niños en Belén (Jer. 31:15; Mat. 2:17, 18), al decir "Raquel que llora a sus hijos". En este texto, Raquel representa las madres judías que perdieron a sus hijos. Allí estaba su tumba, y se habla como si oyera el llanto de ellas.

rasgar -- Romper. Los hebreos rompían el borde de sus ropas como señal de pena o dolor (2 Sam. 13:31).

rastrojo -- Hierba seca, o la paja que se queda en el campo, después de la cosecha.

ratificar -- Aprobar, confirmar.

Rebeca -- Hija de Betuel y hermana de Labán. Esposa de Isaac y madre de los gemelos, Jacob y Esaú (Gén. 24:15, 29, 67; 25:24-26). Rebeca favoreció a Isaac, y le ayudó a engañar a Jacob, para que le diera su bendición (27:1-29). Después, le ayudó a huir de su hermano (27:41–28:5). Murió cuando Isaac estaba en la tierra de Labán. La sepultaron en la cueva de Macpela (49:31).

recabitas -- Los descendientes de Jonadab, hijo de Recab (Jer. 35:1-11). Jonadab les había dicho: "No beberéis jamás vino vosotros ni vuestros hijos." Tampoco podían hacer casas para sus familias, ni plantar grano ni viñas. Tendrían que vivir siempre en tiendas. Es decir, ser un pueblo errante. Llegaron a vivir en Jerusalén solamente para esconderse del rey Nabucodonosor. Dios usó el caso de los recabitas para enseñar a Jeremías qué cosa era la obediencia (vv. 12-16).

recompensa -- Premio por un servicio fiel. En Miq. 7:3, se refiere a un cohecho o soborno. En Sal. 91:8, la recompensa de Dios para los malos, es la muerte.

reconciliar -- Volver a la amistad. Por el amor de Dios, Cristo pagó nuestros pecados. Ahora por medio del evangelio, ruega a los hombres que se *reconcilien* con Dios (2 Cor. 5:20).

convenir -- Reprender, llamar a cuentas.

dargüir -- Convencer de una falta, o de pecado.

dención -- Salvación. Es del verbo *redimir*, volver a comprar. El pecador está vendido al enemigo de sus almas, por sus maldades. Dios desea comprarlo de nuevo, rescatarlo, redimirlo (Is. 50:1; 52:3). Hizo Jesucristo esta redención por su muerte en la cruz. Así pagó nuestros pecados, nos volvió a comprar para sí (Ef. 1:7; Tito 2:14; 1 Ped. 1:18, 19).

dentor -- El que redime, Jehová (Is. 47:4). Este nombre no se usa de Jesucristo en el Nuevo Testamento. Sin embargo, lo llamamos así, porque él hizo nuestra redención. Vea *redención*.

dimir -- Vea *redención*.

ferir -- Relatar o contar.

frán -- Dicho, adagio, proverbio (1 Rey. 9:7).

frenarse -- Contenerse, abstenerse de hacer algo. Resistir el deseo o la tentación de hacer algo.

rigerio -- Alivio que da lo frío o fresco. Avivamiento (Hch. 3:19). Descanso (Ex. 23:12).

ugio -- Asilo, retiro. Escondite. Vea *ciudad de refugio*.

generación -- Vea *nuevo nacimiento*.

la de oro -- La regla de conducta dada por Jesús en Mat. 7:12. Se llamó con este nombre por primera vez en el año 1674. Esta regla se había dado en tiempos antes de Jesús, pero en forma negativa. Es decir, la regla prohibía hacer a otro, lo que uno no quería que le hiciera. Jesús dio la regla en forma positiva: Lo que quieras que otro haga contigo, eso haz tú con él.

regocijarse -- Alegrarse, ponerse contento.

rehén -- Persona que queda en poder de otra para asegurar el cumplimiento de algún acuerdo. En la guerra toman presos como rehenes, para obligar al enemigo a hacer lo que se le pide; aunque en 2 Reyes 18:23, las palabras "des rehenes a mi señor" significan solamente "Haz una apuesta con mi señor."

Rehobot -- **1.** Nombre de un pozo que hizo Isaac para su ganado. Significa "lugares amplios y espaciosos" (Gén. 26:22). Este lugar está unos 30 kilómetros al suroeste de Beerseba. **2.** Otros dos lugares con el mismo nombre se mencionan en la Biblia.

reina de Sabá -- Mujer que gobernaba en Sabá en el tiempo del rey Salomón (1 Reyes 10:1). Ella había oído de las riquezas y sabiduría de Salomón, y dudaba de lo que había oído. Para saber la verdad, viajó unos 2200 kilómetros para hablar con Salomón.

reino del cielo, reino de Dios -- El gobierno de Dios. Los judíos esperaban que Dios diera a Israel el poder político sobre las otras naciones (Hch. 1:6). Jesús no lo negó. Dijo solamente que ellos no podrían saber cosas que Dios había callado. Sin embargo, enseñó que el reino de Dios se había acercado con su predicación (Mat. 3:2).

Enseñaba también, que el reino estaba dentro de ellos (Luc. 18:20, 21). El reino de Dios no es igual a la iglesia, porque ésta tiene requisitos más exactos. Pero el que nace de nuevo, ve y entra al reino (Jn. 3:3, 5). Sin duda el reino de Dios vendrá en forma perfecta con la venida de Cristo, aunque no es claro en qué forma vendrá (Apoc. 11:15; 12:10). Además, el reino de Dios es algo eterno en los cielos (Hch. 14:22; 2 Tes. 1:5; Stg. 2:5; 2 Ped. 1:11).

rejuvenecer -- Volver a ser joven, o fuerte. Dar nueva vida.

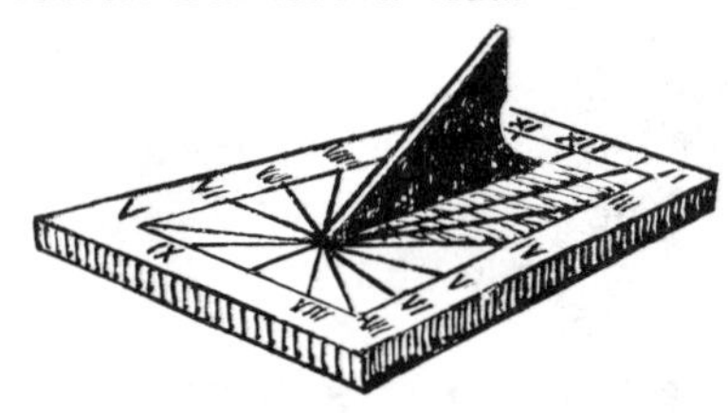

reloj -- El reloj de cuerda no existía sino hasta siglos recientes. Los más antiguos eran carátulas que indicaban la hora según caía la sombra de una flecha marcadora. Se llamaba reloj de sol (2 Reyes 20:9-11; Is. 38:8).

remanente -- Resto, sobrante. El remanente de Israel, era la parte fiel del pueblo, el Israel verdadero (Is. 28:5; Sof. 3:13; Rom. 9:27).

renacer -- Nacer de nuevo (1 Ped. 1:3, 23). Vea *nuevo nacimiento.*

rencilloso -- Persona que gusta de rencillas, disputas rencorosas.

renombre -- Fama o gloria.

reprender -- Regañar, reprochar, culpar, llamar la atención por la conducta moral.

reprochar -- Reprender, echar e cara.

repudiar -- Rechazar. Divorciar.

resbaladero -- Lugar donde se pued *resbalar* fácilmente.

resbalar -- Patinar, deslizarse. Trope zar, caer.

rescate -- Salvación, liberación. E precio con que se consigue la salva ción de alguien (Mar. 10:45). E del verbo *rescatar*, libera recobrar.

resonar -- Repercutir un sonid como en una casa vacía, o en la montañas. Hacer eco (Lam. 2:7 Significa también, retiñir, segui sonando, como campana (1 Co 13:1).

residuo -- Lo que queda. Sobrante

resplandecer -- Brillar con una gran hermosa luz.

resplandor -- Luz muy brillante hermosa.

restaurar -- Hacer reparación, pon algo otra vez como estaba al prir cipio. Renovar.

restituir -- Devolver a su dueño que le fue quitado. Si el hombre h robado algo, debe *restituirlo*, del hacer *restitución*.

resucitar -- Volver a vivir después c muerto. Cristo *resucitó* de entre l muertos (Mat. 28:6). Significa tan bién, dar vida a los muertos. Cris *resucitará* a los muertos (Jn. 6:40

resurrección -- El acto de volver vivir después de muerto. Creem en la resurrección de Cristo. Hab una resurrección para los creye tes, que se llama la primera res rrección (Apoc. 20:5). Habrá ot resurrección para condenación los que no son creyentes (Jn. 5:29

retiñir -- Sonar el retintín de u

campana u otra cosa de metal (1 Cor. 13:1). Sonar algo dentro de los oídos, aunque no haya ruido (1 Sam. 3:11).

retiro -- **1.** Lugar a donde uno va para estar solo, o con pocos amigos o familiares. **2.** Tiempo que se toma aparte de las actividades normales, para meditar y orar.

retribución -- Paga, recompensa, premio por lo que ha hecho uno. Es del verbo *retribuir,* pagar, recompensar.

Reuel -- El suegro de Moisés (Ex. 2:18). El mismo Jetro (3:1). Parece que Reuel era su nombre personal. Jetro significa "excelencia", y puede ser título como sacerdote. En Jue. 4:11, Hohab es el nombre de su suegro. Probablemente esto se debe a un error de los que copiaron el texto. La palabra "suegro" puede ser "cuñado". Vea Núm. 10:29, donde dice que Hohab era el hijo de Reuel. Vea *Jetro.*

revelación -- **1.** Un acto de Dios en que da a saber algo que el hombre no podría saber en otra forma (Gál. 1:12). La revelación incluye la creación del mundo, la ley moral, el evangelio y cómo es Dios. Jesucristo nos enseñó en su propia persona, cómo es él (Jn. 1:18). Toda la Biblia es la palabra de Dios. En este sentido, toda es revelación suya. **2.** El Apocalipsis se llama Revelación, en algunas ediciones de la Biblia (Apoc. 1:1). Vea *Juan, el Apocalipsis de.*

reverdecer -- Ponerse verde, mostrar nueva vida, brotar con hojas (Prov. 11:28). La vara de Aarón *reverdeció* como señal de la elección de Dios (Núm. 17:1-10).

revocar -- Cancelar, anular.

revolcarse -- Revolverse en la tierra restregándose contra ella (Mar. 9:20; 2 Ped. 2:22).

Reyes -- **1.** Los que gobernaban sobre Israel. La nación no tenía rey antes del tiempo de Samuel. El gobierno era una *teocracia.* Es decir, era gobernada directamente por Dios. El pueblo comenzó a querer un rey como las otras naciones (1 Sam. 8:1-6). El motivo era doble: Los hijos de Samuel no eran buenos, y no podrían gobernar como su padre. Pero Dios dijo que la verdadera razón era que el pueblo rechazaba a Dios (v. 7). Samuel ungió a Saúl como rey. Era de la tribu de Benjamín. Después, Saúl fue rechazado, y David fue ungido en su lugar. Todos los reyes después de él, en Judá, el reino del sur, fueron de la familia de David. Pero Salomón pecó mucho contra Dios. Entonces Dios quitó el reino de su familia, con excepción de las tribus de Judá y Benjamín. Las otras diez formaron su propio gobierno y eligieron sus propios reyes. El reino de Judá y Benjamín se llama el reino del sur. El reino de las otras diez tribus, se llama el reino del norte, o de Israel. Los dos reinos fueron castigados por Dios por sus pecados. Los del norte fueron llevados a Asiria como esclavos entre los años 745 y 727 antes de Cristo. Esto sucedió cuando Tiglat-pileser era rey de Asiria. Los del sur fueron al cautiverio en Babilonia entre los años 605 y 581 antes de Cristo. El último rey de Judá fue Sedequías

(2 Crón. 36:11-16). Después del cautiverio, Judea tuvo gobernadores en lugar de reyes, nombrados por el rey de Persia. Zorobabel fue el primero de ellos. Nehemías le siguió. No hubo otro rey hasta el tiempo de Herodes el Grande, en el año 37 antes de Cristo. Pero él no era de la línea de David, y no tenía derecho al trono. En sus días nació Jesús, que era de la familia de David. El es el verdadero Rey de Israel, y del mundo (Mat. 1:1-17). **2.** Los dos libros, Primero y Segundo de Reyes. Relatan la historia de los reyes del norte y del sur. El primero comienza su historia con la muerte de David. Termina con la historia de Ocozías, rey del norte. El Segundo comienza dando más detalles de la historia de Ocozías. Termina con los últimos días de Joaquín, rey de Judá. En la Biblia católica, los dos libros de Samuel, y los dos de los Reyes, son los cuatro libros de los Reyes. En la Biblia hebrea, los dos libros de los Reyes, son un solo libro. Es el último libro de los "Profetas Anteriores".

Rezín -- Rey de Siria en el tiempo de Peka, rey de Israel, y de Acaz, rey de Judá. Hizo la guerra contra Acaz, pero no pudo vencerlo. Rezín fue vencido por Tiglat-pileser, rey de Asiria (2 Reyes 16:5-9).

rito -- Acto de alguna religión, como circuncisión, bautismo, misa y otros. Ceremonia. La forma de culto, usada en alguna rama de la iglesia, como rito romano, o griego.

Roboam -- Hijo de Salomón, rey de Judá entre los años 931 y 915 antes de Cristo (2 Crón. 9:31). Cuand comenzó a reinar, le visitaro Jeroboam y otros hombres d Israel. Pidieron que les hiciera má liviano el servicio duro de su padr Salomón. Rechazó esta petición, prometió hacer su servicio aun má duro. Entonces Jeroboam y las die tribus del norte, se rebelaron par formar el reino de Israel. Jeroboam fue hecho rey. Roboam quer pelear contra Jeroboam, pero Dio le dijo que no lo hiciera (10:1-11:4). Reinó en Judá 17 años, cuando murió, su hijo Abías rein en su lugar (12:13, 16).

rocío -- El agua que se encuentra e las hojas de las plantas, al ama necer. El rocío no "cae". Es l humedad del aire, condensada po el frío de la noche.

Rode -- Una joven sirvienta en la cas de Juan Marcos (Hch. 12:12, 13 Cuando Pedro salió de la cárce ella oyó cuando llamó, y fue a l puerta. Pero de gusto olvid dejarle entrar.

Rojo, mar -- Vea *mar Rojo*.

rollo -- Libro. Rollo de pergamin papiro, u otro material utilizad para escritura (Jer. 36:32).

rollos del mar Muerto -- Antigua copias de los libros del Antigu Testamento. Fueron descubiert en el año 1947, en una cueva cerc de Qumrán, junto al mar Muert El estudio de ellos ha ayudado saber detalles del texto del Antigu Testamento. Indica que la Versió *Septuaginta* es probablemente má exacta de lo que se creía, q puede ser mejor que el text *masorético* que viene a nosotros d siglo siete después de Cristo. Alg nos de estos rollos fueron escritos en el segundo siglo antes de Cristo. Entre los rollos del mar Muerto, hay fragmentos de todos los libros del Antiguo Testamento, menos Ester. Hay un texto completo de Isaías, que mide unos 7,7 metros de largo.

oma -- Capital del imperio romano y ciudad más importante del mundo del primer siglo. Fue fundada cerca del año 753 antes de Cristo. Hoy es la capital de Italia. Dentro de Roma está el vaticano, la sede de la Iglesia Católica Romana. Vea *Vaticano*. En el primer siglo, Roma tenía cerca de un millón, doscientos mil habitantes. Desde allí, gobernaban los césares, o sea los emperadores romanos. Ellos construyeron muchos edificios grandes, como el Coliseo y el Circo Máximo. Las ruinas de éstos, y otras muchas obras de arte están allí todavía. El imperio romano comenzó en el año 190 antes de Cristo, cuando Roma venció al rey de Siria, Antíoco el Grande. En el año 63 antes de Cristo, el general Pompeyo obligó a Judea a pagar impuestos a Roma. En el tiempo de Augusto César, el imperio romano llegó hasta el río Eufrates, el desierto de Africa, el mar Atlánico, el mar Norte, y los ríos Rin y Danubio. En el día de Pentecostés, estaban de visita en Jerusalén, udíos de Roma (Hch. 2:10). Ellos, in duda, formaron la primera glesia en esa ciudad (28:14, 15). ablo estuvo preso allí la primera ez por dos años (v. 30). Más rde estuvo preso otra vez (2 im. 4:6, 16). Según la tradición, Pablo y Pedro murieron en Roma. El emperador Nerón gobernó entre los años 54 y 68 después de Cristo. Era gobernante cruel y acusó a los cristianos de Roma de prender fuego a la ciudad de Roma. Así comenzó la primera persecución de los cristianos. La historia indica que él mismo la mandó quemar. Quería hacerla de nuevo, con edificios más hermosos. La ciudad de Roma cayó en el año 476 después de Cristo.

romano -- **1.** Persona que tenía los derechos de *ciudadanía* romana. En los tiempos del Nuevo Testamento, eran ciudadanos los que habían nacido en Italia, o alguna colonia romana. También, los que habían comprado esos derechos (Hch. 22:28). Pablo era ciudadano romano por haber nacido en Tarso, que era colonia romana. La ley prohibía a todo oficial atar, azotar o matar a un ciudadano romano. La pena de muerte podría cumplirse sólo por el voto de una asamblea general del pueblo. En caso de una decisión dudosa, el ciudadano podría *apelar*, o llevar su caso al emperador romano. Pablo usó este derecho (Hch. 25:11). **2.** Cualquier habitante de la ciudad de Roma (Hch. 2:10). **3.** Cualquier autoridad de Roma (Jn. 11:48; Hch. 28:17). **4.** Los cristianos de Roma (Rom. 1:7). El título de la Carta a los Romanos, usa la palabra de esta manera.

Romanos -- La Carta de Pablo a los cristianos de Roma. Es la primera de todas las Cartas o Epístolas. Antes de llegar a Roma por primera vez, Pablo les escribió. De esta manera les preparó para su visita (Rom. 1:10, 13). Esta Carta está arreglada en forma muy lógica, como un discurso de teología. Muchos la consideran como la más importante de todas sus Cartas. En la primera parte (1:18—3:20), Pablo demuestra que todos los hombres, judíos y gentiles, están condenados por sus pecados. La segunda parte (3:21—5:21), demuestra que la salvación es siempre por la gracia de Dios, no por la ley. La tercera parte (6:1—8:39), explica cómo la gracia de Dios es bastante para todo pecador. La cuarta parte (9:1—11:36), explica por qué no todos los judíos habían aceptado el evangelio, y qué iba Dios a hacer con ellos . Los capítulos 12 al 16, tienen consejos para la vida cristiana. Termina con saludos personales para algunos hermanos de Roma.

rosacruces -- Seguidores de una secta alemana que comenzó en el Siglo diecisiete. Llamada así por su fundador, Rosenkreutz, que dicen que vivió en el siglo XV. Pretenden que sus enseñanzas vienen de Egipto, de tiempos muy antiguos. Según los rosacruces, la salvación depende de una sabiduría que tienen solamente los seguidores de esta secta.

rostro -- Cara.

Rubén -- **1.** El primer hijo de Jacob y Lea (Gén. 29:32). Una vez durmió con Bilha, la concubina de su padre (35:22). Su padre lo supo, y le quitó la *primogenitura* (49:3, 4). Cuando sus hermanos querían matar a José, Rubén le salvó la vida (37:21, 22, 29, 30). Más tarde, ofreció a sus dos hijos para garantiza la seguridad de Benjamín (42:37 **2.** La tribu formada por los hijos d Rubén. Cuando llegaron a Canaá ocuparon tierras al oriente del rí Jordán, al lado noreste del ma Muerto. Es decir, la tierra d Galaad (Núm. 32:39; Jos. 18:7).

rudimentos -- Elementos. Los con cimientos básicos de algu materia.

rueca -- Palo delgado, usado pa tejer. Usado junto con el hu (Prov. 31:19).

Rufo -- Un hijo de Simón de Ciren el que llevó la cruz de Cristo (Ma 15:21). No se sabe si fue el mism que recibió un saludo de Pablo, Roma (Rom. 16:13).

Rut -- Mujer moabita, esposa Mahlón, hijo de Noemí de Belé Cuando murió Mahlón, Noe pensó regresar a Belén, de don había salido. Rogó a Rut que quedara en Moab para casarse c un moabita. Pero Rut quería seg con Noemí. Dijo estas palabr hermosas: "No me ruegues que deje . . . a dondequiera que fueres, iré yo . . . Tu pueblo se mi pueblo, y tu Dios será mi Dio (Rut 1:16, 17). Fue con Noe hasta Belén, y allí conoció a Bo pariente de su marido. Rut le pid que se casara con ella, según la l de Dios. El cumplió, y nació Obe que fue el abuelo de David, el re

De esta manera, Rut la moabita, formó parte de la familia de Jesucristo, el Salvador (4:17).

S

Sabá -- País en el suroeste de Arabia Saudita. Sus habitantes se llamaban *sabeos* (Is. 45:14). Era un pueblo mercantil (Ez. 27:22). De Sabá viajó la reina para visitar a Salomón (1 Reyes 10:1). Hoy, Sabá se llama Yemen. El país de *Seba* era del mismo pueblo, y ellos también vivían en el sur de Arabia (Sal. 72:10).

sábado -- **1.** El día de reposo para los hebreos. La palabra "sábado" significa reposo. Recibió este nombre porque Dios reposó aquel día de toda su obra (Gén. 2:2, 3). Por esto, Dios nombró ese día, el séptimo de la semana, como día de reposo para los hombres. Sin embargo, no hizo ninguna ley sobre el sábado sino hasta darla al pueblo en el monte Sinaí (Ex. 20:8). Pero al decir "*acuérdate* del día de reposo . . ." da a entender que ya habían comenzado a observarlo. Vea Ex. 16:23. En ese día, debían dejar toda labor diaria, exceptuando las actividades necesarias, y obras de caridad (Mat. 12:9-13; Luc. 13:10-17). Con tiempo, los judíos trataron de observar el sábado con toda clase de limitaciones absurdas. Jesús no las aceptó. Según su enseñanza, el hombre es señor aun sobre el sábado. El día fue hecho para su beneficio no para hacer su vida más difícil (Mar. 2:23-28). En los primeros años de la iglesia, los judíos seguían observando el sábado como de costumbre. Pero se reunían también el primer día de la semana, para su culto. Esto lo hacían como recuerdo de la resurrección de Jesús (Jn. 20:1, 26; Hch. 20:7; 1 Cor. 16:2; Apoc. 1:10). Con tiempo, la iglesia abandonó el uso del sábado, y se reunía solamente el primer día de la semana. En la iglesia, el domingo no es día de reposo *obligatorio*. Pero sí, la sabiduría dicta que el domingo se observe para este fin doble: para dar culto al Señor, y para descansar del trabajo de la semana. El hombre necesita este reposo, tanto para su cuerpo como para su espíritu. **2.** Otros días y años eran observados como sábados (Ex. 23:10, 11; Lev. 23:7, 8; 25:8-13; Deut. 15:1, 12; Neh. 10:31; Col. 2:16).

sabeos -- Los habitantes de Sabá. Vea *Sabá*.

sabiduría -- **1.** El buen juicio en la conducta, y en el uso de los conocimientos (1 Ped. 3:7). La prudencia (1 Sam. 18:5). **2.** Un don de Dios para vivir, gobernar, y aconsejar (Deut. 34:9; 1 Reyes 4:29; Prov. 1:7; 1 Cor. 12:8). **3.** Un grupo de libros se llama Sabiduría. Incluyen Job, algunos Salmos, Proverbios, Eclesiastés, y la Carta de Santiago.

sacerdocio -- El oficio del sacerdote. Vea *sacerdote*.

sacerdote -- Hombre que representa el pueblo delante de Dios. Hace sacrificios, dirige cultos y enseña al pueblo. Entre los hebreos, solamente los de la familia de Aarón eran sacerdotes (Ex. 28:1). El caso de Melquisedec fue especial (Gén. 14:17-20; Sal. 110:4; Heb. 5:5-10; 7:1-21). Siempre había un sumo sacerdote, el jefe legal de la casa de Aarón. Durante los *siglos de silencio*, y en el tiempo del Nuevo Testamento, el sumo sacerdocio era un puesto político. En el cristianismo, no debe haber sacerdotes, porque Jesús es el único Sacerdote verdadero (Heb. 3:1; 7:15-28; 1 Tim. 2:5). Los ministros son llamados con los nombres de pastor, obispo, anciano, y algunos otros. Pero nunca se llaman sacerdotes. En las iglesias Católica Romana, Griega Ortodoxa, y Anglicana, y en la secta de los mormones, tienen sacerdotes. Sin embargo, todo creyente verdadero es sacerdote espiritual. Pero no sacrifica nada, como los antiguos sacerdotes (Heb. 13:10, 15, 16; 1 Ped. 2:9; Apoc. 1:6). Esta es la doctrina llamada "el sacerdocio universal de los creyentes".

saciar -- Satisfacer con comida o bebida. Hartar, llenar.

saco -- Bolsa (Gén. 42:25). Una ropa hecha de *cilicio* (Neh. 9:1, en la Versión antigua).

sacramento -- Acto religioso que tiene el propósito de hacer santo al adorador. No es palabra bíblica. En algunas iglesias son sacramentos el bautismo, la confirmación, la eucaristía (el pan de la Santa Cena o de la misa), la penitencia, la extremaunción, el orden y el matrimonio. Muchas iglesias reconocen solamente dos sacramentos: el bautismo y la Santa Cena. En otras, éstos se llaman ordenanzas y no sacramentos. Vea *ordenanza*.

sacrificio -- Algo que se ofrece a Dios. Ofrenda. Los sacrificios del Antiguo Testamento eran de varias clases. Vea *ofrenda*. La mayor parte de los sacrificios eran de animales. La ley requería sacrificios. Pero el sacrificio material no era lo que agradaba a Dios, sino un corazón humilde (Sal. 51:16, 17). El antiguo culto ya no está en vigor. En el Nuevo Testamento, no hay sacrificios como en el Antiguo. Jesucristo fue sacrificado por nuestros pecados (Heb. 9:28). Entre las ofrendas cristianas están las alabanzas, buenas obras y ayudas mutuas (13:15, 16).

Sadoc -- Sacerdote del tiempo de David y Salomón. Servía con Ahimelec como sumo sacerdote (2 Sam. 8:17). Fue fiel a David toda su vida. Cuando Abiatar, hijo de Ahimelec, apoyó a Adonías para ser rey en lugar de Salomón, Sadoc quedó solo en su lugar. La familia de Sadoc fue muy importante desde aquella fecha. En los tiempos del Nuevo Testamento, los saduceos eran los que cuidaban el templo. Se cree que eran de la misma familia de Sadoc. Vea *saduceos*.

Sadrac -- Uno de los tres jóvenes hebreos, amigos de Daniel (Dan. 1:6, 7). Su nombre en hebreo era Ananías. Sadrac fue el nombre que le dio el jefe de los eunucos. Junto con Mesac y Abed-nego, fue echado al horno de fuego. Todos fueron salvados (Cap. 3).

saduceos -- Grupo de sacerdotes que formaban un partido político religioso en los tiempos del Nuevo Testamento. No es claro si tomaron el nombre de saduceos por ser de la familia de Sadoc. Vea *Sadoc*. Sadoc quiere decir "justo". Es posible que se llamaran saduceos porque pensaban que eran "justos". Los rabinos dicen que tomaron su nombre de otro Sadoc, el hombre que formó este partido. El vivió, dicen, cerca del año 300 antes de Cristo. Los saduceos se oponían a los fariseos en sus creencias. Aceptaban solamente las cosas que se encuentran en los cinco libros de Moisés. Insistían en el derecho de cada uno para interpretar las Escrituras. Pero eran demasiado incrédulos. No aceptaban la resurrección, ni el castigo después de la muerte. No creían en ángeles ni espíritus. Afirmaban la completa libertad de cada uno, y su capacidad para hacer el bien sin la ayuda de Dios (Mat. 22:23-33; Hch. 23:8).

Safira -- Esposa de Ananías. Este matrimonio vendió una propiedad y dio parte del dinero a Dios. Daban a entender que todo era para él, como había hecho Bernabé (Hch. 4:36, 37). Pedro entendió su engaño y pidió una explicación. Mintieron, y cayeron muertos, uno tras otro (Hch. 5:1-11).

Sajar -- Cortar. Cortar la carne propia, por luto (Deut. 14:1), o como sacrificio (1 Reyes 18:28).

Salamina -- Puerto en la costa oriental de la isla de Chipre. Pablo y Bernabé predicaron allí en su primer viaje misionero (Hch. 13:5).

Salem -- El antiguo nombre de Jerusalén (Gén. 14:18; Heb. 7:2). El nombre significa "paz" en el hebreo.

Salmanasar -- **1.** Varios reyes de Asiria llevaban este nombre. Salmanasar el Tercero reinó entre los años 860 y 825 antes de Cristo. Trató varias veces de conquistar los reinos de Siria e Israel, sin éxito. Pero en el año 842 conquistó la ciudad de Damasco. Luego los reyes de Tiro y Sidón, y el rey Jehú de Israel, reconocieron a Salmanasar como conquistador y comenzaron a pagarle tributo. **2.** Otro Salmanasar, que siguió a Tiglat-pileser como rey de Asiria. Reinó entre los años 727 y 722 antes de Cristo. Parte de la ciudad de Tiro reconoció a Salmanasar como rey, pero la isla de Tiro resistió. Salmanasar sitió la isla durante cinco años. La isla por fin se rindió a Sargón, el que siguió a Salmanasar. Sitió también a Samaria, cuando Oseas era rey de Israel. Después de tres años, tomó la ciudad, y llevó a los israelitas cautivos a Asiria (2 Reyes 17:1-6).

Salmos -- **1.** Poemas o himnos religiosos de varias clases. David escribió muchos salmos. Moisés, Salomón, y otros, también escribieron salmos. **2.** El libro de Salmos. Es colección de salmos. Está dividido en cinco "libros". Según los títulos, el primero fue escrito todo por David. El segundo tiene salmos de David, Salomón, Asaf, y los hijos de Coré. El tercero tiene salmos de David, Asaf, los hijos de Coré, y Etán. El cuarto es de Moisés y David. Y el quinto es de David, aunque muchos de los salmos de este libro, no llevan nombre de autor. Los salmos fueron escritos para ser cantados a Dios en adoración particular o pública. Son oraciones de varias clases: alabanza, petición, quejas y confesión. Hay también salmos de enseñanza. Muchos contienen profecías de Cristo. Durante el tiempo del segundo templo (después del cautiverio), este libro sirvió como el himnario para el culto.

Salomé -- **1.** La hija de Herodías. Ella danzó delante de Herodes Antipas y él le prometió que le daría lo que pidiera. Fue aconsejada por Herodías, y pidió la cabeza de Juan el Bautizador (Mat. 14:1-12). La Biblia no nos da su nombre. Pero lo sabemos por la historia de Josefo, *Antigüedades judaicas*. **2.** Esposa de Zebedeo, y madre de los apóstoles Jacobo y Juan (Mat. 27:56 y Mar. 15:40).

Salomón -- Hijo de David y Betsabé, y rey de Israel (1 Reyes 1:28-39). Reinó entre los años 971 y 931 antes de Cristo. Cuando comenzó a reinar, Dios le dio una visión en sueños. Ofreció a Salomón lo que le pidiera. Salomón pidió sabiduría para gobernar al pueblo, y Dios se la dio. Demostró su gran sabiduría de muchas maneras. Escribió tres mil proverbios y mil cinco cantos. Los libros de Proverbios, Eclesiastés y Cantar de los Cantares, son de él (1 Reyes 4:29-34). Salomón edificó el primer templo (1 Reyes 6—7). Fue el más rico de todos los reyes (10:14-23). Su reino fue de paz y prosperidad. En sus últimos años, se apartó del Señor, siguiendo a los dioses de sus muchas esposas. Cometió el error de casarse con 700 mujeres. Tenía al mismo tiempo, 300 concubinas (11:1-8). Por esto, Dios le dijo que le iba a quitar la mayor parte del reino y darlo a otro. Esto sucedió después de la muerte de Salomón, cuando su hijo, Roboam, era rey (vv. 9-13).

salterio -- Instrumento de música, como lira o arpa. Tenía cuerdas, y era de madera. Podía sostenerse con la mano mientras se tocaba.

salvación -- Cualquier acto de Dios para ayudar o librar al hombre de alguna dificultad. Dios salvó a su pueblo de los egipcios (Ex. 15:2, 17). Salvó a Israel de los madianitas por medio de 300 hombres (Jue. 7:7). La salvación es también por la eternidad (Is. 45:17, 22). Esta salvación fue hecha por Jesucristo (Hch. 4:12). Nos salva del castigo del pecado (Rom. 8:1), y del poder del pecado en la vida diaria (Rom. 6:14). En la segunda venida de Cristo, seremos cambiados para ser como él. De esta manera seremos salvos del pecado para siempre (Fil. 3:20, 21; 1 Jn. 3:1, 2).

Salvador -- Dios (Is. 45:22). Jesucristo (Jn. 4:42; Hch. 5:31, y otros muchos).

salve -- Un saludo (Luc. 1:28). En este texto no es una petición deseando la salvación. Expresa el deseo de que la persona que recibe el saludo tenga gozo, alegría. La Versión Popular lo dice mejor: "Te saludo . . ."

amaria -- **1.** La ciudad capital de las diez tribus de Israel, el reino del norte. Fue la capital del reino entre los años 886 y 721 antes de Cristo. Estaba a unos 70 kilómetros al norte de Jerusalén. Omri, rey de Israel, compró el monte que era de Semer, y edificó allí la nueva capital. La llamó Samaria por el nombre del Semer, el dueño anterior (1 Reyes 16:24). Omri hizo fuertes defensas para la ciudad. Más tarde resistió el sitio de Salmanasar, rey de Asiria, por tres años. Pero en el año 721 antes de Cristo, la ciudad cayó ante Sargón, y los samaritanos fueron al cautiverio en Asiria. Los asirios comenzaron a vivir en Samaria, y se casaron con los samaritanos que se quedaron. **2.** La región ocupada por los samaritanos, en el centro de Palestina. La mayor parte del territorio entre el mar Mediterráneo y el río Jordán, y entre el mar Muerto y el mar de Galilea.

ımaritanos -- Los habitantes del reino del norte (2 Reyes 17:29), o de Samaria, la ciudad capital. En el tiempo de Roboam, rey de toda la nación, las diez tribus del norte se rebelaron. Nombraron como rey a Jeroboam (1 Reyes 12). Para que los israelitas del norte no fueran ya a Jerusalén, hizo dioses para ellos en el reino del norte. Así los hizo pecar. Desde el principio del reino del norte, los samaritanos comenzaron a ser idólatras. Se apartaron del Dios verdadero, y fueron castigados por él. En el año 721 antes de Cristo, Sargón, rey de Asiria, tomó la ciudad y llevó a los habitantes a Asiria como esclavos. Eran más de 29 mil los que fueron a Asiria. En su lugar, los asirios pusieron personas que venían de Babilonia y otros lugares de Asiria (2 Reyes 17:24). Los samaritanos del Nuevo Testamento fueron descendientes de estos extranjeros que se habían casado con los israelitas. Era una raza mezclada o mestiza. Y porque la religión de los samaritanos no era pura, los judíos del reino del sur, los odiaban (Jn. 4:9). Eran enemigos de los judíos desde el tiempo de Esdras y Nehemías (Esdras 4:1-10). Sin embargo, Jesús quiso salvarlos. Habló con la mujer samaritana (Jn. 4) y con los habitantes de Sicar (vv. 4, 40-42). Después del día de pentecostés, los samaritanos creyeron en Cristo por la predicación de Felipe (Hch. 8:5-8). Pedro y Juan fueron allá para ver lo que Dios había hecho con ellos (vv. 14-25). Fueron recibidos como cristianos, a pesar de no ser judíos de raza pura.

Samgar -- Uno de los jueces o libertadores de Israel. Con un palo que usaban para empujar al buey, mató a 600 filisteos (Jue. 3:31).

Samotracia -- Isla del mar Egeo, unos 80 kilómetros al noroeste de Troas. El barco de Pablo pasó por esta isla cuando iba hacia Filipos de Macedonia (Hch. 16:11).

Samuel -- **1.** El primero de los profetas, y el último de los jueces de Israel. Era hijo de Elcana de la tribu de Efraín, y de Ana, una de sus dos esposas (1 Sam. 1:1, 2, 26-28). Ana lo dio al Señor, y el niño sirvió al sacerdote Elí en el tabernáculo. Conoció al Señor cuando era joven, y comenzó a ser profeta. Cuando murió Elí, Samuel servía como juez de la nación. Siguiendo la palabra del Señor, ungió a Saúl como rey. Cuando él fue desobediente, Samuel ungió a David, el hijo menor de Isaí de Belén, para ser el nuevo rey. Samuel tenía su casa en Ramá, que se llama Ramataim de Zofim en 1:1. Allí hizo un altar para el Señor, y allí juzgaba al pueblo. Cuando murió, lo sepultaron en ese lugar (25:1). Después de su muerte Saúl quiso hablar con él, y visitó a una mujer de Endor, que era adivina. Apareció el espíritu de Samuel y habló con Saúl. Le dijo que iba a morir, junto con sus hijos, al día siguiente (28:3-19). Así fue (Cap. 31). **2.** Dos libros de Samuel. Son libros de historia, aunque para los judíos eran el primer libro de los reyes. Ellos lo cuentan entre los Profetas Anteriores. El Primero relata la historia desde el nacimiento de Samuel hasta la muerte de Saúl. El Segundo relata la vida de David, y termina con el castigo de Dios por el censo que David, hizo. Estos dos libros de Samuel son los primeros dos libros de los reyes en la Biblia católica.

Sanbalat -- Samaritano, enemigo de los judíos. Se opuso a la construcción de los muros de Jerusalén, y trató de parar la obra (Neh. 4:7; 8). También trató de asesinar a Nehemías, y de asustarlo, pero sin éxito (6:1-14). Sanbalat fue gobernador de Samaria cerca del año 407 antes de Cristo.

sandalia -- Calzado sencillo usado por los antiguos. Era hecha con una pieza de cuero fijada al pie con cuerdas.

Sanedrín -- El concilio de los judíos en Jerusalén (Mat. 10:17; Hch. 22:30 Versión de 1960). El nombre "sanedrín" no está en la Biblia. Viene más bien de los escritores judíos, que usaban la palabra griega *sunedrión,* concilio. Desde el tiempo del reino de Persia, los judíos se gobernaban a sí mismos (Esdras 7:25). El concilio estaba compuesto de los ancianos de Israel. Entre los años 57-55 antes de Cristo, había cinco concilios, uno en cada uno de los cinco distritos del país. Pero en el año 47, César dio al concilio de Jerusalén poder sobre toda la nación y le dio el nombre de "sanedrín". El sanedrín tenía 71 miembros. Había 70, igual que los ancianos de Israel en el tiempo de Moisés (Ex. 24:1). El sumo sacerdote era el presidente del concilio, haciendo un total de 71. Este grupo gobernaba sobre Israel, pero sólo con la aprobación del gobierno romano. No tenía el derecho de dar pena de muerte (Jn. 18:31). A veces los miembros del sanedrín eran de los dos partidos, los saduceos y los fariseos. (Hch. 23:6). Parece que Saulo de Tarso había sido miembro del concilio antes de ser convertido (8:1; 22:4, 5).

sanguinario -- Sangriento. Uno que derrama mucha sangre.

Sansón -- Juez y libertador de Israel durante veinte años (Jue. 15:20). Un ángel anunció su nacimiento, y ordenó que fuera nazareo desde que naciera (13:5). Vea *nazareo.*

Era hijo de Manoa, de la tribu de Dan. Dios lo bendijo en su juventud (v. 24). Pero Sansón se enamoró de una mujer filistea y se casó con ella (14:7, 17). Por un disgusto fuerte, Sansón mató a treinta filisteos (v. 19). Entonces el padre de la mujer la dio a otro hombre. Sansón se vengó matando a muchos de ellos (15:7, 8). Más tarde mató a otros mil con la quijada de un asno (v. 15). Después se enamoró de Dalila, mujer filistea. Ella insistió que le explicara el secreto de su gran fuerza. Por fin se lo dijo, y los filisteos le cortaron el pelo. De esta manera acabó de romper su voto con Dios. El le quitó su poder, y Sansón fue hecho preso de los filisteos. Le sacaron los ojos y le hicieron moler en la cárcel. Con el tiempo se arrepintió y pidió a Dios la oportunidad de vengarse por sus ojos. En una fiesta que hicieron los filisteos para honrar a Dagón, su dios, se burlaban de Sansón. Pidió a un muchacho que lo pusiera en el centro del templo, entre las columnas principales de la casa. Entonces empujó con fuerza, y echó abajo las columnas. Cayó la casa encima de él y de todos los adoradores. Murieron como tres mil personas (16:27, 30).

antiago -- **1.** Uno de los apóstoles, Jacobo (Mat. 4:21), hermano de Juan, e hijo de Zebedeo. En la iglesia se le dio el nombre de Santo Iacobo, Sant'iacobo, o Santiago. El y su hermano Juan, fueron llamados "hijos del trueno" (Mar. 3:17). Fue el primero de los apóstoles que murió como mártir (Hch. 12:1, 2). Es dudoso que sea el mismo que escribió la Carta de Santiago. **2.** La Carta General o Universal de Santiago. Lo más probable es que fue escrita por Santiago, el hermano del Señor, el pastor de la iglesia en Jerusalén (Mar. 6:3; Hch. 1:14; 15:13-21). Fue escrita como por el año 45 después de Cristo. Fue dirigida a los cristianos en general, pero especialmente a los judíos creyentes de todo el mundo (Stg. 1:1). La Carta trata muchos asuntos, todos relacionados con la fe cristiana.

santidad -- La condición de ser santo. La perfección moral. La falta de toda mancha de pecado.

santificar -- **1.** Apartar o dedicar algo para Dios (Gén. 2:3). **2.** La obra de hacer santa a alguna persona. Es obra del Espíritu Santo, que se llama la *santificación*. Es obra que acompaña el nuevo nacimiento (1 Cor. 6:11). También es obra continua, que será completa en la venida de Cristo (Fil. 1:6; 1 Tes. 5:23; 1 Jn. 3:3). es la voluntad de Dios para todo cristiano (1 Tes. 4:3).

santuario -- Lugar dedicado al culto de Dios. Especialmente, el tabernáculo (Ex. 25:8).

saquear -- Robar completamente una casa o una ciudad. Se dice de los soldados que entran en una ciudad. Después de vencerla, la saquean, se llevan todo lo que quieren.

Sara -- Esposa de Abraham. Al principio su nombre era Sarai (Gén. 16:6), pero Dios se lo cambió por Sara, que quiere decir "Princesa" (17:15). Ella no podía tener hijos por ser estéril (11:30). Por esto entregó a Abraham a su sierva Agar (16:1-4) y nació Ismael. Dios no aceptó a este niño para cumplir su promesa a Abraham y le prometió un hijo por Sara. Ella se rio cuando lo supo. Luego cuando nació Isaac, le dio este nombre, que quiere decir "Risa" (21:1-7). Cuando quitó el pecho al niño hizo una fiesta. El niño Ismael se burló de Isaac, y Sara echó fuera de la casa a Agar y a Ismael. No permitió que este niño fuera heredero de Abraham. En Gál. 4:21-31, Pablo usó este caso para dar una lección. En 1 Ped. 3:5, 6, Pedro pone a Sara como ejemplo de la fe y honestidad. Murió Sara a los 127 años, y Abraham la sepultó en la cueva de Macpela (Gén. 23:1, 19).

Sarai -- El nombre de Sara antes que Dios se lo cambiara (Gén. 11:29; 17:15).

Sardis -- Ciudad de Asia Menor donde había una iglesia (Apoc. 3:1). Estaba al oriente de Esmirna unos 80 kilómetros. El Señor dictó una carta a la iglesia de esta ciudad. Hoy día, Sardis es un pequeño pueblo. Pero están allí las ruinas de un gran templo de Artemis. También hay paredones de una antigua iglesia cristiana, hecha como en el tercer siglo después de Cristo.

Sarepta -- Pueblo en la costa del mar Mediterráneo, unos 12 kilómetros al sur de Sidón. Allí fue a vivir Elías durante una sequía. Elías hizo dos milagros para la viuda que le recibió en su casa. Su harina y aceite no faltaron todo el tiempo que estuvo Elías allí. Cuando su hijo enfermó y murió, por las oraciones de Elías,la vida volvió al niño (1 Reyes 17:8-24). Jesús mencionó este caso para demostrar el amor de Dios para los gentiles (Luc. 4:26).

Sargón -- Sargón el Segundo, rey de Asiria, entre los años 722 y 705 antes de Cristo. Siguió a Ṣalmanasar el Quinto. No es claro si era de la familia real, o si tomó el poder con violencia. Usó el nombre de Sargón, el que fundó el reino allá por el año 2600 antes de Cristo. Salmanasar había sitiado la ciudad de Samaria por tres años, sin tener éxito. Pero Sargón tomó el poder en ese año, y siguió atacando a Samaria. La ciudad cayó en el año 722 o 721 (2 Reyes 17:1-6). Llevó cautivos a más de 29 mil israelitas. El nombre de Sargón se encuentra solamente en Is. 20:1.

Sarón -- Una llanura por la costa del mar Mediterráneo, entre Jope y el monte Carmelo. La "rosa de Sarón" era una flor común de esa llanura (Can. 2:1, 2).

Satanás -- El diablo. Título que quiere decir "Adversario" o "Enemigo". La serpiente de Gén. 3:1-15 y Apoc. 12:9. Es enemigo de Dios y del hombre. Peca desde el principio (1 Jn. 3:8). El nombre "Satanás" aparece primero en Job 1:6. Se encuentra también en otras partes del Antiguo Testamento. Es el principal engañador del hombre, aunque muchas veces aparece como ángel de luz (2 Cor. 11:14). Tentó al Señor al principio de su ministerio (Mar. 1:13). En alguna ocasión Jesús lo vio caer del cielo como rayo (Luc. 10:18). No es seguro si esto sucedió en la historia

(Is. 14:12), o si Jesús veía una visión de su caída en el futuro. En todo caso, Jesucristo vino para deshacer las obras del diablo (1 Jn. 3:8). Siempre es posible que Satanás sea aplastado bajo los pies de los cristianos (Ro. 16:20; Gn. 3:15). El destino final de Satanás es el lago de fuego y azufre, para siempre (Ap. 20:2, 10).

Saúl -- Hijo de Cis, de la tribu de Benjamín (1 Sam. 9:1, 2). Fue el primer rey de Israel. En un principio Saúl era hombre humilde y obediente a Dios. Ganó algunas batallas contra los filisteos. Pero fue desobediente a Dios cuando no mató al rey Agag de Amalec (15:8-35). Por esto Dios le quitó el reino. Comenzó a tener envidia de David mientras era su ayudante. Cuando trató de matarlo, David huyó y nunca volvió sino hasta la muerte de Saúl. Esto sucedió en el monte de Gilboa. Antes de morir, pidió a su escudero que lo matara con su espada. El no quiso, así que se echó Saúl sobre su propia espada (31:1-6). Después, llegó un amalecita para decir a David que él lo había matado. No es seguro si era mentira o no, pero murió por haberlo dicho (2 Sam. 1:1-16). Saúl reinó sobre Israel cuarenta años, según el historiador Josefo. Pablo confirmó esto en Hch. 13:21.

Saulo -- Pablo, el apóstol. Vea *Pablo*. Este nombre es hebreo, y lo usaban mientras vivía entre los hebreos. Los griegos usaban el nombre Paulo, que es Pablo en español. Por esta razón dice en Hch. 13:9 "Saulo, que también es Pablo." Anduvo entre los griegos la mayor parte de su vida, y el nombre Pablo se le quedó.

sazonar -- Dar sazón o sabor al alimento. Poner condimentos en la comida, como sal, pimienta, o cualquier especie (Luc. 14:34).

Sebat -- El undécimo mes del calendario hebreo. Corresponde a febrero. Vea *año*.

secta -- Grupo o movimiento religioso (Hch. 26:5). Denominación cristiana. La fe cristiana (24:5; 28:22).

Sedequías -- **1.** El último rey de Judá, el reino del sur (2 Reyes 24:17). Joaquín fue llevado cautivo de Babilonia (v. 15), y Nabucodonosor puso a Matanías, tío de Joaquín, como rey. Cambió su nombre por el de Sedequías. Reinó en Jerusalén once años (v. 18). **2.** Un profeta falso del reino de Israel, en el tiempo de Acab. Mintió diciendo que Acab vencería a los sirios (1 Reyes 22:11).

sedición -- Rebelión. Levantamiento del pueblo contra las autoridades.

seducir -- Corromper. Hacer a alguna persona caer en pecado. Engañar.

Séfora -- Hija de Reuel o Jetro, sacerdote de Madián. Esposa de Moisés (Ex. 2:18-21). Le dio dos hijos, Gersón, y Eliezer. Cuando Moisés regresaba de Madián a Egipto, el Señor quiso matarlo. Entonces Séfora circuncidó a Gersón. Sin duda no había querido hacerlo. Ahora llamó a Moisés "Esposo de sangre" (Ex. 4:20-26). Séfora y los hijos regresaron a Madián. Cuando llegaron los israelitas a Sinaí, Jetro entregó a Moisés a Séfora y sus hijos (18:1-6).

segar -- Cosechar.

segunda venida -- La segunda venida de Cristo. Jesús prometió muchas veces venir al mundo en algún futuro. Vea Mat. 24; Mar 13; Luc. 21. También, Jn. 14:2, 3; Hch. 1:11; 1 Tes. 4:13—5:11; 2 Tes. 1:5-10; 2 Ped. 3:1-13; 1 Jn. 3:1, 2; Apoc. 1:7; 22:7-20, y otros muchos. Su venida será personal, visible y con gran poder. El día de su venida nadie lo sabe (Mat. 24:42-44). Resucitará a los cristianos cuando venga (Jn. 5:25-29). Los que vivan todavía, serán recogidos para estar con él para siempre (1 Tes. 4:17). Habrá también un juicio sobre las naciones y hará separación entre los justos y los injustos (Mat. 25:31-46).

Sehón -- Rey de los amorreos, al oriente del río Jordán (Núm. 21:26). Era el rey principal sobre cinco tribus de aquella tierra (Jos. 13:21). Cuando los israelitas quisieron pasar por su país para llegar a Canaán, no les dio permiso. Israel tuvo que hacer la guerra contra él (Núm. 21:21-25). Todo aquel país fue dado a las tribus de Rubén y Gad (32:1-4).

Seir -- **1.** La tierra y los habitantes de ella, en Edom. Una cadena de montañas al sur y suroeste de Jerusalén. Allí fue a vivir Esaú (Gén. 32:3). **2.** Un monte al occidente de Jerusalén, unos 15 kilómteros (Jos. 15:10).

selah -- Palabra en los salmos, con valor desconocido (Sal. 3:2, 4, 8, y otros muchos). Parece ser una indicación para los que cantaban los salmos. Una pausa, o un cambio de ritmo o de volumen. Algunos creen que quiere decir, ¡Piénsalo! Quizá indique que se deban golpear los címbalos en este punto.

Seleucia -- Puerto importante al suroeste de Antioquía de Siria, unos 25 kilómetros. Pablo y sus compañeros salieron de este puerto en su primer viaje misionero (Hch 13:4).

sellar -- Poner sello en una carta, o en el rollo del libro, para cerrarlo (Dan. 12:9). Poner sello para indicar quién es el dueño o autor (Ester 8:8; Ef. 1:13). Vea *sello*.

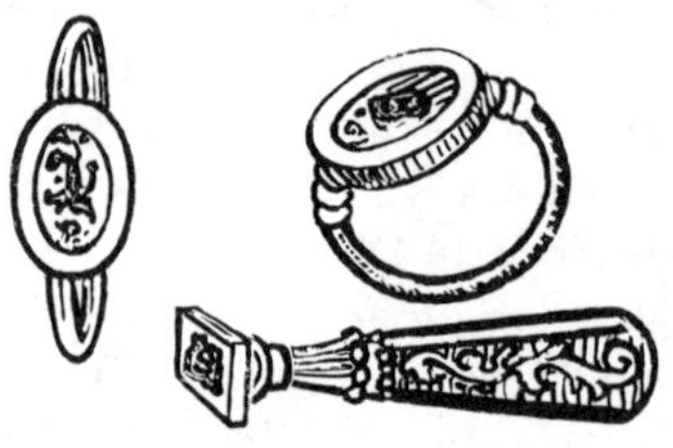

sello -- **1.** Anillo o cilindro con el nombre o alguna figura grabada en él. El dueño lo usaba para marcar algo con su nombre o seña. Se imprimía en cera, o barro fresco. Se llevaba este sello en el dedo, o colgado en el cuello. **2.** La cera o barro cocido que llevaba la marca de un anillo o cilindro.

Sem -- El hijo mayor de Noé, padre de las naciones semitas (Gén. 5:32).

Semaías -- Profeta del tiempo del rey Roboam (1 Reyes 12:22). Avisó al rey que no fuera en contra de las diez tribus que se rebelaron porque era obra de Dios.

semanas, fiesta de las -- Vea *Pentecostés*.

sementera -- Siembra, tierra sembrada.

semitas -- Los descendientes de Sem

hijo mayor de Noé. Especialmente los judíos. Pero incluye otros pueblos como los árabes, sirios, asirios, babilonios, amorreos, arameos, cananeos, moabitas, fenicios, etíopes, y sabeos.

Senaquerib -- Rey de Asiria entre los años 705 y 681 antes de Cristo. Siguió a Sargón el Segundo, su padre. Según los escritos de Senaquerib, conquistó cuarenta y seis pueblos de Judá, y llevó cautivos a más de doscientos mil habitantes. Pero no pudo tomar la ciudad de Jerusalén. De una manera desconocida, murieron 185 mil soldados asirios mientras dormían (2 Reyes 19:35, 36). Sin embargo, pudo capturar y destruir la ciudad de Babilonia, en el año 689 antes de Cristo. Fue asesinado en el año 681, y su hijo, Esarhadón, reinó en su lugar (v. 37).

sentencia -- La decisión de un juez en contra del reo. Pena, condena.

señorear -- Dominar.

señorío -- Dominio.

Seol -- El lugar de los muertos. El infierno (Prov. 27:20). La fosa o sepulcro (Núm. 16:33; Jonás 2:2). No es necesariamente el lugar de castigo (Sal. 16:10).

Septuaginta -- Versión o traducción del Antiguo Testamento al griego. Fue traducida durante el tercer siglo antes de Cristo. Según la tradición de los judíos, el trabajo fue hecho por setenta estudiantes hebreos del tiempo de Ptolomeo el Segundo o Filadelfo, rey de Egipto. Esta traducción también se llama la Versión de los Setenta. Se refiere a esta versión con estas letras: LXX, número romano que significa 70. Esta fue la versión en griega usada por los escritores del Nuevo Testamento.

sepulcros blanqueados -- Expresión usada por el Señor, hablando de los fariseos (Mat. 23:27). Los judíos blanqueaban las tumbas de los muertos para hacerlas hermosas. Los escribas y fariseos eran como ellas: por fuera hermosos, o justos, pero por dentro, sucios o inmundos.

sepulcro -- Tumba, fosa de los muertos.

séquito -- Grupo de personas que acompañan a una persona importante (1 Reyes 10:2).

serafín -- Ser celestial, ángel delante del trono de Dios (Is. 6:2, 3). En la visión de Isaías cada uno tenía seis alas. Con dos cubrían la cara, con dos cubrían los pies y con dos volaban. Adoraban a Dios constantemente.

Sergio Paulo -- Procónsul en la isla de Chipre en el tiempo de Pablo (Hch. 13:7, 12). Era varón prudente, y quería escuchar el evangelio. Elimas, el mago, trató de evitarlo. Pablo habló en contra de él, y Elimas quedó ciego por un tiempo. Cuando el procónsul vio esto, fue convertido.

Sermón del monte -- El primer gran discurso del Señor. Lo pronunció delante de sus discípulos y de otras muchas personas, en un monte de Galilea, cerca de Capernaum. Fue durante el primer año de su ministerio, quizá en los primeros meses. Se encuentra en los capítulos 5 al 7 de Mateo. Lucas lo tiene en forma más corta, en 6:17-49. En este sermón, habla de varias cosas de gran importancia: en qué consiste la felicidad, y cómo cumplir la ley. También temas como el enojo, el adulterio, el divorcio, los juramentos, el amor, las limosnas, la oración, el ayuno, el dinero, la ansiedad, juzgando a los demás, la regla de oro, la puerta de salvación, las buenas obras, el juicio final y el buen juicio en escuchar la palabra de Jesús.

sermón expositivo -- Predicación que *expone* o explica algún texto bíblico largo. Este texto puede ser un párrafo o un capítulo. No es solamente una serie de explicaciones del texto. Es un mensaje lógico basado en un texto más o menos largo. No trata de explicar todos los detalles.

sermón de tema o de asuntos -- Predicación sobre algún asunto. Está basado en un número de textos de varias partes de la Biblia. Trata de reunir en una plática todo lo que dice la Biblia sobre el tema.

sermón textual -- Predicación basada en un solo versículo, o en una frase corta.

servicio -- Ayuda que se presta a otra persona, por sueldo, o gratuita. El culto a Dios. La adoración se entiende como un servicio a él.

serpiente -- Víbora, culebra. Especialmente, una víbora venenosa.

Set -- Tercer hijo de Adán y Eva (Gén. 5:3). Formó parte de la línea de Jesucristo, después de la muerte de Abel (Luc. 3:38).

Setenta, Versión de los -- Vea *Septuaginta.*

shalom -- Palabra hebrea que significa "paz". Un saludo usado entre los hebreos, inclinándose hacia adelante. Una reverencia.

shekina -- Palabra hebrea que significa "gloria ardiente". Se usa especialmente de la gloria de Dios que estaba siempre presente en el arca del testimonio, en el tabernáculo y el templo.

shibolet -- Palabra hebrea que usaron los israelitas de Galaad como prueba para la gente de Efraín. Estos no podían decir "shibolet" y decían "sibolet". De esta manera supieron quiénes eran de Efraín y los mataron (Jue. 12:4-6).

Siba -- Siervo del rey Saúl (2 Sam. 9:2). Informó a David que Mefi-boset, un hijo de Jonatán, vivía. David recibió a Mefi-boset en su casa para cuidarlo. Más tarde, Siba dio una noticia falsa o dudosa acerca de Mefi-boset (16:1-4; 19:25-30).

sidra -- Bebida alcohólica hecha del jugo de manzana (Lev. 10:9).

siega -- Cosecha. Es del verbo *segar.* Se puede confundir con la palabra *ciega.*

Sicar -- El pueblo que Jesús visitó en Samaria, cuando habló con la mujer samaritana (Jn. 4:5). Está cerca de Siquem o Nablus, al oriente unos tres kilómetros, y al norte de Jerusalén unos 56 kilómetros. Allí está todavía el pozo de Jacob (v. 6), al sur del pueblo de Sicar (Askar), menos de un kilómetro (v. 8).

Siclag -- Pueblo de los filisteos que Aquis, el rey de Gat, dio a David (1 Sam. 27:6). Sus ruinas se encuentran al suroeste de Jerusalén unos 60 kilómetros. David lo usó como centro de operaciones después de separarse de Saúl. Una vez los amalecitas quemaron y saquearon el pueblo y se llevaron a los habitantes. David los alcanzó, los derrotó y libró al pueblo (30:1-20).

siclo -- Una medida antigua de peso (Gén. 24:22), y una moneda (Ex. 30:14, 15). Sin embargo, no había monedas como las que conocemos hoy, sino hasta el siglo VII antes de Cristo. Más bien pesaban la plata o el oro para hacer sus compras. Cuando comenzaron a usar monedas dejaron de usar el siclo.

sicómoro -- Un árbol común en Palestina. Higuera que llega a unos 8 metros, o hasta 16 metros de altura. De ancho puede tener unos 20 metros, y tiene ramas fáciles de alcanzar. Zaqueo subió a un sicómoro para poder ver a Jesús (Luc. 19:4).

Sidim -- Valle al sur del mar Muerto, donde había muchos pozos de asfalto. Allí estaban las ciudades de Sodoma y Gomorra (Gén. 14:8-11).

Sidón -- Antiguo puerto de los fenicios, en la costa del mar Mediterráneo. En el tiempo del Antiguo Testamento, Sidón era ciudad rica y poderosa. Hoy Sidón (Saida) es puerto pesquero, unos 45 kilómetros al sur de la ciudad moderna de Beirut, Líbano. Jesús visitó esta región una vez (Mar. 7:24) y sanó a una mujer gentil.

siervo -- **1.** Cualquier persona al servicio de otra. Esclavo o empleado. El "siervo de Dios" es cualquier creyente fiel, pastor u obrero. **2.** El Siervo de Jehová mencionado por el profeta Isaías, era la nación de Israel a veces (42:18-25; 43:10; Jer. 2:14). Pero era especialmente el Mesías, el Cristo esperado (Is. 49:1-7; 52:13-15; 53:1-12).

siete palabras de Jesús -- Frases de Jesús dichas durante la crucifixión: (1) Luc. 23:34, (2) v. 43, (3) Jn. 19:26, 27, (4) Mat. 27:46; Mar. 15:34, (5) Jn. 19:28, (6) v. 30, (7) Luc. 23:46.

siglos de silencio, siglos silenciosos - Los cuatro siglos, 400 años entre el último profeta (Malaquías), y Juan el Bautista y Jesucristo. O sea, el tiempo entre el Antiguo y el Nuevo Testamento. Se llama así porque no hubo voz de Dios ni mensaje de los profetas durante todo ese tiempo.

Silas -- Persona de importancia en la iglesia de Jerusalén (Hch. 15:22). El compañero de Pablo en sus viajes misioneros (Hch. 15:40). Este nombre es forma corta de Silvano. Se llama Silvano en las Cartas de Pablo (1 Tes. 1:1; 2 Tes. 1:1; 2 Cor. 1:19. Vea también 1 Ped. 5:12).

Silo -- Pueblo al norte de Jerusalén unos 33 kilómetros (Jos. 18:1). El tabernáculo estuvo allí desde el tiempo de Josué hasta el tiempo de Samuel (1 Sam. 1:3). En Gén. 49:10, donde se escribe "Siloh", se entiende usualmente como nombre del Mesías. Pero esto no es muy seguro.

Siloé -- Un estanque de Jerusalén (Is. 8:6; Jn. 9:7). Recibía agua por un túnel, de la fuente de la Virgen. Es probable que se hizo este estanque en el tiempo de Ezequías. Vea 2 Crón. 32:3, 4. Jesús envió al ciego a lavarse en este estanque y recobró la vista (Jn. 9:7).

Silvano -- Vea *Silas*.

sima -- Abismo, gran profundidad (Luc. 16:26). Se puede confundir con *cima*, cumbre, la parte más alta de algo, como de una montaña.

símbolo -- Algún objeto o palabra que representa otra cosa. Ejemplos: La bandera es símbolo de la nación. La boina es símbolo de la libertad. Las llaves son símbolo del poder o autoridad. El pan y el vino son símbolos sagrados del cuerpo y sangre de Cristo.

Simei -- Hombre que maldijo al rey David cuando huía de su hijo, Absalón (2 Sam. 16:5). Le perdonó la vida cuando volvió a tomar su trono (19:19-23).

Simeón -- **1.** El segundo hijo de Jacob y Lea (Gén. 29:33). El y su hermano Leví mataron a toda una familia para vengarse de la violación de Dina, su hermana (34:25). En Egipto, José lo encarceló para asegurar la venida de Benjamín (42:19, 24). **2.** La tribu formada por los hijos de Simeón. Esta tribu no recibió tierras como las otras, por castigo (Gén. 49:5, 6). La tribu de Simeón vivió en medio de la tribu de Judá (Jos 19:1). **3.** Un anciano de Jerusalén, que reconoció al niño Jesús como el Cristo (Luc. 2:25-32). Cuando José y María lo presentaron en el templo, Simeón lo tomó en sus brazos y bendijo a Dios. Sus palabras se cantan en algunas iglesias, con el título de "Nunc dimitis". Estas palabras en latín son del v. 29: "Despides ahora."

simiente -- Semilla (Hag. 2:19). La familia, los hijos del hombre (Gén. 22:18). La vida de Dios en el hombre (1 Ped. 1:23).

Simón -- **1.** El nombre de Pedro, antes que fuera discípulo de Cristo. Vea *Pedro*. **2.** Uno de los hermanos de Jesús (Mar. 6:3). **3.** Simón el Zelote (Luc. 6:15), o el cananista (Mat. 10:4), uno de los doce apóstoles. Vea *cananista*. **4.** Un fariseo que invitó a Jesús y sus discípulos a comer en su casa (Luc. 7:40). **5.** Simón el leproso, que tenía su casa en Betania. Invitó a Jesús a comer en su casa. Estando allí, una mujer del pueblo, pecadora, ungió sus pies con ungüento (Mar. 14:3-9). **6.** Simón de Cirene, el que cargó la cruz de Cristo (Luc. 23:26). Vea *Cirene*. **7.** Un mago de Samaria que quiso comprar el don de Dios (Hch. 8:9). Fue bautizado antes, pero Pedro entendió que no era hombre convertido (vv. 20-22). **8.** Hombre de Jope, que curtía pieles. Pedro estaba de visita en su casa cuando fue llamado a predicar en Cesarea (Hch. 9:43). **9.** Simón el macabeo, el segundo hijo del sacerdote Matatías en el segundo siglo antes de Cristo. Vea *macabeos*. Fue el jefe del ejército judío que luchó por la independencia de la nación. Llegó a ser sumo sacerdote. Fue asesinado por su yerno en el año 135 antes de Cristo.

sinagoga -- Casa de reunión de los judíos. Es palabra griega que quiere decir "lugar de reunión". Los primeros templos cristianos se llamaban sinagogas también (Stg. 2:2 en el texto griego). La sinagoga comenzó cuando los judíos estaban en Babilonia (Sal. 74:8). Estando fuera de su tierra y sin templo, necesitaban dónde reunirse para sus cultos. Después de volver a Judea, seguían usando la sinagoga como lugar para sus cultos locales, y como centro de enseñanza para los niños. Allí aprendían a leer y escribir, y a conocer las Escrituras. Sin duda alguna, Jesús también aprendió a leer y escribir en una sinagoga de Nazaret (Luc. 2:40, 52). Así también, todos los apóstoles. Jesús tenía la costumbre de asistir a la sinagoga (Luc. 4:16). Pablo comenzaba su ministerio en cada ciudad, predicando en la sinagoga (Hch. 9:20; 19:8; y otros). El culto cristiano se parece mucho al culto de las sinagogas, excepto en cuanto a Jesucristo. Cada sinagoga era una congregación independiente, y quizá con sus propias doctrinas (Hch. 6:9). Algunas congregaciones de las sinagogas eran muy rebeldes (Apoc. 2:9; 3:9). Muchas de las sinagogas fueron convertidas en templos cristianos poco después del día de pentecostés (Hch. 6:7; 18:8).

Sinaí -- **1.** La gran península al suroeste de Palestina, ocupada por los árabes desde un principio. En gran parte es desierto. El pueblo de Israel anduvo en ella durante cuarenta años antes de entrar en Canaán. **2.** El monte Sinaí, el monte de Dios, llamado también Horeb (Ex. 3:1; 19:11). Desde este monte Dios habló al pueblo (20:1, 18). Moisés subió a la cumbre de Sinaí para hablar con Dios, y recibir de él la ley (19:3; 31:18). Elías el profeta fue a Sinaí cuando huyó de la reina Jezabel (1 Reyes 19:8). El lugar exacto del monte Sinaí es discutido. Pero hay uno que se llama "Gabel Musa" (el monte de Moisés) que probablemente sea Sinaí. Tiene 2500 metros de altura y se encuentra en el sur de la península. Este es el lugar, según la tradición más antigua.

Sinar -- El nombre antiguo del país de Babilonia (Gén. 10:10).

sinópticos -- Vea *Evangelios sinópticos.*

Sion -- **1.** Un monte de Jerusalén, usado por los jebuseos como fortaleza. David la tomó (2 Sam. 5:7). **2.** Después de la construcción del templo, el nombre Sion fue usado para indicar este lugar también (Is. 8:18). **3.** Se usa también para referirse a toda la ciudad de Jerusalén (2 Reyes 19:21). **4.** La nación de Israel, especialmente como familia espiritual (Sal. 126:1). **5.** El cielo, el hogar de Dios (Heb. 12:22; Apoc. 14:1).

Siquem -- Antiguo pueblo amurallado, en la región de Samaria. Está a unos 56 kilómetros al norte de Jerusalén, junto al monte Gerizim. Hoy se llama Nablus. Abraham acampó cerca de Siquem (Gén. 12:6). Jacob compró un terreno de los habitantes de Siquem (33:18, 19) e hizo un altar al Señor. Allí también hizo el pozo mencionado en Jn. 4:5, 12. Hoy el pueblo de Siquem está en ruinas, aunque hay unos pocos habitantes en Nablus.

Siracusa -- Ciudad famosa en la costa oriental de la isla de Sicilia, al sur de Italia. El barco en que viajaba Pablo estuvo allí por tres días, en su viaje a Roma (Hch. 28:12).

Siria -- Antiguo país al norte de Palestina, junto al mar Mediterráneo. En los tiempos antiguos era parte de Asiria, y de allí viene el nombre Siria. Se llamaba Padanaram (Gén. 28:5) y Aramharim (24:10 en el hebreo) en el tiempo de Abraham. Los reyes de Asiria y Siria hacían guerras continuamente, e Israel luchaba con ellos. Después de la conquista de Alejandro el Grande cerca del año 330 antes de Cristo, Siria fue hecha reino independiente. Con este fin, la ciudad de Antioquía de Siria fue hecha la nueva capital en el año 300. Cuando los romanos conquistaron aquella parte del mundo en el año 64 antes de Cristo, Siria fue hecha provincia. El idioma de Siria era el siriaco, o el antiguo arameo. Hoy hablan el árabe.

siriaco -- Arameo. En la Versión antigua, dice siriaco (2 Reyes 18:26).

sirofenicia -- Persona de la raza fenicia, que vivía bajo el gobierno de Siria. Gentil (Mar. 7:26).

Sisac -- Rey de Egipto en el tiempo de Salomón y Roboam (1 Reyes 11:40; 14:25). En el año 926 antes de Cristo, Sisac invadió a Israel y se llevó los tesoros del templo y de la casa del rey Roboam (vv. 25, 26).

Sísara -- Capitán del ejército de Canaán. Débora y Barac lo derrotaron. Sísara huyó a pie y entró en la tienda de Jael, la mujer de Heber el ceneo. Jael lo trató con engaño y lo mató clavándole una estaca en las sienes mientras dormía (Jue. 4:14-21).

sitio -- **1.** Lugar. **2.** Cerco que un ejército pone alrededor de una ciudad para batallar contra ella. Ataque que dura algún tiempo. Es del verbo *sitiar*, cercar para que nadie salga (Deut. 28:52).

Siván -- El tercer mes del calendario hebreo. Corresponde a junio. Vea *año*.

soberano -- Rey. Gobernador con poder absoluto. Dios es nuestro Soberano (Hch. 4:24), y Jesucristo (1 Tim. 6:15; Apoc. 1:5).

soberbia -- Orgullo, altivez, arrogancia. El hombre que alaba a sí mismo, es un *soberbio*.

sobornar -- Dar dinero para ganar un juicio injusto. Comprar al juez, o a un testigo, para hacerle mentir. El dinero que le da es el *soborno*.

sobrellevar -- Aguantar con paciencia o bondad. Soportar con resignación.

sobrevenir -- Suceder algo repentinamente. Llegar de improviso.

Sodoma -- Ciudad del valle de Sidim (Gén. 14:8). Por su maldad Dios destruyó esta ciudad, junto con otras (19:1-25).

sodomita -- **1.** Habitante de la ciudad de Sodoma. **2.** Hombre que practica actos sexuales perversos (Rom. 1:27; Deut. 23:17).

Sofonías -- **1.** Profeta que vivió antes del cautiverio, cerca de los años 650 y 600 antes de Cristo. Tuvo parentesco con el rey Ezequías (Sof. 1:1). Fue el autor del libro que lleva su nombre. **2.** Sacerdote que llevaba mensajes entre el rey Sedequías y el profeta Jeremías. Era el segundo sacerdote encargado del cuidado del templo (2 Reyes 25:18). Después de la caída de Jerusalén, el rey de Babilonia lo mató (v.21). **3.** Otros dos hombres llevaban este nombre: Vea 1 Crón. 6:36; Zac. 6:10. **4.** El libro escrito por Sofonías el profeta. Es uno de los Profetas Menores. Contiene solamente tres capítulos. Habla de la destrucción de Jerusalén como día del juicio de Dios. Habla también del juicio de Dios sobre las naciones en el futuro, y de la salvación del pueblo de Dios. Parece que fue escrito entre los años 630 y 624 antes de Cristo.

solicitud -- Cuidado, atención generosa.

sombra de muerte -- Gran oscuridad (Is. 9:2). Peligro de muerte (Sal. 23:4).

Sóstenes -- El jefe de una sinagoga cristiana de Corinto (Hch. 18:17, vea v. 8). Compañero de Pablo (1 Cor. 1:1). Mientras que Pablo estaba en Corinto, Sóstenes fue golpeado por los judíos helenistas.

soteriología -- El estudio de la salvación. La palabra griega *sotería* significa salvación.

subsistir -- Permanecer, seguir existiendo.

subyugar -- Dominar con violencia.

Sucot -- **1.** Ciudad al este del río Jordán (Gén. 33:17, 18). Parece que Jacob fue el primero que hizo su casa allí (Gén. 33:17) y le dio nombre. En el tiempo de Gedeón fue una ciudad importante (Jue. 8:14). Este lugar está cerca del río Jaboc, unos 15 kilómetros al oriente del río Jordán. **2.** Lugar donde los israelitas hicieron su campamento después de salir de Ramesés (Ex. 12:37). Se encuentra a unos 8 kilómetros al occidente del canal de Suez, al noroeste del Gran Lago Amargo en Egipto.

sudario -- Tela en que se envuelve el cuerpo de un muerto.

suertes -- Desde tiempos muy antiguos y en varias naciones, echaban suertes para decidir asuntos dudosos. Vea Ester 3:7; Jonás 1:7; Mat. 27:35. Vea también *Urim* y *Tumim.* Los hebreos echaban suertes con oración (Prov. 16:33; Hch. 1:24-26). Sin embargo, en este último caso, es posible que no echaran suertes como antes. Posiblemente votaron.

sulamita -- La bella joven del Cantar de Cantares (6:13), la esposa de Salomón (4:9). Su nombre tiene dos explicaciones comunes: (1) Que ella era del pueblo de Sunem o Sulem, cerca del monte Gilboa. (2) Que ella llevaba el nombre de Salomón. (Puede ser la forma femenina del nombre de Salomón.) Vea *sunamita,* definición número 1.

Sumo sacerdote --Vea *sacerdote.*

sunamita -- **1.** Abisag, hermosa joven de Sunem (1 Reyes 1:2-4). Cuando David estaba viejo y enfermo, buscaron a una joven que durmiera junto al rey para calentarlo. Abisag fue escogida para esto. David no tuvo relaciones con ella. Cuando Salomón llegó a ser rey, él tenía el derecho de casarse con ella. Sin embargo, no sabemos si lo hizo. Es posible que ella sea la Sulamita del Cantar de los Cantares (6:13). Adonías, hermano de Salomón, pidió a Abisag como esposa. Pero Salomón lo consideró como rebelión contra él, y lo mandó matar (1 Reyes 2:16-25). **2.** Una mujer importante de Sunem (2 Reyes 4:8). Ella y su marido hicieron un cuarto para el profeta Eliseo. El profeta ofreció hacer algo para ella, y la sunamita pidió que Dios le diera un hijo. Nació el niño, pero después murió. Eliseo oró por el niño, y éste volvió a vivir (vv. 8-37).

Sunem -- Pueblo frente al monte Gilboa (1 Sam. 28:4), a unos 45 kilómetros al sureste de Jope o Jaffa. Las dos sunamitas eran de este pueblo. Vea *sunamita.*

Susa -- Ciudad donde Jerjes, rey de Persia (Asuero, Ester 1:2), tenía su capital principal. Era una de tres. Las otras dos eran Babilonia, y Ecbatana en Irán. Susa es ahora sólo un pequeño pueblo con ruinas, cerca del río Karké. Está a unos 225 kilómetros al norte del golfo de Persia. La Versión antigua la llama *Susán*. Susa cayó en manos de los asirios cerca del año 640 antes de Cristo, cuando Asurbanipal la capturó. En el tiempo de Ciro el Grande, Susa fue hecha una de varias ciudades capital del reino. Alejandro el Grande la capturó en el año 331 antes de Cristo, y se llevó grandes tesoros. Las ruinas de Susa incluyen las del palacio de Darío y Jerjes (Ester 1:1-7). En estas ruinas fue descubierto el Código de Hammurabi.

Susán -- Vea *Susa.*

Susana -- Una de varias mujeres que servían a Jesús con sus bienes (Luc. 8:3). Como ellas, Susana fue sanada de alguna enfermedad (v. 2).

T

Tabera -- El lugar en el desierto donde los israelitas se quejaron contra Dios (Núm. 11:1-3). El envió fuego entre ellos. Moisés oró a Dios, y el fuego se apagó. El lugar exacto no está indicado.

tabernáculo -- La carpa o tienda que los israelitas usaban para su culto a Dios. Todo era de madera fina metales preciosos, y de telas finas Fue hecho por orden de Dios (Ex 26). Alrededor del tabernáculo había un patio grande donde e pueblo podría reunirse. E santuario tenía dos divisiones: e Lugar Santo y el Lugar Santísimo (v. 33; Heb. 9:2, 3). Los muebles del tabernáculo incluían el altar de bronce, la fuente de bronce, la mesa de los panes de proposición el candelero, el altar de incienso, el arca del pacto. Todo el taberná culo era portátil, y los levitas lo llevaban a través del desierto (Núm. 4:5-15). Usaron este primer tabernáculo hasta el tiempo de David (2 Sam. 6:17). Salomón edificó el primer templo. Dentro del templo, el arreglo del santuario era el mismo que en el tabernáculo.

tabernáculos, fiesta de los -- Una de las tres fiestas más importantes de Israel. La observaban en el séptimo mes, o sea en octubre de nuestro calendario. En esta fiesta, agradecían a Dios la cosecha. Durante siete días vivían en chozas rústicas de palos y enramadas, o sea en *tabernáculos*. Vea Lev. 23:33, 34; Deut. 16:13; Neh. 8:13-18.

Tabita -- Vea *Dorcas*.

Tabor -- **1.** Monte no muy alto, al este de Nazaret, unos 8 kilómetros. Es el único lugar alto en esa parte del valle de Jezreel. Una tradición antigua afirma que Cristo fue transfigurado en este monte (Mat. 17:1). Pero había una aldea en la cumbre de ese monte en el tiempo de Cristo. Por esta razón, no es probable que fuera el lugar de la transfiguración. **2.** Un pueblo de la tierra de Zabulón (1 Crón. 6:77).

Tadeo -- El sobrenombre de Lebeo (Mat. 10:3). Uno de los doce apóstoles, Judas Tadeo. Vea *Judas*, definición número 2.

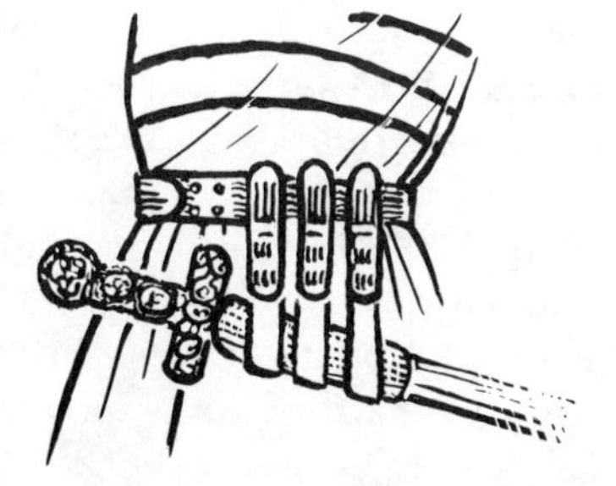

talabarte -- Cinturón ancho del soldado antiguo, donde llevaba su espada, comida y dinero (1 Sam. 18:4).

talento -- **1.** Antigua medida de peso (Ex. 25:39). El talento pesaba unos 34 kilogramos. **2.** Moneda de plata u oro. No era moneda como la conocemos hoy, sino el valor de esa cantidad de plata u oro. El talento de plata tendría el valor de unos 135 mil dólares. El talento de oro valdría cerca de tres millones, con 377 mil dólares. En las parábolas de Mat. 18:24 y 25:15, no sabemos si los talentos eran de plata u oro En cualquier caso, la cantidad de dinero era enorme. **3.** Una capacidad o don de Dios. Este significado viene solamente de la parábola de Mat. 25:14-30.

talita cumi -- Palabras arameas que significan "¡Niña, levántate!" (Mar. 5:41).

Tamar -- **1.** Nuera de Judá, viuda de Er y Onán (Gén. 38:6-8). Cuando no tuvo hijos de ellos, engañó a Judá para darle un hijo. Nacieron hermanos gemelos, Fares y Zara (vv. 11-30). **2.** Hija hermosa de David (2 Sam. 13:1). Fue violada por Amnón, su hermano. Absalón, otro hijo de David, lo mató por venganza (vv. 28, 29).

tamboril -- Vea *pandero*. La Versión antigua a veces dice "adufe".

Tammuz -- El cuarto mes del calendario hebreo. Corresponde a julio. Vea *año*.

tamo -- La cáscara seca del grano. La paja menuda del grano trillado. Para separar el tamo del grano, lo echaban al aire. El viento o la brisa se lo llevaba y el grano caía en un montón (Sal. 1:4).

Taré -- El hijo de Nacor, y el padre de Abraham (Gén. 11:25, 26). Vivió la mayor parte de su vida en Ur de los Caldeos (v. 28) y adoraba otros dioses (Jos. 24:2). Murió en Harán a los 205 años de edad (Gén. 11:32).

Tarsis -- Algún país lejano, al otro lado del mar Mediterráneo (Jonás 1:3). De allí traían plata, hierro, estaño y plomo (Jer. 10:9; Ez. 27:12). Se cree que es el lugar que el historiador Heródoto llama Tarseso, en el sur de España.

Tarso -- Antigua capital de Cilicia, y el hogar del apóstol Pablo (Hch. 21:39). Estaba en el río Cnido, a 20 kilómetros de la costa del mar Mediterráneo. Cilicia fue hecha provincia romana en el año 64 antes de Cristo, y en Tarso vivía el gobernador. Las escuelas de Tarso eran casi tan famosas como las de Atenas y Alejandría.

tea -- Raja de madera resinosa que sirve para alumbrar, o encender un fuego (Jue. 7:16; 15:5).

Tebet -- El décimo mes del calendario hebreo. Corresponde a enero. Vea *año.*

Tecoa -- Pueblo de Judá, 16 kilómetros al sur de Jerusalén. Fue el hogar del profeta Amós (1:1). Hoy existe sólo en ruinas.

temor de Dios -- Respeto, reverencia para su gran poder y santidad. Espíritu de adoración y obediencia (Sal. 111:10; Prov. 1:7).

templo -- **1.** Cualquier edificio dedicado al culto del Dios verdadero, o de dioses paganos (Hch. 17:24). **2.** Uno de los templos de Jerusalén, hecho por Salomón, Zorobabel o Herodes. El *templo de Salomón* fue hecho entre los años 957 y 950 antes de Cristo (1 Reyes 6:1, 38). David había pensado en hacer una casa permanente para Dios (2 Sam. 7:1, 2). Pero Dios dijo que Salomón tendría que hacerla, no David (v. 12, 13; 1 Crón. 28:10). Sin embargo, David preparó muchos materiales para la construcción (vv. 14-18; 29:2-5). El templo fue hecho en el monte Moríah, donde Ornán el jebuceo tenía su era (2 Crón. 3:1). El santuario tenía la misma forma que el tabernáculo, aunque más alto. Este templo fue destruido en el año 587 antes de Cristo, cuando el rey de Babilonia conquistó la ciudad. El *templo de Zorobabel* fue comenzado bajo la dirección de Zorobabel, gobernador de Judea, en el año 538 antes de Cristo. Después de mucha demora, lo terminaron en el año 515 (Esdras 3:8; 6:15). El arreglo interior fue igual al templo de Salomón. Pero el Lugar Santísimo estaba vacío. El arca del pacto desapareció en la destrucción del templo en el año 587. El *templo de Herodes* fue comenzado cerca del año 20 antes de Cristo. El viejo templo fue quitado, y los sacerdotes hicieron el nuevo en un año y medio. Pero no todos los edificios fueron terminados sino hasta cerca del año 63 después de Cristo. En el tiempo de Jesús, no se había terminado. Vea Jn. 2:20. En el año 70 después de Cristo, los judíos trataron de defenderse contra los ejércitos de Tito. Usaron el gran muro y las habitaciones alrededor del templo, como fortaleza. Lo mismos judíos pusieron fuego a esas habitaciones. Pero un soldado romano prendió fuego al templo, contra las órdenes de Tito. El fuego fue tan intenso que el oro se fundió y entró entre las piedras del templo. Cuando los soldados separaron las piedras para quitar el oro, se cumplió una profecía de Cristo. Dijo: "No quedará aquí piedra sobre piedra" (Mat. 24:2). **3.** Un grupo de creyentes en Cristo, o todo el pueblo de Dios, se llama templo (1 Cor. 3:16). 4. El cuerpo del creyente es templo del Espíritu de Dios, porque vive en él (1 Cor. 6:19).

teocracia -- Gobierno del pueblo por Dios solamente. El tiempo cuando Israel no tenía rey. "Teocracia" no es palabra bíblica. El historiador Josefo la usó primero. Israel fue una teocracia después del tiempo de Josué, y hasta el tiempo de Saúl, el primer rey. Esto sería entre 200 y 400 años. Las fechas son discutidas. Saúl comenzó a reinar cerca del año 1040 antes de Cristo.

Teófilo -- Persona a quien Lucas dirigió el Evangelio de Lucas y el libro de Los Hechos (Luc. 1:3; Hch. 1:1). La palabra "excelentísimo" indica que era persona de mucha importancia. El nombre Teófilo significa "Amador de Dios". Puede ser el nombre que este creyente tomó después de su conversión.

teología -- El estudio de Dios. Un estudio lógico, ordenado, de toda la doctrina acerca de él.

teología pastoral -- El estudio del ministerio del pastor. Especialmente, el estudio de sus deberes como pastor, aparte de su predicación en el púlpito.

teosofía -- Movimiento religioso que comenzó en los Estados Unidos en el año 1875. En algo se parece a las religiones budista y brahamanista de la India. Enseña que el hombre puede conocer a Dios y al mundo, no por la razón, sino por una fe sin base alguna.

tercer cielo -- Expresión usada por Pablo en 2 Cor. 12:2. Se refiere al lugar donde Dios vive.

terafines -- Imágenes de dioses caseros. Según las leyes de Ur de los Caldeos, el que tenía en su poder estas imágenes, era el dueño de la propiedad. Cuando Raquel se llevó los terafines de Labán (Gén. 31:19), era para que Jacob fuera dueño de sus propiedades. Durante la historia de Israel, los terafines fueron causa de idolatría (35:2-4; Jue. 17:5; 1 Sam. 15:23; Oseas 3:4; Zac. 10:2).

Tesalónica -- Ciudad capital de una parte de antigua Macedonia, o Grecia moderna. La ciudad moderna está al extremo noroeste del mar Egeo. Pablo predicó allí (Hch. 17:1-13), y formó una iglesia. Escribió dos Cartas a esa iglesia, la Primera y Segunda a los Tesalonicenses.

Tesalonicenses -- **1.** Los habitantes y especialmente los cristianos de Tesalónica. **2.** Las dos Cartas de Pablo a los cristianos de Tesalónica: Primera y Segunda a los Tesalonicenses. La Primera fue la primera de todas las Cartas de Pablo. Fue escrita cerca del año 52 después de Cristo. Pablo escribió por varias razones: (1) Muchos habían dejado de trabajar, pensando que Cristo vendría muy pronto. (2) Algunos creían que los cristianos muertos iban a perder las grandes bendiciones del reino de Dios. (3) Había alguna discordia entre los que dirigían la iglesia. La Primera Carta trata de corregir estas cosas. Un tema de gran interés en esta Carta, es la doctrina de la segunda venida de Cristo, y el arrebatamiento de la iglesia (4:13-18). La Segunda Carta toca los mismos asuntos que la Primera. Pero habla de la venida de Cristo especialmente en relación con los malos. Un tema de gran interés en esta Carta, es acerca del "hombre de pecado" (2:3). En otras partes este hombre se llama el Anticristo (1 Jn. 2:18, 22; 4:3).

testamento -- **1.** El documento que indica cómo disponer de los bienes de una persona después de su muerte (Heb. 9:16, 17). **2.** Pacto o acuerdo entre Dios y su pueblo. Hubo dos: el primero o antiguo, fue entre Dios y la nación hebrea. El segundo o nuevo, fue entre Dios y la iglesia. Vea *Antiguo* y *Nuevo Testamento*. **3.** Los libros del Antiguo o del Nuevo Testamento. Muchas veces la palabra "Testamento" se refiere al librito que se llama "El Nuevo Testamento".

tetrarca -- Gobernador de la cuarta parte de un reino. O un gobernador de menor categoría que un rey. En el Nuevo Testamento hay tres gobernadores que llevan este título: Herodes, tetrarca de Galilea; Felipe, tetrarca de Iturea y Traconite; y Lisanias, tetrarca de Abilinia (Luc. 3:1).

texto -- Material de lectura. Especialmente, el texto de la Biblia. Algún versículo, párrafo o capítulo que se usa como la base de un sermón. El *texto original* se refiere a las mismas palabras escritas por los autores de la Biblia. Este texto podría ser original o copia. No existen los escritos originales hoy día. Fueron gastados por el uso, o perdidos. Sin embargo, existen miles de copias de esos textos originales. Vea *códice*.

tiara -- Adorno para la cabeza del sumo sacerdote (Ex. 28:40). Mitra.

Tiatira -- Ciudad en el noroeste de Asia Menor, a unos 150 kilómetros al noreste de Esmirna. Era la ciudad de origen de Lidia (Hch. 16:14). El Señor envió una carta a la iglesia de esa ciudad, por medio del apóstol Juan (Apoc. 2:18). Tiatira era famosa por sus telas teñidas de púrpura.

Tiberias -- **1.** Ciudad en la ribera occidental del mar de Galilea (Jn. 6:23). Fue hecha por Herodes el tetrarca. El nombre se le dio para honrar al emperador de aquel tiempo, Tiberio César. Antes se llamaba Cesarea de Filipo. **2.** El mar de Tiberias es conocido mejor por el nombre de mar de Galilea (Jn. 6:1). Vea *mar de Galilea*.

Tiberio -- Tiberio César, emperador de Roma entre los años 14 y 37 después de Cristo. Este fue el emperador en el tiempo de Jesús.

tiendas -- La habitación de las familias nómadas era una tienda. Era hecha de pieles de cabra. Cuando era necesario hacer la tienda más grande para una familia nueva, la aumentaban agregando otras pieles. Para dar a las mujeres una habitación privada, colgaban una cortina en medio de la tienda. Una familia rica tendría una tienda aparte para las mujeres (Gén. 24:67). Abraham, Isaac y Jacob vivían en tiendas (Heb. 11:9). Las varias tribus nómadas del desierto de Arabia, viven todavía en esta clase de habitación. El tabernáculo también era una tienda (Ex. 26).

Tierra Prometida -- Canaán. Fue llamada así porque Dios prometió darla a Israel (Gén. 12:7; Deut. 34:4).

Tierra Santa -- Canaán, Palestina, Israel. Se llama así porque allí vivió nuestro Señor Jesucristo.

tiesto -- Pedazo de barro cocido, de alguna olla rota. Job se rascó con un tiesto (Job 2:8). El salmista dijo que su lengua se había secado como un tiesto (Sal. 22:15).

Tiglat-pileser -- Rey de Asiria entre los años 743 y 728 antes de Cristo. Su nombre era Pul (2 Reyes 15:19), pero tomó el nombre de Tiglat-pileser cuando llegó a ser rey. Antes de la caída de la ciudad de Samaria, llevó al cautiverio a un gran número de israelitas (2 Rey. 16:9). Esto sucedió en el año 722 antes de Cristo. En su tiempo, Asiria llegó a tener más poder que en ningún tiempo antes.

Tigris -- Uno de los grandes ríos de antigua Babilonia y Persia. La tierra entre el Tigris y el Eufrates era muy fértil. Allí creció la primera civilización humana. En Gén. 2:14 se llama el río Hidekel. El Tigris corre desde el sur de Turquía moderna, por Irak, y desemboca en el golfo de Persia. Sobre este río estaba la ciudad de Nínive. Hoy las ciudades de Mosul, Bagdad y Basra están cerca de este río.

tilde -- **1.** Una marca pequeña en algunas letras hebreas. Era importante porque por medio de ella se podía distinguir entre una letra y otra. Jesús habló de esta diferencia en Mat. 5:18. En efecto dijo: "No pasará el detalle más pequeño de la ley, hasta que todo se haya cumplido." **2.** En español, la tilde es la marca curvada de la letra ñ, que la hace diferente de la n. **3.** A veces, en el lenguaje moderno, tilde significa una cosa sin importancia.

Timnat -- Pueblo de Dan. Estaba al noroeste de Jerusalén unos 30 kilómetros. Allí vivió la mujer con quien Sansón se casó (Jue. 14).

Timoteo -- **1.** Joven ayudante de Pablo, hijo de Eunice, mujer judía (2 Tim. 1:5). Su padre era griego (Hch. 16:1). Pablo lo encontró en Listra y lo circuncidó para que fuera aceptado como judío (v. 3). Acompañó a Pablo en su segundo viaje misionero. Más tarde, sirvió de pastor u obispo en Efeso (1 Tim. 1:3). Era joven temeroso pero fiel (2 Tim. 1:4-12). Pablo le escribió dos cartas. **2.** Las dos Cartas de Pablo, Primera y Segunda a Timoteo. Las dos fueron escritas mientras que Timoteo estaba en Efeso (1 Tim. 1:3). La Segunda fue escrita desde Roma, poco antes de la muerte de Pablo. Las dos Cartas tratan asuntos del ministerio pastoral. Por esto se llaman Cartas Pastorales.

tinieblas -- Oscuridad (Gén. 1:2). Ignorancia espiritual (Ecl. 2:14; Luc. 1:79).

Tíquico -- Compañero y ayudante de Pablo en el ministerio. En varias ocasiones llevó cartas escritas por Pablo (Ef. 6:21; Col. 4:7; Tito 3:12; 2 Tim. 4:12).

Tiranno -- Un maestro de Efeso que tenía escuela de filosofía o de lenguaje. O posiblemente era judío, maestro de la ley. Cuando Pablo no pudo seguir predicando en la sinagoga de Efeso, fue a la escuela de Tiranno. Allí predicó durante dos años (Hch. 19:9, 10).

Tiro -- Antiguo puerto de Fenicia en la costa del mar Mediterráneo. Estaba unos 60 kilómetros al norte de Jope o Jaffa. La ciudad antigua estaba dividida en dos partes, una sobre la costa, y la otra en una isla a poca distancia de la playa. Tenía defensas muy buenas, y nadie pudo tomar la ciudad durante muchos años. En el tiempo de David, Hiram, su rey, era amigo suyo. Ayudó en la construcción del templo, enviando materiales que necesitaban (2 Sam. 5:11; 1 Reyes 5:6). Salmanasar de Asiria sitió la ciudad durante tres años, pero se rindió a Sargón en el año 721 antes de Cristo. Tiro pagó tributo a Asiria, y después a Babilonia. Alejandro el Grande tomó la ciudad después de siete meses. Para hacerlo, levantó un camino en el agua hasta la isla. Entonces pudo atacar la ciudad con éxito. Esto fue en el año 332 antes de Cristo. Entre los reyes Nabucodonosor y Alejandro, se cumplió una famosa profecía del profeta Ezequiel (26:3-21). Parece que Nabucodonosor tomó la parte de la ciudad que estaba en la playa, y Alejandro tomó la de la isla. Hoy, Tiro está sobre una península, y no es más que un lugar para las redes de los pescadores (v. 14).

Tirsa -- Hermoso lugar que sirvió como la primera capital del reino del norte durante algunos años (Cant. 6:4; 1 Reyes 14:17). Se cree que esta ciudad estaba a unos 1[illegible] kilómetros al noreste de Nablus o Siquem.

tisbita -- Elías, habitante de un pueblo desconocido, que se llamaba Tisbe, o algo así (1 Reyes 17:1). Vea *Elías*.

Tito -- **1.** Joven creyente gentil, convertido posiblemente por el apóstol Pablo (Tito 1:4). Compañero y ayudante en los trabajos misioneros de Pablo. Acompañó a Pablo a Jerusalén y estuvo en la conferencia con los apóstoles (Hch. 15; Gál. 2:3). Tito fue para Pablo una gran prueba de la gracia de Dios en un creyente gentil. El caso de Tito ayudó a convencer a los creyentes judíos que no eran correcto circuncidar a los gentiles. Durante un tiempo estuvo en Creta para ayudar en la formación de las iglesias allí (Tito 1:5). Recibió una carta de Pablo, que está incluida en el Nuevo Testamento. **2.** La Carta de Pablo a Tito. Junto con las dos Cartas a Timoteo, es una de las tres Cartas Pastorales. En ella, reprende a los habitantes de Creta por su carácter ocioso y corrompido (1:10-16). Esta Carta toca el asunto de las obras cristianas, en relación con la fe.

título -- **1.** Letrero, leyenda. Pilato puso un título en la cruz de Cristo (Mar. 15:26). **2.** El nombre de algún libro. Ejemplos: El Evangelio de San Mateo, El Apocalipsis de San Juan. **3.** El nombre que se le da a un hombre para honrarlo. Ejemplos: Rabí, Maestro, Señor, Doctor, Licenciado.

Tobías -- Uno de los hombres gentiles principales entre los habitantes de Judea, enemigo de los judíos. Se opuso al trabajo de levantar los muros de la ciudad (Neh. 2:10, 4:3, 7).

Todopoderoso -- El que tiene todo poder, el Dios omnipotente (Gén. 17:1; Apoc. 21:22; Sal. 91:1).

Tofet -- Palabra hebrea que significa "lugar odioso, o lugar ardiente". Había *lugares altos* en el valle de Hinom donde algunos quemaban a sus hijos (Is. 30:33; Jer. 19:11). Los ofrecían al dios Moloc (2 Reyes 23:10). Jeremías profetizó que vendrían días cuando matarían a tantas personas allí, que dejaría de ser llamado Tofet. Lo llamarían más bien, Valle de la Matanza (Jer. 7:32).

Tomás -- Uno de los doce apóstoles. Este nombre en arameo significa "mellizo, gemelo". Le llamaban también Dídimo, que en griego significa lo mismo (Jn. 20:24). Era discípulo fiel, dispuesto a ir a la muerte con Jesús (Jn. 11:8, 16). Tomás no entendió las palabras de Jesús en Jn. 14:4. Tomás dijo: "Señor, no sabemos a dónde vas; ¿cómo, pues, podemos saber el camino?" Jesús respondió con esa hermosa frase: "Yo soy el camino . . ." (v. 6). Tomás no estaba presente cuando Jesús se presentó en el día de la resurrección, y expresó sus dudas (Juan 20:24, 25). El Señor lo reprendió después, y le mostró sus manos y su costado. Tomás respondió con palabras de fe y adoración: "¡Señor mío, y Dios mío!" (vv. 26-29). La tradición afirma que Tomás fue a predicar el evangelio en Partia y Persia, y que allí murió. Cerca de la ciudad de Madrás en la India, está el monte de Santo Tomás. Además, la iglesia más antigua de esa nación se llama la Iglesia Mar Thoma, por este apóstol.

Torá -- Palabra hebrea que significa enseñanza, o ley. Los cinco libros de Moisés, la ley de Dios.

torbellino -- Viento fuerte que gira rápidamente. Tiene la forma de un embudo.

tormento -- Dolor o sufrimiento físico. Angustia, aflicción moral.

tórtola -- Paloma.

tradición -- Costumbre o enseñanza que viene de los padres (Mat. 15:2; Col. 2:8). Doctrina de los apóstoles (2 Tes. 2:15; 3:6 en el texto griego). En la Biblia se usa la palabra "tradición" especialmente en el sentido malo. Sin embargo, hay tradiciones apostólicas, y otras que parecen ser buenas, aunque la Biblia no las confirma.

traficar -- Hacer negocio, comerciar.

transfiguración -- El cambio que se vio en Jesús en el monte (Mat. 17:1, 2). Su rostro brillaba como el sol, y sus ropas fueron hechas blancas. Sucedió esto cuando Pedro, Jacobo y Juan estaban con él, en oración. Moisés y Elías aparecieron con Jesús, y hablaban de su muerte que se acercaba (Luc. 9:31). Pedro se entusiasmó tanto, que dijo que quería quedarse allí con Jesús, Moisés y Elías, donde estaban. Pero se oyó una voz del cielo que dijo: "Este es mi Hijo amado, a él oíd." (v. 35). La visión desapareció, y quedaron solos otra vez. El lugar donde sucedió esto no se conoce. Sin embargo, el lugar estaba cerca de Capernaum (Mat. 17:24), y de Cesarea de Filipo o Tiberias (Mat. 16:13). Esta ciudad estaba al pie del monte Hermón. Este es el lugar más probable. Hay otra tradición que afirma que sucedió en el monte Tabor. Pero es menos posible. Vea *Tabor*.

transgresión -- Desobediencia a la ley de Dios. Pecado, maldad.

Transjordania -- La región al oriente del río *Jordán*.

transmigración -- Del verbo *transmigrar*, cambiar de lugar. La doctrina de la *transmigración del alma* es de algunas religiones no cristianas. Enseña que cuando uno muere, su alma pasa a vivir en otro ser humano o animal. Es semejante a la doctrina de reencarnación.

trasquilar -- Cortar el pelo del ganado.

transubstanciación -- Doctrina católica romana acerca del pan y vino de la misa. Enseña que la hostia (el pan) y el vino cambian en cuerpo y sangre de Cristo, cuando el sacerdote los bendice. Creen que es necesario así, para que el creyente coma y beba de él. También, cuando los elementos están bendecidos, Cristo mismo está presente. El fiel católico hace reverencia delante de los elementos porque cree que está adorando al Señor.

tregua -- Pausa. Suspensión de la batalla por un breve tiempo. Descanso. Job dijo a Dios: "No das tregua a mi pecado" (Job 14:16). Es decir: "Me sigues castigando por mis pecados."

Tres Tabernas -- Pequeño paradero en la Vía Apia, a 48 kilómetros de Roma. En este lugar, algunos cristianos esperaron y saludaron a Pablo en su viaje a Roma (Hch. 28:15).

tribu -- Familia o grupo de familias, relacionadas entre sí. Los hijos o la descendencia de uno de los patriarcas. Ejemplos: la tribu de Leví, la tribu de Judá.

tribulación -- Gran sufrimiento. Especialmente, el sufrimiento del pueblo de Dios. *La Gran Tribulación* se refiere al tiempo de grande sufrimiento de Israel, y de la iglesia, cerca del tiempo de la segunda venida de Cristo (Mat 24:29; Apoc. 7:14). Vea también Dan. 12:1.

tribunal -- Lugar donde el juez juzga los casos de ley (Jn. 19:13). El Tribunal de Cristo es el juicio ante el que tienen que comparecer todos los hombres (Rom. 14:10; 2 Cor. 5:10).

ributario -- Pueblo que paga tributo o impuestos a otra nación. "El cananeo habitó en medio de él (Israel), y le fue tributario" (Jue. 1:30).

ributo -- Impuestos, contribuciones, pagadas a otra nación. Israel pagaba tributo a César porque Roma lo había conquistado (Mat. 22:17-21).

rillar -- Separar el grano de la paja, golpeándolo o caminando encima de él. La antigua máquina *trilladora* era solamente una plataforma llevada por animales sobre el grano. Debajo de la plataforma tenía piezas de metal que ayudaban a trillar el grano.

rinidad -- Dios Padre, Hijo y Espíritu Santo juntos, se llaman la Trinidad. Esta palabra significa una tri-unidad, o sea tres en uno. Dios es uno (Deut. 6:4). Pero existe en tres Personas (Mat. 28:19; 2 Cor. 13:14; Apoc. 1:4-6). No son tres Dioses. La doctrina de la Trinidad es un misterio. Pero sin ella, no es posible entender cómo el Padre, el Hijo, y el Espíritu Santo todos pueden ser el mismo Dios.

oas -- Antiguo puerto en el noreste del mar Egeo, cerca de Troya, ciudad aun más antigua. De Troya viene el nombre de Troas. En el tiempo de Pablo, Troas era quizá la segunda ciudad de todo el imperio romano. Hoy quedan solamente ruinas de Troas. Pablo estuvo en Troas antes de ir a Macedonia por primera vez (Hch. 16:8, 9).

trompeta -- Instrumento de música como la bocina. Pero vea *bocina*. Fue hecha de plata para el servicio del templo (Núm. 10:2). En la dedicación del templo, tocaron 120 trompetas (2 Crón. 5:12). Las tocaban para anunciar el comienzo de las fiestas (Lev. 23:24; Sal. 81:3), y para llamar a la guerra (Neh. 4:20). En la segunda venida de Cristo, ángeles sonarán trompetas (Mat. 24:31; 1 Tes. 4:16; Apoc. 8:2).

tropezar -- En textos como Mat. 18:6, significa caer en pecado.

Tubal-caín -- Hijo de Lamec y su esposa Zila, de la séptima generación después de Adán (Gén. 4:22). Trabajaba en toda clase de obra de bronce y fierro.

Tumim -- Vea *Urim* y *Tumim*.

túnica -- La camisa que llevaban los antiguos, debajo de la ropa exterior. Cualquier ropa larga y amplia. La túnica de Jesús era de un solo tejido, sin costura. Por esto, los soldados echaron suertes para ver de quién iba a ser. No la querían romper (Jn. 19:23, 24).

turba -- Multitud, gentío, populacho.

U

última cena -- La cena que comió Jesús con sus discípulos la noche antes de la crucifixión (Mat. 26:17-29; Mar. 14:12-25; Luc. 22:7-23; Jn. 13:21-30). Esta cena era la pascua de los judíos (Mat. 26:17). Jesús estableció la cena del Señor al terminar la cena de la pascua, o en medio de ella (v. 26; Luc. 22:20). Vea *cena del Señor*.

unánime -- De un solo *ánimo*. Unidos en un solo pensamiento. Los discípulos en el aposento alto, estaban unánimes en oración y ruego (Hch. 1:14).

unción -- El acto de ungir con aceite. Los hebreos ungían a varias personas al principio de su obra: al sumo sacerdote (Ex. 29:7), y al rey (1 Sam. 10:1; 16:13). Elías ungió a Eliseo que seguiría como profeta en su lugar (1 Reyes 19:16). Las palabras *Mesías* y *Cristo* significan "Ungido". El fue el Ungido de Dios para ser el verdadero Profeta, Sacerdote y Rey en todo tiempo. En el N. T., la *unción* es solamente espiritual. Es decir, Dios mismo *unge* al individuo con su Espíritu (1 Jn. 2:20, 27).

Ungido -- **1.** Hombre que era apartado para el servicio de Dios, para ser sacerdote, rey o profeta en la religión hebrea. Vea *unción*. **2.** El Cristo o Mesías, el Salvador prometido. Textos como 1 Sam. 2:10, Sal. 2:2, y Luc. 2:26 hablan especialmente de él. Otros, como 1 Sam. 26:9 y Sal. 28:8 hablan del rey de Israel. En un caso Dios habló de un rey pagano como su "ungido" (Isa. 45:1). Ciro, el rey de Persia, era ungido por Dios solamente para hacer su voluntad. No fue ungido con aceite, sino sólo en la mente de Dios.

ungir -- **1.** Derramar aceite en la cabeza como seña espiritual. En el Antiguo Testamento, *ungían* a los sacerdotes, los reyes, y a veces, al profeta. Vea *unción*. **2.** Frotar la cara, las manos, u otra parte del cuerpo, con aceite de oliva, como parte del arreglo personal (Rut 3:3; Mat. 6:17). También, frotar una parte del cuerpo con aceite como remedio casero. (Mar. 6:13; Jn. 12:3; Stg. 5:14). Ungían también el cuerpo del muerto, para evitar el mal olor (Mar. 16:1). Vea también, *embalsamar*.

ungüento -- Aceite mezclado con perfume, usado para varias cosas: para el arreglo personal (Ester 2:12), como remedio casero (Jer. 8:22; Apoc. 3:18), como perfume para el cuerpo muerto (Luc. 23:56). Vea *unción* y *ungir*.

unigénito -- El único hijo. Cristo es el unigénito Hijo de Dios (Jn. 3:16).

Ur, Ur de los caldeos -- Ciudad d antiguo Sumer o Babilonia, ocu pada más tarde por los caldeos. All nació Abraham (Gén. 15:7). La ruinas de Ur se encuentran a uno 220 kilómetros al noroeste de Basr en Irak, un poco al occidente de río Eufrates.

Urías -- **1.** Urías el heteo, uno de lo hombres valientes de David (Crón. 11:41). David cometió adu terio con Betsabé, la esposa d Urías (2 Sam. 11:2-4). Cuand David entendió que ella estab encinta, ordenó que dejaran Urías morir en la batalla (vv. 5-27 Natán el profeta reprendió a Davi (12:1-14). David se arrepintió de s pecado y escribió el Sal. 51. El niñ de esta unión murió (12:14, 18 Después, David y Betsabé tuviero otro hijo (v. 24). **2.** Otros cuat hombres llevaban este nombr tres sacerdotes y un profeta (8:2; Esdras 8:33; Neh. 8:4; Je 26:20).

Urim y Tumim -- Uno o más objet que el sumo sacerdote llevaba en pectoral del juicio (Ex. 28:30). De esta manera el juicio de Israel estaba cerca del corazón del sacerdote cuando entraba delante de Dios. Las palabras Urim y Tumim significan "luces y perfecciones", pero no se sabe qué cosa eran. Los usaba el sacerdote para conocer la voluntad de Dios para la nación, en casos difíciles o dudosos. Se explica el uso del Urim y Tumim de dos maneras: (1) Que eran *suertes* como dados, echados para indicar un sí o no. Vea 1 Sam. 14:41, 42. También Hch. 1:23-26. (2) Que el Urim y Tumim no daba ninguna respuesta. Que era solamente un símbolo de la sabiduría divina en el sacerdote. El oraba a Dios, y luego trataba de dar la mejor respuesta que podía. Al hacerlo, creía que su respuesta era correcta. Vea Stg. 1:5-7.

usura -- El interés o ganancia por el *uso* del dinero prestado. La usura no es en sí el interés alto. Sin embargo, los judíos siempre han tenido fama de prestar su dinero por interés alto. En la ley fue prohibido cobrar ningún interés o usura a sus hermanos pobres o necesitados (Ex. 22:25). Cuando el dinero era prestado para el negocio, sí era permitido (Mat. 25:27; Luc. 19:23).

Uz -- **1.** Una tribu aramea, formada por los hijos de Uz (Gén. 10:23). **2.** La tierra de Uz estaba en el desierto al oriente del río Jordán, y al occidente del río Eufrates. Job vivía en la tierra de Uz (Job 1:1).

Uza -- Hombre que acompañaba el arca del pacto cuando la llevaban a Jerusalén (2 Sam. 6:3-11). El arca debía ser llevada en varas por los sacerdotes (Ex. 25:13-15; Jos. 3:13). Nadie debía tocar el arca con la mano (Núm. 4:15, 19, 20). Pero David la llevaba en un carro traído por bueyes (2 Sam. 6:3, 6). Cuando tropezaron los bueyes, Uza puso la mano en el arca para que no se cayera. Entonces Dios lo hirió, y cayó muerto (v. 7). El acto de Uza fue natural, pero desobedeció. El primer error fue llevar el arca en carro y no con las varas.

Uzías -- Rey de Judá, reino del sur, cerca de los años 785 y 733 antes de Cristo (2 Crón. 26:1-3). En 2 Reyes 14:21, es llamado Azarías. Comenzó a reinar a la edad de dieciséis años. Durante su gobierno, organizó el ejército, y mejoró las defensas de la nación. Ganó muchas batallas importantes. Ayudó en la agricultura, poniendo torres en los campos y excavando pozos. Adoraba a Jehová, pero no quitó los *lugares altos*. Un día quiso actuar como sacerdote, y desobedeciendo la ley entró al Lugar Santo. Dios lo castigó con lepra, y siguió enfermo hasta su muerte (2 Crón. 26:16-21). Su hijo Jotam, gobernó por él en los últimos años de su vida.

V

vallado -- Un cerco hecho de tierra, usada como defensa de una ciudad. Obstáculo. En Sal. 80:12, el salmista pregunta a Dios: "¿Por qué aportillaste sus vallados (de Israel)?" Es decir: ¿Por qué abriste puerta en las defensas de Israel?

vanagloria -- Orgullo, altivez, arrogancia.

varón de Dios -- Profeta (Jos. 14:6; 1 Sam. 2:27; 2 Reyes 1:10).

vasija -- Recipiente de cualquier clase. Olla, jarro, tinaja, vaso, o cualquier otro.

vástago -- Retoño, o ramita tierna. Hijo (Is. 11:1; 14:19).

Vasti -- Reina de Persia, esposa de Asuero, o Jerjes (Ester 1:9). Era muy hermosa, y Asuero quiso que sus príncipes la vieran (vv. 10, 11). Vasti no aceptó, y fue desechada como reina (vv. 13-22). Es probable que pasara el resto de su vida como una de sus concubinas, en las casas de las mujeres (1:19; 2:9). Ester fue reina en su lugar (v. 17).

Vaticano -- Ciudad del Vaticano, pequeño estado político dentro de la ciudad de Roma, gobernado por la Iglesia Católica Romana. Es la capital del mundo católico. No tiene más que 44 hectáreas de terreno. Allí están el palacio del Vaticano y sus jardines y la basílica de San Pedro. Allí está la biblioteca del Vaticano y algunos museos. Los papas viven allí, y gobiernan todas las iglesias católico-romanas del mundo.

Veadar -- El mes adicional del calendario hebreo, agregado cada cuatro años. Vea *año*.

vehemente -- Fuerte, ardiente, enérgico.

velo -- **1.** Manto que cubría la cara de la mujer para protegerla contra el sol (Cant. 1:6). Lo usaban también para cubrir la cara cuando estaban presentes personas extrañas (Gén. 24:65; Cant. 5:7). Sin embargo, había libertad en esto (Gén. 24:16). **2.** La cortina que separaba entre el Lugar Santo y el Lugar Santísimo (Ex. 26:33; Heb. 9:3). El sumo sacerdote era el único que entraba detrás de este velo, y esto era una vez al año (Lev. 16:2, 34; Heb. 9:7). Cuando Cristo murió, este velo fue roto milagrosamente, de arriba hasta abajo (Mat. 27:51). Así Dios dio a entender que el camino a la presencia de Dios, ya estaba abierto a todo el mundo (Heb. 9:8). **3.** La cortina en la puerta de entrada al tabernáculo (Ex. 36:37).

velludo -- Cubierto con vello, o pelo, como la piel de oveja (Gén. 25:25).

vendimiar -- Recoger las uvas de la parra. Cosechar.

veraz -- sincero, franco. Uno que dice la verdad.

Verbo -- **1.** Palabra. En la antigua filosofía griega, el Verbo era la Razón que gobernaba el mundo. **2.** En Jn. 1:1, 14; 1 Jn. 1:1 y Apoc. 19:13, el Verbo es Jesucristo. En este sentido, Cristo es la sabiduría de Dios en la creación y gobierno del mundo, y en la redención de los hombres. Es la segunda Persona de la Trinidad. Vea *Palabra*.

versículo -- La más pequeña división del texto de la Biblia. Cada capítulo es dividido en partes pequeñas, marcadas cada una con un número. El versículo puede tener pocas palabras (Jn. 11:35) o varios renglones (Sal. 141:5).

versión -- Una traducción de la Biblia o del Nuevo Testamento. Hay muchas versiones en español: la antigua versión de Casiodoro de Reina y Cipriano de Valera; la Revisión de 1960; la Versión Popular; la Moderna; la Hispanoamericana; la versión católica de Scío San Miguel, y otras. La Vulgata es una versión latina. La Septuaginta es la versión griega del Antiguo Testamento.

vestidura -- Vestido, traje. Especialmente, la ropa que usa el sacerdote o cualquiera persona religiosa.

vianda -- Comida propia para adultos. Carne.

víbora -- Serpiente venenosa.

vid -- Parra de uvas.

vida eterna -- La vida de Dios. Vida que dura para siempre. Por su pecado, el hombre está destinado para el castigo eterno. Pero por la bondad de Dios, él ofrece su propia vida al pecador que se arrepiente de sus pecados y cree en Jesucristo, su Hijo. Es un regalo, y no se gana con dinero, ni obras buenas, ni con otra virtud. Nadie la merece, y cuando se acepta con fe y humildad, se dan las gracias a Dios para siempre. Vea Luc. 19:10; Jn. 1:12; 3:16; 5:24; 10:9, 10; 11:25, 26; 20:31; Hch. 4:12; 10:42, 43; Rom. 3:21-24, y otros muchos.

idente -- El antiguo nombre de un profeta (1 Sam. 9:9). Es del verbo *ver.* El vidente veía bien las cosas de Dios y del mundo espiritual. Vea *profeta.*

igilia -- **1.** Tiempo cuando la persona está despierta. No duerme por alguna razón especial, como tristeza, enfermedad, peligro o una muerte. **2.** En el Antiguo Testamento la noche era dividida en tres vigilias. Comenzaban a la puesta del sol, a medianoche y al canto del gallo. Esta última vigilia terminaba al amanecer (Lam. 2:19; Jue. 7:19; Ex. 14:24). En el Nuevo Testamento, los griegos y romanos dividían la noche en cuatro vigilias de tres horas cada una (Mar. 6:48).

vihuela -- Instrumento de música, parecido a la guitarra.

vileza -- Maldad, condición baja o *vil* del hombre.

vinagre -- El vino que se había fermentado mucho, o el vino muy viejo que se convertía en vinagre. Era muy agrio para beber (Sal. 69:21). Pero con agua, se usaba mucho para calmar la sed. A veces mojaban el pan en vinagre (Rut 2:14). Vea *vino agrio.*

vindicación -- El acto de *vindicar* o justificar algún hecho (Sal. 17:2).

vino -- El jugo de la uva, usado como bebida. Lo usaban en tres formas, o quizá cuatro: (1) el jugo fresco, sin fermentar, (2) fermentado, y (3) vino agrio o vinagre. (4) Hoy día, los habitantes del Oriente hierven el jugo para hacer un jarabe. Es posible que así hicieran en tiempos antiguos. **1.***El jugo fresco, sin fermentar.* Llamaban este jugo fresco con el nombre de *mosto* o *vino nuevo* (Neh. 13:15; Job 24:11; Joel 2:24). Vea *mosto* y *lagar.* Cuando Jesús dio principio a la cena del Señor, es probable que hablara del jugo sin fermentar cuando dijo " . . . no beberé más de *este fruto de la vid,* hasta aquel día cuando lo beba *nuevo con vosotros* . . . (Mat. 26:27-29). **2.** *El vino fermentado.* Con tiempo, el jugo comenzaba a fermentarse. Entre más viejo, era más fuerte. No había una diferencia muy clara entre una clase y otra. Todo era vino. Lo tomaban en cualquiera condición, pero rebajando su fuerza con agua. Siempre existía un peligro al beber vino, porque no se podría saber su fuerza. "El vino es escarnecedor" dice Prov. 20:1. El vino era prohibido para los sacerdotes en el templo (Lev. 10:9), y para los reyes y jueces cuando juzgaban (Prov. 31:4, 5). La borrachera era siempre un mal (Gén. 9:21; Is. 5:22). Fue condenada en el Nuevo Testamento (Gál. 5:21). **3.** *El vino agrio,* o *vinagre.* Después de mucho tiempo el vino fermentaba demasiado. Así no servía para beber. Lo usaban como vinagre en la comida. Mojaban el pan en él (Rut 2:14). El vino que comenzaba a agriarse, se podría llamar vino o vinagre. Si el vino era llevado en un viaje, podía agriarse con el calor. **4.** *El vino era usado mucho como medicina.* Lo daban a los que estaban para morir (Prov. 31:6). El samaritano limpió con vino las heridas del hombre que fue atacado por los ladrones (Luc. 10:34). Pablo recomendó que Timoteo usara un poco de vino para su estómago y sus muchas enfermedades (1 Tim. 5:23).

viña, viñedo -- Campo plantado con *vides,* es decir plantas de uva. En Is. 5:1-7, el profeta relata la parábola de la viña. La viña es Israel y Judá (v. 7).

virgen -- **1.** Mujer que no ha tenido relaciones sexuales (Deut. 22:17). Doncella (Gén. 24:16). Según la ley de Moisés, la joven que no era virgen cuando se casaba, podía ser castigada con la muerte (Deut. 22:19-22). Por esta razón se suponía que la doncella era virgen, hasta que se comprobaba otra cosa. **2.** La Virgen María (Luc. 1:27; Mat. 1:18-25). Es claro que era virgen "antes del parto" (v. 18). Pero también es claro que no fue virgen después (v. 25; Mar. 6:3). Vea *María,* definición número 2.

virtud -- Buen carácter (2 Ped. 1:5). Cualquier punto del carácter bueno, como lo verdadero, lo honesto, lo justo, lo amable, lo de buen nombre (Fil. 4:8). En algunos textos de la versión antigua, significa "poder" (Luc. 6:19; 8:46).

virtuoso -- Lleno de virtudes; limpio, santo. La mujer virtuosa de Prov. 12:4, es una mujer pura. En Prov. 31:10, es mujer fuerte.

visión -- **1.** La vista física de la persona. No se usa así en la Biblia, excepto quizá en Ex. 3:3. **2.** El acto de ver a Dios, o alguna revelación de parte de Dios. En este caso, la visión no se ve con los ojos, sino con el espíritu. Los profetas veían visiones (Gén. 15:1; 46:2; Núm. 12:6; Dan. 1:17). **3.** En el lenguaje moderno, la visión puede ser una persona fea o ridícula.

visitar -- **1.** Hacer visita personal a otra persona (Stg. 1:27). **2.** Se dice de Dios, por la venida de Cristo (Luc. 1:68; 7:16). **3.** Traer castigo sobre alguna persona (Ex. 20:5).

víspera -- La noche antes de alguna fecha, o las horas antes de alguna fiesta o día de descanso. Por ejemplo, la víspera de la pascua (Luc. 23:54 y Jn. 19:31).

vituperar -- Afrentar, maldecir. El *vituperio* es la afrenta o la maldición.

vivificar -- Dar nueva vida. Avivar, despertar (Sal. 119:107; 138:7). Resucitar, levantar de entre los muertos (Rom. 8:11; 1 Cor. 15:22

vocación -- **1.** En el lenguaje moderno, la vocación es el trabajo, oficio o profesión de uno. Si el individuo tiene facilidad o capacidad de Dios para su trabajo, se le llama vocación. **2.** El llamado de Dios para seguir a Cristo (1 Cor. 1:26; Ef. 4:4).

Vulgata Latina -- La traducción de la Biblia en latín, hecha por (San) Jerónimo en el cuarto siglo después de Cristo. Se llama *Vulgata* porque su lenguaje fue el latín *vulgar*, o popular. El Obispo Dámaso de Roma supo que Jerónimo era el mejor estudiante cristiano de aquel tiempo. Le pidió que hiciera una traducción nueva para corregir muchos errores de otras traducciones. Comenzó su trabajo en el año 384, y la terminó en el año 405 después de Cristo. Esta versión latina llegó a ser la Biblia de la iglesia occidental. Fue impresa en 1546, el primer libro impreso con tipos movibles. Desde aquel tiempo, ha sido la Biblia de la Iglesia Católica Romana.

Yahwe, Yahve, Yavé -- Jehová, el nombre propio del verdadero Dios. El Señor, el Dios de Israel y de la iglesia. Significa: "El que es, que era y que será." O sea, el Dios Eterno. En Ex. 3:14, Dios mismo dice que su nombre es "Yo Soy". La palabra "Jehová" no es la forma correcta de decir este Nombre sagrado. En hebreo, el nombre es solamente las letras Y.H.V.H. Vea Jehová. No tiene vocales. Vea *hebreo*.

yelmo -- El casco de metal que usaban los soldados antiguos, para proteger la cabeza.

yerro -- Un error, o pecado que se hace sin pensar. Es del verbo *errar*. (Lev. 4:2; Sal. 90:8).

yugo -- **1.** Palo que se pone sobre una yunta de bueyes para hacerles llevar una carga detrás (1 Sam. 6:7). **2.** Carga u obligación del pueblo. El servicio o esclavitud de Israel en Egipto (Lev. 26:13). **3.** La obligación que Jesús pone sobre el cristiano (Mat. 11:28-30). Este yugo es fácil, y da descanso, no trabajo.

Z

Zabulón -- **1.** El décimo hijo de Jacob, por Lea (Gen. 30:19, 20). Fue el sexto hijo de Lea. **2.** La tribu formada por los hijos de Zabulón. Esta tribu ocupaba la región a media distancia entre el monte Carmelo y el mar de Galilea.

Zacarías -- La Biblia nombra a unos 32 hombres con este nombre. De todos, los cuatro más importantes fueron éstos: **1.** Un hijo del sumo sacerdote Joiada (2 Crón. 24:20). El protestó contra el culto a las imágenes en el templo, y lo mataron a pedradas dentro del atrio del templo. Jesús habló de él en Luc. 11:51. En Mat. 23:35, es llamado el hijo de Berequías. Pero se cree que esto se debe a un error de los que copiaron el texto. **2.** Rey de Israel, reino del norte, el último de la familia de Jehú (2 Reyes 14:29). Reinó solamente seis meses y lo mataron (15:10). **3.** Sacerdote anciano del tiempo de Herodes el Grande (Luc. 1:5). El padre de Juan el Bautizador. El ángel Gabriel se le apareció mientras servía en el templo. Le dijo que Elisabet, su mujer, tendría un hijo. El no le creyó y quedó mudo como castigo por su falta de fe. Cuando el niño nació, Zacarías escribió su nombre y pudo hablar otra vez. Entonces dijo una profecía acerca de Juan y el Salvador (vv. 67-79). Es probable que Zacarías muriera mientras que Juan era niño (vv. 7, 80). **4.** Profeta, hijo de Berequías, que profetizó cerca del año 520 antes de Cristo (Zac. 1:1). Vivió en los tiempos de Zorobabel, de Josué el sumo sacerdote y de Hageo el profeta (Zac. 3:1; 4:6; Hag. 1:1). Es probable que naciera en Babilonia. Según Neh. 12:1, 4, Iddo su padre o abuelo, era sacerdote. Esto indica que Zacarías también era sacerdote. Según Mat. 23:35, "Zacarías hijo de Berequías" fue muerto en el atrio del templo. Pero vea definición número 1. Zacarías escribió el libro que lleva su nombre. **5.** El libro escrito por Zacarías, el undécimo de los Profetas Menores. Los capítulos 1-6 relatan ocho visiones del profeta, y una profecía de Cristo (6:9-15). La última parte del libro (8-14) contiene varias profecías acerca del futuro de Israel y las naciones.

zafiro -- Piedra preciosa de color azul.

Zaqueo -- Rico judío cobrador de rentas, de baja estatura. Recibió a Jesús en su casa para comer. En la casa habló de su arrepentimiento. Es probable que fuera hombre honrado, no como otros publicanos. Prometió la mitad de sus bienes a los pobres, y devolver cuatro tantos si había robado algo. Esto indica que no había robado a nadie. Jesús aceptó sus palabras sin ponerlas en duda (Luc. 19:1-10).

zarandear -- Pasar algo como grano o arena por un colador, para limpiarlo. En algunas partes llaman este instrumento *zaranda* o cedazo. Jesús dijo que Satanás iba a zarandear a los apóstoles como a trigo. Daba a entender que los iba a sujetar a duras pruebas.

zarcillo -- Pendiente, joya, anillo, usado por las mujeres antiguas como adorno (Gén. 35:4).

Zeba y Zalmuna -- Dos reyes de Madián (Jue. 8:5-21). Gedeón los siguió y los mató.

Zebedeo -- Padre de los apóstoles Jacobo y Juan (Mat. 4:21). Los tres eran pescadores.

Zelote -- Simón el cananista (Mat. 10:4 V.P.). Vea *cananista*.

Zeus -- El dios principal de los griegos. Igual que Júpiter, dios de los romanos (Hch. 14:12). El nombre Zeus parece ser la palabra griega *Theos*, Dios.

Zif -- El segundo mes del calendario hebreo. Corresponde a mayo. Se llama también, "iyar". Vea *año*.